高职高专土建类专业“十三五”规划教材

建设工程项目管理

（第2版）

主　编　王立霞
副主编　姚玉娟　卢永全
　　　　陈　捷
主　审　王　辉

武汉理工大学出版社
·武汉·

内 容 提 要

本书全面系统地介绍了建设工程项目管理的内容体系，以国家推荐标准《建设工程项目管理规范》(GB/T 50326—2006)为依据，结合国家注册建造师考试大纲的要求，同时针对高等职业教育的特点，顺应 BIM 技术的发展，内容力求言简意赅，便于读者接受和掌握。

本书共分 10 章，内容包括建设工程项目管理概述、建设工程项目管理组织、建设工程项目合同管理、建设工程项目质量控制、建设工程项目施工成本控制、建设工程项目进度管理、建设工程项目职业健康安全管理、建设工程项目环境管理、建设工程项目资源管理、建设工程项目风险管理。

本书可作为高职高专工程管理、工程监理、建筑工程技术各专业的专业教材，也可作为施工管理人员、监理人员等的学习参考书。

图书在版编目(CIP)数据

建设工程项目管理/王立霞主编. —2 版. —武汉：武汉理工大学出版社，2017.1
ISBN 978-7-5629-5396-8

Ⅰ.①建… Ⅱ.①王… Ⅲ.①基本建设项目-项目管理 Ⅳ.①F284

中国版本图书馆 CIP 数据核字(2016)第 283510 号

项目负责人：戴皓华　　**责 任 编 辑**：戴皓华
责 任 校 对：汪浪涛　　**装 帧 设 计**：芳华时代
出 版 发 行：武汉理工大学出版社
社　　址：武汉市洪山区珞狮路 122 号
邮　　编：430070
网　　址：http://www.wutp.com.cn
经　　销：各地新华书店
印　　刷：荆州市鸿盛印务有限公司
开　　本：787×1092　1/16
印　　张：13.25
字　　数：330 千字
版　　次：2017 年 1 月第 2 版
印　　次：2017 年 1 月第 1 次印刷
印　　数：2000 册
定　　价：28.00 元
凡购本书，如有缺页、倒页、脱页等印装质量问题，请向出版社发行部调换。
本社购书热线电话：027-87384729　87523148　87165708(传真)

前　言

（第 2 版）

“建设工程项目管理”是工程管理、工程监理及建筑施工技术等专业的核心课程之一，本书是按照高职高专土建类专业教学需求，为这一核心课程教学提供的适用教材，其目的是使学生系统地掌握建筑施工管理的基本理论和基本方法，锻炼学生解决实际问题的能力，从而具备从事建筑施工管理的基本能力。编者结合教育部十六号文件《关于全面提高高等职业教育教学质量的若干意见》中加强学生双证书制度建设的精神，为使学生在掌握建设工程项目管理的基本理论和方法的同时，能够在工作后顺利参加注册建造师考试，特组织编写了本书。

本书本着“够用为度”的原则，围绕高职教育的培养目标，以《建设工程项目管理规范》(GB/T 50326—2006)为基础，结合注册建造师考试大纲的要求，从建设工程项目管理的基础理论及方法上对建设工程项目管理全过程加以介绍，主要介绍了建设工程项目管理概述、建设工程项目管理组织、建设工程项目合同管理、建设工程项目质量控制、建设工程项目施工成本控制、建设工程项目进度管理、建设工程项目职业健康安全管理、建设工程项目环境管理、建设工程项目资源管理、建设工程项目风险管理等内容。

在本书编写过程中，坚持“以应用为目的，专业理论知识以需求够用为度”的原则，既注重理论联系实际的适用性，更突出施工组织与施工项目管理的实践性。本书深入浅出、通俗易懂，以培养和提高学生解决问题的能力为最终目的，力求体现高等职业技术教育的特色和培养高素质技能型专业人才的目标。

本书此次改版由河南建筑职业技术学院王立霞任主编，河南建筑职业技术学院姚玉娟、武汉交通职业学院卢永全和河南财经学院陈捷任副主编，河南建筑职业技术学院王辉任主审，河南建筑职业技术学院白蕾、吴迪、贾广征、林琳、李伟涛参编。具体编写分工如下：白蕾编写第 1 章，卢永全编写第 2 章、第 3 章，吴迪编写第 4 章，贾广征编写第 5 章，姚玉娟编写第 6 章，林琳编写第 7 章，李伟涛编写第 8 章，王立霞编写第 9 章，陈捷编写第 10 章。

由于编者水平所限，书中如有疏漏和差错之处，诚望读者提出批评和改进意见。

编　者

2016 年 9 月

目　录

1　建设工程项目管理概述

本章提要

本章首先介绍了建设工程项目的基本概念，以及建设工程项目的组成和特点。其次，讲述了建设工程项目管理的概念，施工项目管理的概念、特征和主要任务。最后，讲述了施工项目管理规划的内容。

1.1　建设工程项目及其管理概述

1.1.1　项目

项目是指在一定的约束条件下（主要是限定标准、限定时间、限定资源），具有明确目标的一次性活动或任务。

项目具有三个特点：一是项目的一次性，又称项目的单件性，即不可能有与此完全相同的项目，这是项目最主要的特点。二是项目目标的明确性，包括成果目标和约束目标。它必须在签订的项目承包合同工期内按规定的预算数量和质量标准等约束条件完成。没有一个明确的目标就称不上项目。三是项目管理的整体性，即一个项目系统是由时间、空间、物资、机具、人员等多要素构成的整体管理对象。一个项目必须同时具备以上三个特点。

1.1.2　建设工程项目

1.1.2.1　建设工程项目的界定

建设工程项目是为了完成依法立项的新建、扩建、改建等各类工程而进行的，有起止日期的，达到规定要求的一组相互关联的受控活动组成的特定过程，包括策划、勘察、设计、采购、施工、试运行、竣工验收和考核评价等。

1.1.2.2　建设工程项目的组成

建设工程项目可分为单项工程、单位工程、分部工程和分项工程。

（1）单项工程是指具有独立的设计文件，可以独立组织施工，建成后能够独立发挥生产能力或效益的工程。例如：工业项目的生产车间、设计规定的主要产品生产线等；民用项目的办公楼、影剧院、宿舍、教学楼等。单项工程是建设项目的组成部分。

（2）单位工程是指具有独立的设计文件，可以独立组织施工，但建成后不能单独进行生产或发挥效益的工程。例如，某车间是一个单项工程，该车间的土建工程就是一个单位工程，该车间的设备安装工程也是一个单位工程。单位工程是单项工程的组成部分。

建筑工程包括的单位工程有一般土建工程、工业管道工程、电气照明工程、卫生工程、庭院工程等。

设备安装工程包括的单位工程有机械设备安装工程、通风设备安装工程、电气设备安装工程、电梯安装工程等。

(3) 分部工程是单位工程的组成部分，如一般土建工程可按其主要部位划分为基础工程、主体工程、装饰装修工程和屋面工程等；设备安装工程可按其设备种类和专业不同划分为建筑采暖工程、建筑电气安装工程、通风与空调工程、电梯安装工程等。

(4) 分项工程是分部工程的组成部分，一般按主要工种、材料、施工工艺、设备类别等进行划分。例如，钢筋工程、模板工程、混凝土工程、砌砖工程、门窗工程等都是分项工程。分项工程是建筑施工生产活动的基础，也是计量工程用工、用料和机械台班消耗的基本单元。同时又是工程质量形成的直接过程。分项工程是由专业工种完成的。

1.1.2.3 建设工程项目的特点

建设工程项目除具备一般项目的特征之外，还具有以下的特点：

(1) 投资额巨大，建设周期长。因为建设项目规模大，综合性强，技术复杂，涉及的专业面宽，所以建设周期少则需要一年半载，多则需要数十年，从而相应的投资额也十分巨大。例如，三峡大坝水利工程从可行性研究到工程建成使用历时数十年，耗资数千亿元人民币。所以，若建设项目决策失误或管理失误，必将带来严重后果，甚至影响国民经济。

(2) 整体性强。建设项目是按照一个总体目标设计进行建设，由相互配套的若干个单项工程组合而成的项目。如一所学校是由教学楼、办公楼、文体活动场馆等单项工程配套组成。

(3) 固定性和庞体性。建设项目具有地点固定以及体积庞大的特点。不同地点的地质条件是不相同的，周边环境也千差万别。而且建设项目体积庞大，几乎不可搬运和挪动，所以建设项目只能单件设计、单件建设，不能批量生产。

1.1.3 建设工程项目管理的概念

1.1.3.1 建设工程项目管理的界定

建设工程项目管理是运用系统的理论和方法，对建设工程项目进行的计划、组织、指挥、协调和控制等专业化活动，简称为项目管理。

1.1.3.2 建设工程项目管理的内容

根据《建设工程项目管理规范》(GB/T 50326—2006)的规定，建设工程项目管理主要包括在项目管理规划的指导下，建立项目管理组织和项目经理责任制，从而进行项目合同管理、项目采购管理、项目进度管理、项目质量管理、项目职业健康安全管理、项目环境管理、项目成本管理、项目资源管理、项目信息管理、项目风险管理、项目沟通管理和项目收尾管理。

1.1.3.3 建设工程项目管理的分类

按建设工程项目不同参与方的工作性质和组织特征划分，项目管理有如下类型：

(1) 业主方的项目管理。

(2) 设计方的项目管理。

(3) 施工方的项目管理。

(4) 供货方的项目管理。

(5) 建设项目总承包方的项目管理。

投资方、开发方和由咨询公司提供的代表业主方利益的项目管理服务都属于业主方的项目管理。施工总承包方和分包方的项目管理都属于施工方的项目管理。材料和设备供应方的项目管理都属于供货方的项目管理。建设项目总承包有多种形式，如设计和施工任务综合的承包、设计、采购和施工任务综合的承包(简称 EPC 承包)等，它们的项目管理都属于建设项目总承包方的项目管理。

1.2 建筑工程施工项目管理

1.2.1 建设工程施工项目的概念

1.2.1.1 施工项目的界定

施工企业自工程施工投标开始到保修期满为止的全过程中完成的项目，是以建筑施工企业为管理主体的建设工程项目，简称施工项目。

1.2.1.2 施工项目的特点

(1) 施工项目可以是建设项目或其中的单项工程、单位工程的施工活动过程。

(2) 施工项目是以建筑施工企业为管理主体的。

(3) 施工项目的任务范围受限于项目业主和承包施工的建筑施工企业所签订的施工合同。

(4) 施工项目产品具有多样性、固定性、体积庞大的特点。

1.2.2 施工项目管理

1.2.2.1 施工项目管理的界定

施工项目管理是施工企业运用系统的观点、理论和科学技术对施工项目进行的计划、组织、监督、控制、协调等全过程的管理。它是整个建设工程项目管理的一个重要组成部分，其管理的对象是施工项目。

1.2.2.2 施工项目管理的特征

(1) 施工项目管理的主体是建筑施工企业

项目业主、监理单位和设计单位都不进行施工项目管理，一般情况下，建筑施工企业也不委托咨询公司进行施工项目管理。项目业主在建设工程项目实施阶段，进行建设项目管理时涉及施工项目管理，但只是建设工程项目发包方和承包方的关系，是合同关系，不能算作施工项目管理。监理单位受项目业主委托，在建设工程项目实施阶段进行建设工程监理，把施工单位作为监督对象，虽与施工项目管理有关，但也不是施工项目管理。

(2) 施工项目管理的对象是施工项目

施工项目管理的周期包括工程投标、签订工程项目承包合同、施工准备、工程施工、交工验收及保修服务等阶段。施工项目管理的特殊性主要有：生产活动与市场交易活动同时进行，先有施工合同双方的交易活动，后才有建设工程施工，是在施工现场预约、订购式的交易活动，买卖双方都投入生产管理。所以，施工项目管理是对特殊的商品、特殊的生产活动，在特殊的市场上，进行的特殊的交易活动的管理，其复杂性和艰难性都是其他生产管理所不能比拟的。

(3) 施工项目管理的内容是按阶段变化的

施工项目必须按施工程序进行施工和管理。从工程开工到工程结束，要经过一年甚至十几年的时间，工程经历了从无到有的过程，经历了施工准备、基础施工、结构施工、装修施工、安装施工、验收交工等多个阶段，每一个工作阶段的工作任务和管理的内容均不相同，且差异很大。因此，管理者必须预先制定管理规划，提出措施，进行有针对性的动态管理，使资源能优化组合，以提高施工效率和施工效益。

(4) 施工项目管理要求强化组织协调工作

由于施工项目生产周期长，参与施工的人员在不断流动，各阶段所需要的资源各不相同，而且施工活动涉及许多复杂的经济关系、技术关系、法律关系、行政关系和人际关系等，所以施工项目管理中的组织协调工作最为艰难、复杂、多变，必须采取强化组织协调的措施才能保证施工项目顺利实施。强化组织协调的措施主要有优选项目经理，建立调度机构，配备称职的调度人员，努力使调度工作科学化、信息化，建立起动态的控制体系等。

1.2.3 施工项目管理的目标和任务

(1)施工方作为项目建设的一个参与方，其项目管理主要服务于项目的整体利益和施工方本身的利益，其项目管理的目标包括施工的成本目标、施工的进度目标和施工的质量目标。

(2)施工项目管理工作主要在施工阶段进行，但它也可涉及设计准备阶段、设计阶段、施工准备阶段和保修期。在工程实践中，设计阶段和施工阶段往往是交叉的，因此施工方的项目管理工作也可能涉及设计阶段。

(3)施工项目管理的主要任务包括：

① 施工项目职业健康安全管理；

② 施工项目成本控制；

③ 施工项目进度控制；

④ 施工项目质量控制；

⑤ 施工项目合同管理；

⑥ 施工项目沟通管理；

⑦ 施工项目收尾管理。

除以上内容外，施工项目管理还包括项目采购管理、项目环境管理、项目资源管理和项目风险管理。

1.2.4 施工项目管理程序及阶段的工作

1.2.4.1 投标与签订合同阶段

建设单位对建设项目进行设计和建设准备，在具备了招标条件以后，便发出招标公告或邀请函。施工单位见到招标公告或邀请函后，从做出投标决策至中标签约，实质上便是在进行施工项目的工作，本阶段的最终管理目标是签订工程承包合同，并主要进行以下工作：

(1) 建筑施工企业从经营战略的高度做出是否投标争取承包该项目的决策。

(2) 决定投标以后，从多方面(企业自身、相关单位，市场、现场等)掌握大量信息。

(3) 编制能使企业赢利，又有竞争力的标书。

(4) 如果中标，则与招标方谈判，依法签订工程承包合同。合同应符合国家法律、法规和国家计划，符合平等互利原则。

1.2.4.2 施工准备阶段

施工单位与投标单位签订了工程承包合同，交易关系正式确立以后，就应组建项目经理部，然后以项目经理为主，与企业管理层、建设（监理）单位配合，进行施工准备，使工程具备开工和连续施工的基本条件。

这一阶段主要进行以下工作：

(1) 成立项目经理部，根据工程管理的需要建立机构，配备管理人员。

(2) 制定施工项目管理实施规划，以指导施工项目管理活动。

(3) 进行施工现场准备，使现场具备施工条件，以利于进行文明施工。

(4) 编写开工申请报告，等待批准开工。

1.2.4.3 施工阶段

这是一个工程自开工至竣工的实施过程，在这一阶段过程中，施工项目经理部既是决策机构，又是责任机构。企业管理层、项目业主、监理单位的作用是支持、监督与协调。这一阶段的目标是完成合同规定的全部施工任务，达到验收、交工的条件。这一阶段主要进行以下工作：

(1) 进行施工。

(2) 在施工中努力做好动态控制工作，保证质量目标、进度目标、造价目标、安全目标和节约目标的实现。

(3) 管理好施工现场，实行文明施工。

(4) 严格履行施工合同，处理好内外关系，管理好合同变更及索赔。

(5) 做好记录，协调、检查、分析工作。

1.2.4.4 验收、交工与结算阶段

这一阶段可称作“结束阶段”，与建设项目的竣工验收阶段协调同步进行。其目标是对成果进行总结、评价，对外结清债权债务，结束交易关系。本阶段主要进行以下工作：

(1) 工程结尾。

(2) 进行试运转。

(3) 接受正式验收。

(4) 整理、移交竣工文件，进行工程款结算，总结工作，编制竣工总结报告。

(5) 办理工程交付手续，项目经理部解体。

1.2.4.5 使用后服务阶段

这是施工项目管理的最后阶段。即在竣工验收后，按合同规定的责任期进行用后服务，进行回访与保修，其目的是保证使用单位正常使用该项目，发挥其效益。该阶段中主要进行以下工作：

(1) 为保证工程正常使用而做的必要的技术咨询和服务。

(2) 进行工程回访，听取使用单位的意见，总结经验教训，观察使用中的问题，进行必要的维护、维修和保修。

(3) 进行沉陷、抗震等性能观察。

1.2.5 建设工程项目管理和施工项目管理的区别

建设工程项目管理与施工项目管理在任务、内容、范围及管理主体等方面均不相同，两者的区别见表1.1。

表 1.1　建设工程项目管理与施工项目管理的区别

区别特征	施工项目管理	建设工程项目管理
管理任务	生产建筑产品，取得利润	取得符合要求的、能发挥应有效益的固定资产
管理内容	涉及从投标开始到交工为止的全部生产组织与管理及维修	涉及项目的全寿命周期(决策期、实施期、使用期)的建设管理
管理范围	由承包合同规定的承包范围，即建设项目中单选工程或单位工程的施工	由可行性研究报告确定的所有工程内容，是一个建设项目
管理的主体	施工企业	建设单位或其委托的咨询监理单位

1.2.6　建筑工程项目管理的新发展

1.2.6.1　*工程项目管理的新理念*

工程项目管理发展最显著的特点是管理理念的变化，可持续发展、以人为本、新的价值观等理念开始影响建筑工程项目管理的发展。近年来，建筑工程项目管理理念最显著的变化有三个方面：

(1)可持续发展的理念

为达到可持续发展的目标，必须寻找新的途径和管理方法，采用环保、清洁的技术，以及更高效的管理来取代或革新传统的生产方式，更多地利用可再生资源来满足社会的资源和能源需求。

(2)以人为本

以人为本的理念已经深入到社会生活的方方面面，它对建筑业的影响主要反映在两个方面：一是生产的产品，要考虑为使用者创造舒适、健康、安全的场所；二是建筑工程项目管理要体现人是管理中最基本的要素。在建筑工程项目管理中，借鉴精益生产的思想，结合建设项目的特点，对建设过程进行改造，形成以使用者为中心的管理理念。精益建造把完全满足使用者需求作为终极目标，使使用者的价值得到更好的认定、创造和传递。精益建造通过建筑工程项目实现价值的转移，使得建筑工程项目使用者的目标更明确，完成的产品更符合使用者的需求。以人为本的管理思想就是人是管理中最基本的要素，人是能动的，人与环境是交互作用的，创造良好的环境可以促进人的发展和企业的发展。以人为本的管理实践包括在建筑工程项目组织中建立自我管理机制，围绕着激发和调动人的主动性、积极性、创造性展开管理活动。

(3)新的价值观

新的价值观使得安全、健康、公平和廉洁问题在世界范围内受到空前关注。从建筑工程项目管理的角度，对建设过程、施工场所的安全、健康、公平和廉洁进行管理，并将它们有机集成到工程项目管理流程中。因此，工程职业道德建设越来越受到政府、研究者和工程管理者的重视。

1.2.6.2　*管理新方法*

(1)全过程项目管理

工程项目管理模式正在逐步地由单一的专业性管理，向整合各个阶段管理的全过程项目管理模式发展。全过程项目管理抛弃原有概念、设计、施工的建设程序，转而采用一种更具整合性的方法。它以平行模式而非序列模式来实施建设工程项目的活动，整合所有相关专业部门积极参与项目的概念、设计和施工的整个过程，强调系统集成与整体优化。

(2)精益建造

精益建造开始在建筑业应用，可以最大限度地满足顾客需求；改进工程质量，减少浪费；保证项目完成预定的目标并实现所有劳动力工程的持续改进。精益建造可以最大限度地提高生产效率。为避免大量库存造成的浪费，可以按需及时供料；强调施工中的持续改进和零缺陷，不断提高施工效率，从而实现建筑企业利润最大化的系统性的生产管理模式。精益建造更强调面向建筑产品的全生命周期进行动态的控制，更好地保证项目完成预定的目标。

(3)承包模式创新

传统的建筑工程承包模式是设计一招标一施工，它是我国建筑工程最主要的承包模式。然而，越来越多的业主把合作经营看作是设计、建造和项目融资的一种手段，承包商靠提供有吸引力的融资条件，而不是更为先进的技术赢得合同。承包商将触角伸向建筑工程的前期，并向后期延伸，目的是体现自己的技术能力和管理水平，这样不仅能提高建筑工程承包的利润，还可以更有效地提高效率。例如，工程总承包模式和施工总承包模式已成为大型建筑工程项目中广泛采用的模式。设计-建造模式(D&B)和设计-采购-施工模式(EPC)，已在国外大型工程中使用得比较成熟。这些承包模式有两种发展趋势：一是这些通常应用于大型建筑工程项目的承包模式，开始应用于一般的建筑工程项目中；二是承包模式不断地根据项目管理的发展，繁衍出新的模式。

(4)虚拟施工

在工程施工前，对建筑项目的设计方案进行检测分析，对项目施工方案进行模拟、分析与优化，从而发现施工中可能出现的问题，在施工前就采取预防措施，直至获得最佳的施工方案，从而指导真实的施工。虚拟施工是施工领域的新方法，它将三维模型用于模拟建造一个建筑工程项目，不仅考虑时间维，还考虑其他维数，如材料、机械、人力、空间、安全等，可以扩展到“N维”。虚拟施工本身不消耗施工资源，却又能事先看到并了解施工的过程和结果，可以大大降低管理成本和返工成本，减少风险，增强管理者对施工过程的控制能力。

1.2.6.3 信息技术应用

信息技术应用于建筑工程项目管理，其目的是提高工程建设活动的效率。信息化在建筑业带来的最直接的成效是便于信息交流和降低成本，特别是人工成本。建筑工程项目的成本通常会与材料价格和劳动力工资水平保持同步，人工成本在建筑成本中占的比例不断上升，已成为建筑成本中不可忽视的部分。

(1)建筑信息模型

建筑信息模型(Building Information Modeling，简称 BIM)正在引发建筑行业一次革命性的变革。该模型以三维数字技术为基础，集成了建筑工程项目各种相关信息的工程数据，并以此对建筑项目进行设计、建造和运营管理。BIM 能有效地促进建筑项目周期各个阶段的知识共享，开展更密切的合作，将设计、施工和运营过程融为一体，建筑企业之间多年存在的隔阂正在被逐渐打破。它改善了易建性、预算的控制和整个建筑生命周期的管理，并提高了所有参与人员的生产效率。许多大型企业通过采用建模技术以整合设计、生产和运营活动，大大提高了生产效率。

(2)虚拟施工

虚拟施工是 BIM 技术在施工阶段的运用，它是一种在虚拟环境中建模、模拟、分析建筑设计与施工过程的数字化、可视化技术。利用这种技术,施工现场输出的同步画面可向各方展示工程进度,其结果使参与工程各方的沟通、协调更加富有成效。

(3)基于网络的项目管理

建筑项目管理中最让人赏心悦目的技术是计算机、互联网和企业内部网络的应用。互联网作为一种手段,已广泛应用于同一工程上专家之间的协作、沟通与联系,不同工程项目之间的合作、协调、资源调配,以及采购必需品和服务等各个方面。基于网络的项目管理系统通过采用网络信息技术建立中心数据库,提供建筑工程的信息服务,促进建筑工程各参与方的交流与合作,并不断更新数据库中的数据,使得业主、设计师、监理工程师和承包商及时地掌握工程近况,并做出分析与决策。基于网络的项目管理为建筑企业提供了一套更广阔、完整的工具,使得建筑企业可以尝试更多的、涉及不同地域的工程项目,这将会对一个项目组织的技术、工作环境、人际关系、开发过程带来相当大的冲击。

1.3 建设工程项目管理规划

1.3.1 编制建设工程项目管理规划的目的和作用

1.3.1.1 编制建设工程项目管理规划的目的

建设工程项目管理规划是对项目全过程中的各种管理职能工作、各种管理过程以及各种管理要素进行完整的、全面的、整体的计划。因此,建设工程项目管理规划的目的是确定建设工程项目管理的目标、依据、内容、组织、资源、方法、程序和控制措施,以保证建设工程项目管理的正常进行和项目成功。

1.3.1.2 建设工程项目管理规划的作用

建设工程项目管理规划的作用如下:

(1) 研究和制定建设工程项目管理目标。建设工程项目管理规划的首要目的是确定建设工程项目管理的目标,建设工程项目管理采用目标管理方法,因此目标对项目管理的各个方面具有规定性。有了目标,就有了行动的方向、追求的结果和管理的灵魂。

(2) 规划实施建设工程项目目标管理的组织、程序和方法,落实组织责任。

组织是建设工程项目管理机能的源泉,建设工程项目管理的载体。用建设工程项目管理规划做好组织规划,便为建设工程项目管理的成功提供最基本的保证。

程序是工作的步骤,是规律,是使项目管理有秩序进行的保证。建设工程项目规划必须把项目管理的程序规划得科学、合理、有效。

建设工程项目管理方法的重要性如同工具对于生产,武器对于战争,关系着管理的实施和成败。建设工程项目管理规划要从大量可用方法中进行优选,以便选用最适用的、最有效的方法。

(3) 建设工程项目管理规划相当于相应建设工程项目的管理规范,在建设工程项目管理过程中落实执行。

建设工程项目管理规划制定后,在整个建设工程项目管理过程中就要严格遵照执行,建设工程项目经理依靠它进行组织指挥,管理人员按照它进行管理。它与建设工程项目的管理规范一样重要,必须落实执行,不得束之高阁,更不能违背。

(4) 建设工程项目管理规划是对建设工程项目经理部考核的依据之一。由于建设工程项目管理规划的重要性、上述项目管理不可缺少的作用、对项目管理成败命运的决定性，因而它必须作为项目经理部的考核依据，从而给建设工程项目管理规划的执行者以强有力的促进和激励作用。

1.3.2 建设工程项目管理规划的种类

1.3.2.1 按建设工程项目管理组织分类

按建设工程项目管理组织分类，建设工程项目管理规划分为建设单位的建设工程项目管理规划、设计单位的建设工程项目管理规划、监理单位的建设工程项目管理规划、施工单位的建设工程项目管理规划、咨询单位的建设工程项目管理规划、建设工程项目管理单位的项目管理规划等。

1.3.2.2 按编制目的和范围分类

(1) 按编制目的分类

按编制目的不同，建设工程项目管理规划可分为建设工程项目管理规划大纲和建设工程项目管理实施规划。

① 建设工程项目管理规划大纲。它是建设工程项目管理工作中具有战略性、全局性和宏观性的指导文件，它由组织的管理层或组织委托的建设工程项目管理单位编制，目的是满足战略上、总体控制上和经营上的需要。例如：建设单位为了实现全过程式的建设工程项目管理，需要编制建设工程项目管理规划；咨询单位为了投标揽取建设工程项目管理咨询任务，设计单位为了投标揽取设计任务，施工单位为了揽取施工任务，建设工程项目管理公司为了取得项目管理任务，都要编制项目管理规划大纲。

② 建设工程项目管理实施规划具有作业性或可操作性。它由项目经理组织编制。编制中除了对项目管理规划大纲进行细化外，还根据实施建设工程项目管理的需要补充更具体的内容。除了建设单位之外，其他各单位在中标并签订合同之后都要编制建设工程项目管理实施规划。建设单位之所以不编制建设工程项目实施规划，其原因是在实施过程中建设单位的主要任务是进行审查和监督，从而实现自身的项目管理规划大纲(或建设工程项目管理规划)。

(2) 按编制范围分类

按编制范围分类，建设工程项目管理规划可分为局部建设工程项目管理规划和全面建设工程项目管理规划。

① 局部建设工程项目管理规划。它是针对项目管理中的某个部分或某个专业的问题进行规划的，例如设计单位进行建筑设计或设备设计的建设工程项目管理规划，项目管理公司进行组织管理规划或目标管理规划等。由于项目管理规划的范围很大，花费的时间很长，消耗的资源较多，故局部项目管理规划有着针对性强和立竿见影的效果。

② 全面建设工程项目管理规划。它是针对一个建设工程项目的全部规划大纲和全面的项目管理实施规划。

1.3.3 建设工程项目管理规划大纲

1.3.3.1 建设工程项目管理规划大纲的性质和作用

(1) 建设工程项目管理规划大纲的性质

《建设工程项目管理规范》规定："建设工程项目管理规划大纲是项目管理工作中具有战略

性、全局性和宏观性的指导文件”。所谓战略性，主要指其内容高屋建瓴，具有原则、长期、长效的指导作用。所谓全局性，是指它所考虑的是项目管理的整体，而不是某一部分或局部，是全过程而不是某个阶段。所谓宏观性，是指该规划涉及客观环境、内部管理、相关组织的关系、项目实施等，都是重要的、关键的、大范围的，而不是微观的。

（2）建设工程项目管理规划大纲的作用

建设工程项目管理规划大纲的作用如下：

① 对项目管理的全过程进行规划，为全过程的建设工程项目管理提出方向和纲领。

② 作为承揽业务、编制投标文件的依据。

③ 作为中标后签订合同的依据。

④ 作为编制建设工程项目管理实施规划的依据。

⑤ 建设单位的建设工程项目管理规划还对各相关单位的建设工程项目管理和建设工程项目管理规划起指导作用。

综合以上 5 项作用可以看出，建设工程项目管理规划大纲的作用既有对内的，也有对外的，它不但是管理性文件，也是经营性文件，所以编制者要站得高、想得宽、看得远。只有企业管理层所具有的地位才能担当此任，项目经理部地位较低，基本不对外经营，因此不能把这项任务放到项目经理部。

1.3.3.2 建设工程项目管理规划大纲的编制依据

《建设工程项目管理规范》规定建设工程项目管理规划大纲的编制依据有可行性研究报告，设计文件、标准、规范与有关规定，招标文件及有关合同文件，相关市场信息与环境信息。

编制建设工程项目管理规划大纲应注意以下几点：

（1）不同的建设工程项目管理组织编制项目管理规划大纲的依据不完全相同。建设单位和设计单位编制建设工程项目管理规划大纲需要可行性研究报告，而施工单位编制项目管理规划大纲则不一定需要可行性研究报告；设计单位和施工单位编制建设工程项目管理规划大纲还需要上述其他依据，但是建设单位编制项目管理规划时尚不具备设计文件、招标文件和有关合同文件，也有必要具备上述依据中的其他条件。因此，究竟需要哪些依据要由编制组织在上述范围内具体选定，必要时，还要寻求其他依据。

（2）招标文件及发包人对招标文件的解释，是除建设单位外其他各单位编制建设工程项目管理规划大纲的最重要依据。在招标过程中，发包人常会以补充和说明的形式修改、补充招标文件的内容；在标前会议上，发包人也会对承包人提出的问题、对招标文件不理解的地方进行解释。承包人在建设工程项目管理规划大纲的编写过程中一定要注意这些修改、变更和解释。

（3）在编制规划大纲前应进行招标文件的分析。①通过对投标人须知的分析，了解投标条件和招标人的招标程序安排，进一步分析投标风险。②通过对合同条件的审查，分析它的完备性、合法性、单方面约束性的条款和合同风险，确定承包人总体的合同责任。③对技术文件进行分析、会审，以确定招标人的工程要求、进行项目管理的工程范围、技术规范、工作量等。④对在招标文件分析中发现的问题、矛盾、错误和不理解的地方，应及早向发包人提出，请他们给予解释。这对正确地编制规划大纲和投标文件是十分重要的。

（4）分析相关市场信息与环境信息。相关市场信息主要是供求信息、价格信息和竞争信息，这对各编制建设工程项目管理规划大纲的单位来说都是相当重要的。环境信息范围较广，包括政策环境、经济环境、管理环境、国际环境、政治环境、自然环境、现场环境，乃至发包人提供的信息等。在建设工程项目管理规划大纲起草前应进行有针对性的调查。调查应有计划、有系统地进行，在调查前可以列出调查提纲。由于投标过程中时间和费用的限制，应主要调查对工作方案、合同的执行、实施合同和成本有重大影响的环境因素，应充分利用企业的信息网络系统和过往信息。

（5）本组织对承揽任务的投标总体战略、中标后的经营方针和策略，必须体现在建设工程项目管理规划大纲中。因此，这些也应该是项目管理规划大纲的编制依据，包括企业在建设工程项目所在地以及建设工程项目所涉及领域的发展战略；该建设工程项目在企业经营中的地位，项目的成败对将来企业经营的影响，如是否是创品牌工程、是否是形象工程；发包人的基本情况，如信用、管理能力和水平、发包人取得后续任务的可能性等。

1.3.3.3 建设工程项目管理规划大纲的编制程序

《建设工程项目管理规范》(GB/T 50326—2006)规定了项目管理规划大纲的编制程序，如图 1.1 所示。

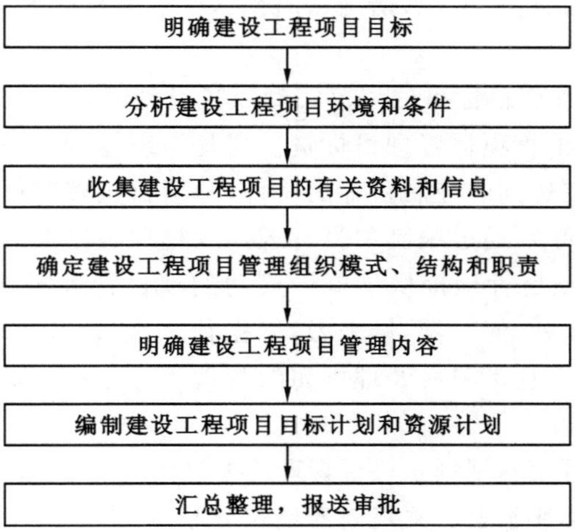

图 1.1 项目管理规划大纲的编制程序

在这个程序中，关键程序是第 6 步。前面的 5 步都是为它服务的，最后一步是例行管理手续。不论哪个组织编制建设工程项目管理规划，都应该遵照这个程序。

1.3.3.4 建设工程项目管理规划大纲的内容

建设工程项目管理规划大纲包括以下 13 项内容：项目概况；项目范围管理规划大纲；建设工程项目管理目标责任制规划大纲；建设工程项目管理组织规划大纲；建设工程项目成本管理规划大纲；建设工程项目进度管理规划大纲；建设工程项目质量管理规划大纲；建设工程项目职业健康安全与环境管理规划大纲；建设工程项目采购与资源管理规划；建设工程项目信息管理规划大纲；建设工程项目沟通管理规划大纲；建设工程项目风险管理规划；建设工程项目收尾管理规划。

1.3.4 建设工程项目管理实施规划

1.3.4.1 建设工程项目管理实施规划的性质

建设工程项目管理实施规划与建设工程项目管理规划大纲不同，建设工程项目管理规划大纲是在建设工程项目实施前编制的，是为指导建设工程项目实施而编制的。因此，建设工程项目管理实施规划是建设工程项目管理规划大纲的细化，应具有操作性。它以建设工程项目管理规划大纲的总体构想和决策意图为指导，具体规定各项管理业务的目标要求、职责分工和管理方法，为履行合同和建设工程项目管理目标责任书的任务做出精细的安排。它可能以整个项目为对象，也可能以某一阶段或某一部分为对象。它是建设工程项目管理的执行规划，也是建设工程项目管理的“规范”。

1.3.4.2　建设工程项目管理实施规划的作用

建设工程项目实施规划的主要作用如下：

(1) 执行并细化建设工程项目管理规划大纲。建设工程项目管理规划大纲毕竟是企业管理层编制的战略性的、控制性的、粗线条的、时间较早的规划，所以要通过建设工程项目管理实施规划进行贯彻，加以细化，为建设工程项目管理提供具体的指导文件。

(2) 指导建设工程项目的过程管理。建设工程项目的过程管理需要目标、组织、职责、依据、计划、程序、过程、标准、方法、资源、措施、评价、认定和考核等要素，需要项目管理实施规划予以提供。

(3) 将建设工程项目管理目标责任书落实到项目经理部，形成规划性文件，以便实现组织管理层给予的任务。建设工程项目管理目标责任书是组织管理层根据合同和经营管理目标要求，明确规定项目经理部应达到的控制目标的文件，是项目经理部任务的来源。项目经理部如何实现目标完成任务呢？必须通过编制项目管理实施规划做出安排，然后才能按规划实施。

(4) 为项目经理指导项目管理提供依据。成功的项目管理实施规划可以告诉项目经理，在项目管理中做什么，怎么做，何时做，谁来做，依据什么做，用什么方法做，如何应对风险，如何沟通与协调，等等。所以，它是项目经理可靠的管理工作依据，像项目经理的“管理手册”那样可靠和有用。

(5) 建设工程项目管理实施规划是项目管理的重要档案资料，存档后就是可贵的管理储备。

1.3.4.3　建设工程项目管理实施规划的编制程序

建设工程项目管理实施规划的编制程序如图1.2所示。

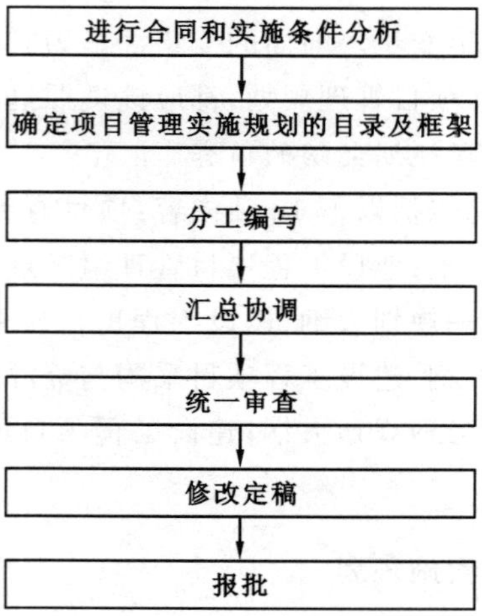

图1.2　项目管理实施规划的编制程序

1.3.4.4　建设工程项目管理实施规划的编制依据

建设工程项目管理实施规划的编制依据有4项，包括：项目管理规划大纲；项目条件和环境分析资料；工程合同及相关文件；同类项目的相关资料。

（1）依据建设工程项目管理规划大纲。从原则上讲，建设工程项目管理实施规划是规划大纲的细化和具体化，但在依据规划大纲时应注意在做标、投标、开标后的澄清，以及合同谈判过程中获得的新的信息，过去所掌握的信息的错误及不完备的地方，招标人新的要求，组织本身提出的新的优惠条件等。因此，项目管理实施规划肯定比项目管理规划大纲多一些新的内容。

（2）依据建设工程项目条件和环境分析资料。编制项目管理实施规划的时候，建设工程项目条件和环境应当比较清晰，因此要获得这两方面的详细信息。这些信息越清楚、可靠，据以编制的建设工程项目管理实施规划就越有针对性。因此，一是通过广泛收集和调查以获得建设工程项目条件和环境的资料；二是进行科学的去粗取精的分析，使资料和信息可用、适用、有效。

（3）依据合同及相关文件。合同内容是建设工程项目管理任务的源头，是建设工程项目管理实施规划编制的背景和任务的来源，也是实施建设工程项目管理实施规划结果是否有用的判别标准，因此这项依据更具有规定性，乃至强制性。

所谓相关文件是指法规文件、设计文件、标准文件、政策文件、指令文件、定额文件等，这些文件都是编制建设工程项目管理实施规划不可或缺的。

（4）依据同类建设工程项目的相关资料。同类项目的相关资料具有可模仿性，因为建设工程项目具有相近性。积累资料的作用此时也得到了印证。

（5）组织管理层与项目经理之间签订的项目管理目标责任书规定着项目经理的权力、责任和利益，建设工程项目的目标管理过程，在项目实施过程中组织管理层与项目经理之间的工作关系等。编制建设工程项目管理实施规划时也应将其作为依据。

项目管理目标责任书体现组织的总体经营战略，符合组织的根本利益，保证组织对项目的有力控制，防止项目失控，能够充分发挥项目经理和项目经理部各部门（人员）的积极性和创造性，保证在项目上能够利用组织的资源和组织的总体优势，对项目管理实施规划成功编制和发挥作用很有用。组织也应将项目管理目标责任书作为组织管理系统的一部分，进行专门设计，并标准化。

（6）其他。其他依据还包括：项目经理部的自身条件及管理水平；项目经理部掌握的新的其他信息；组织的项目管理体系；建设工程项目实施中项目经理部的各个职能部门（或人员）与组织的其他职能部门的关系，工作职责的划分等。

1.3.4.5　建设工程项目管理实施规划的编制内容

项目管理实施规划应包括下列16项内容：项目概况；总体工作计划；组织方案；技术方案；进度计划；质量计划；职业健康安全与环境管理计划；成本计划；资源需求计划；风险管理计划；信息管理计划；项目沟通管理计划；项目收尾管理计划；项目现场平面布置图；项目目标控制措施；技术经济指标。

复习思考题

1. 简答题

(1) 简述建设工程项目管理的概念。

(2) 简述建设工程项目组成及其特点。

(3) 简述建设工程项目管理的分类。

(4) 什么叫做施工项目管理? 施工项目管理的目标和任务有哪些?

(5) 施工项目管理程序及阶段的工作有哪些?

(6) 简述建设工程项目管理和施工项目管理的区别。

(7) 试述基本建设程序的主要内容。

(8) 一个建设项目由哪些工程内容组成?

2. 案例分析

(1) 背景资料:某施工单位意欲承接某工程项目的施工任务,在施工招标阶段,该单位编制了施工项目管理实施规划。中标后,为进一步加强施工项目管理,在施工技术负责人的主持下又编制了一份施工项目管理规划大纲。其中,该单位编制的施工项目管理规划大纲内容包括施工项目概况、总体工作计划、项目管理组织规划、技术方案、进度计划、质量计划、项目职业健康安全与环境管理规划。

(2) 问题:上述背景资料中,施工单位的工作中有哪些不妥,为什么? 施工单位编制的施工项目管理规划大纲的内容有哪些不妥? 请改正并补充完整。

2　建设工程项目管理组织

本 章 提 要

本章主要学习建设工程项目管理组织的有关知识，其中主要包括组织的含义和三要素；工程项目管理组织机构的界定和职能；建设工程项目管理组织部门划分的方法；常见的组织实施模式；建设工程项目组织的设置原则、设置程序和组织机构的形式；项目经理；项目经理部；项目团队的概念和项目团队建设等。

2.1　建设工程项目组织概述

2.1.1　组织的界定

组织有两种含义。第一种含义是作为名词出现的，指组织机构。组织机构是按一定领导体制、部门协调、层次划分、职责分工、规章制度和信息系统等构成的有机整体，是社会的结合体，可以完成一定的任务，并为此而处理人和人、人和事、人和物的关系。第二种含义是作为动词出现的，指组织行为（活动），即为达到一定目的，通过一定权力和影响力，对所需资源进行合理配置，处理人和人、人和事、人和物的行为（活动）。

组织三要素，包括管理部门、管理层次和管理幅度。

（1）管理部门亦称职能部门，是指专门从事某一类业务工作的部门。组织机构设置管理部门，应满足以下要求：业务量足，针对例行工作设置；功能专一；权责分明；关系明确。组织机构以横向划分部门。

（2）管理层次，是指从最高管理者到最基层作业人员之间分级管理的级数。组织机构以纵向划分层次。

（3）管理幅度亦称管理跨度，是指一名管理者直接管理的下级人员的数量。

2.1.2　工程项目管理组织

2.1.2.1　工程项目管理组织的界定

工程项目管理组织是指为进行工程项目管理和实现组织职能而进行组织系统的设计与建立、组织运行和组织调整。组织系统的设计与建立是指通过筹划、设计，建立一个可以完成工程项目管理的组织机构，建立必要的规章制度，划分并明确岗位、层次、部门的责任和权力，建立和形成管理信息系统及责任分担系统，并通过一定岗位和部门人员的规范化的活动和信息流通实现组织目标。

2.1.2.2　工程项目管理的组织职能

工程项目管理的组织职能是项目管理的基本职能之一，其目的是通过合理设计职权关系结构来使各方面工作协调一致。项目管理的组织职能包括以下五个方面：

(1) 组织设计，包括选定一个合理的组织系统，划分各部门的权限和职责，确立各种规章制度。它包含生产指挥系统组织设计、职能部门组织设计等。

(2) 组织联系，就是规定组织机构中各部门的相互关系，明确信息流通和信息反馈的渠道，以及它们之间的协调原则和方法。

(3) 组织运行，就是按分担的责任完成各自的工作，规定组织体的工作顺序和业务管理活动的运行过程。组织运行要抓好三个关键性问题：一是人员配置，二是业务接口关系，三是信息反馈。

(4) 组织行为，就是指应用行为学、社会学及社会心理学原理，来研究、理解和影响组织中人们的行为、言语以及组织过程、管理风格和组织变更等。

(5) 组织调整，是指根据工作的需要、环境的变化，分析原有的工程项目组织系统的缺陷、适应性和效率性，对组织系统进行调整和重新组织，包括组织形式的变化、人员的变动、规章制度的修订或废止、责任系统的调整以及信息流通系统的调整等。

2.1.3 常见的建设工程项目组织实施模式

建设工程项目投资大，建设周期长，参与项目的单位众多，社会性强，因此，工程项目实施模式具有复杂性。工程项目的实施组织方式是通过研究工程项目的承发包模式，确定工程的合同结构。合同结构的确立也就决定了工程项目的管理组织，决定了参与工程项目各方的项目管理的工作内容和任务。

建筑市场的市场体系主要由三方面构成，即以发包人为主体的发包体系，以设计、施工、供货方为主体的承建体系，以及以工程咨询、评估、监理方为主体的咨询体系。市场主体三方的不同关系就形成不同的工程项目组织系统，构成不同的项目实施组织形式，对工程管理的方式和内容产生不同的影响。

2.1.3.1 平行承发包模式

平行承发包模式是发包人将工程项目分解后，分别委托多个承建单位进行建造的方式。对发包人而言，采用平行承发包模式，将直接面对多个施工单位，多个材料设备供应单位和多个设计单位，而这些单位之间的关系是平行的，各自对发包人负责。

(1) 平行承发包模式的合同结构

平行承发包模式是发包人将工程项目分解后进行发包，分别与各承建单位签订工程合同。因为工程是采取切块平行发包，如将工程设计切为几项，则发包人将要签订几个设计合同；若将施工切成几块，同样发包人将要签订几个施工合同。工程任务切块越多，发包人的合同数量也就越多。

(2) 平行承发包模式对发包人项目管理的影响

① 采用平行承发包模式，合同乙方的数量多，发包人对合同各方的协调和组织工作量大，管理比较困难。发包人需管理协调设计与设计、施工与施工、设计与施工等各方相互之间出现的矛盾和问题，因此，发包人需建立一个强有力的项目管理班子，对工程实施管理，协调各方关系。

② 对投资控制有利的方面是：因发包人是直接与各专业承建方签约，层层分包的情况少，发包人一般可以得到较有利的竞争报价，合同价相对较低。不利的方面是：整个工程的总的合

同价款必须在所有合同签订以后才能得知，总合同价不宜在短期内确定，在某种程度上会影响投资控制的实施，总投资额事先无法控制。

③ 有利于工程的质量控制。由于工程分别发包给各承建单位，合同间的相互制约使各发包的工程内容的质量要求可得到保证，各承包单位能够形成相互检查与监督的他人控制的约束力。

④ 合同管理的工作量大。工程招标的组织管理工作量大，且平行切块的发包数越多，发包人的合同数也越多，管理工作量越大。

采用平行承发包模式的关键是要合理确定每一发包合同标的物的界面，若合同交接面不清，发包人合同管理的工作量、对各承建单位的协调组织工作量将大大增加，管理难度也会增加。图 2.1 为平行承发包管理模式的组织形式，其中，发包人法人任命项目经理或委托工程咨询单位担任项目经理，组建项目管理班子。项目经理接受发包人的工作指令，对工程项目实施的规划和控制负责，并代表发包人的利益对项目各承建单位进行管理。

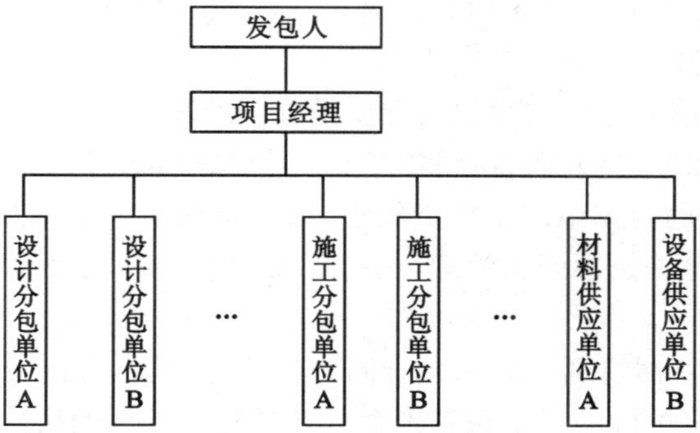

图 2.1 平行承发包模式

2.1.3.2 施工总承包模式

施工总承包的承发包模式是发包人将工程的施工任务委托一家施工单位进行承建的方式。采用施工总承包模式，发包人将直接面对施工总承包单位。

(1) 施工总承包模式的合同结构

采用施工总承包模式，发包人仅与施工单位签订施工总承包合同。总承包单位与发包人签订总承包合同后，可以将其总承包任务的一部分再分包给其他承包单位，形成工程总承包与分包的关系。总承包单位与分包单位分别签订工程分包合同，分包单位对总承包单位负责，发包人与分包单位没有直接的承发包关系。

(2) 施工总承包模式对发包人项目管理的影响

① 发包人对承建单位的协调管理工作量较小。从合同关系上，发包人只需处理设计总承包和施工总承包之间出现的矛盾和问题，总承包单位是向发包人负责，分包单位的责任将被发包人看做是总承包单位的责任。由此，施工总承包的形式有利于项目的组织管理，可以充分发挥总承包单位的专业协调能力，减少发包人的协调工作量，使其能专注于项目的总体控制与管理。

② 施工总承包的合同价格可以较早地确定，宜于对投资进行控制。但由于总承包单位需对分承包单位实施管理，并需承担包括分包单位在内的工程总承包风险，因此，总承包合同价款相对平行承发包要高，发包人工程款的支出要大一些。

③ 采用施工总承包的模式，一般需在工程设计全部完成后进行工程的施工招标，设计与施工不能搭接进行，另一方面，总承包单位需对工程总进度负责，需协调各分包工程的进度，因而有利于总体进度的协调控制。

2.1.3.3 设计、施工总承包模式

设计、施工总承包是指工程总承包企业按照合同约定，承担工程项目设计与施工，并对承担工程的质量、安全、工期、造价全面负责，又称项目总承包。这一承建单位就称项目总承包单位，由其进行从工程设计、材料设备订购、工程施工、设备安装调试，至试车生产、交付使用等一系列实质性工作。

（1）项目设计、施工总承包形式的合同结构采用项目总承包形式，发包人与项目总承包单位签订总承包合同，只与其发生合同关系。项目总承包单位拥有设计和施工力量，具备较强的综合管理能力，它也可以是由设计单位和施工单位组成的项目总承包联合体，两家单位就某一项目与发包人签订总承包合同，在这个项目上共同对发包人负责。对于总承包的工程，项目总承包单位可以将部分的工程任务分包给分包单位完成，总承包单位负责对分包单位的协调和管理，发包人与分包单位不存在直接的承发包关系。

（2）项目设计、施工总承包形式对发包方项目管理的影响

① 项目总承包模式对发包人而言，只需签订一份总承包合同，合同结构简单。由于发包人只有一个主合同，相应的协调组织工作量较小，项目总承包单位内部以及设计、施工、供货单位等方面的关系由总承包单位协调和管理，相当于发包人将对项目总体的协调工作转移给了项目总承包单位。

② 对形成总投资的控制有利。总承包合同一经签订，项目总造价也就确定。但项目总承包的合同总价会因总承包单位的总承包管理费以及项目总承包的风险费而较高。

③ 项目总工期明确，项目总承包单位对总进度负责，并需协调控制各分包单位的分进度。实行项目总承包，一般能做到设计阶段与施工阶段的相互搭接，对进度目标控制有利。

④ 项目总承包的时间范围一般是从初步设计开始直到形成交付使用，项目总承包合同的签订在设计之前。因此项目总承包需按功能招标，招标发包工作及合同谈判与合同管理的难度比较大。

⑤ 对工程实体质量的控制，由项目总承包单位实施，并可以对各分包单位进行质量的专业化管理。但发包人对项目的质量标准、功能和使用要求的控制比较困难，主要是在招标时对项目的功能与标准等质量要求难以进行明确、全面、具体的描述，因而质量控制的难度大。所以，采用项目总承包形式，质量控制的关键是做好设计准备阶段的项目管理工作。图 2.2 为项目总承包模式的管理组织结构，其中，项目经理及其项目管理班子代表发包人的利益实施工程项目管理，项目总承包单位接受项目经理发出的工作指令，并对各分包单位的工作进行管理和协调。

2.1.3.4 项目管理公司运作模式

项目管理公司运作模式是指政府通过招标的方式，选择专业化的项目管理单位，负责项目的投资管理和建设组织实施工作，项目建成后交付使用单位的制度。项目管理公司按照合同约定代行项目建设的投资主体职责。

2.1.3.5 项目管理模式

项目管理模式是项目管理公司（一般为具备相当实力的工程公司或咨询公司）受项目发包

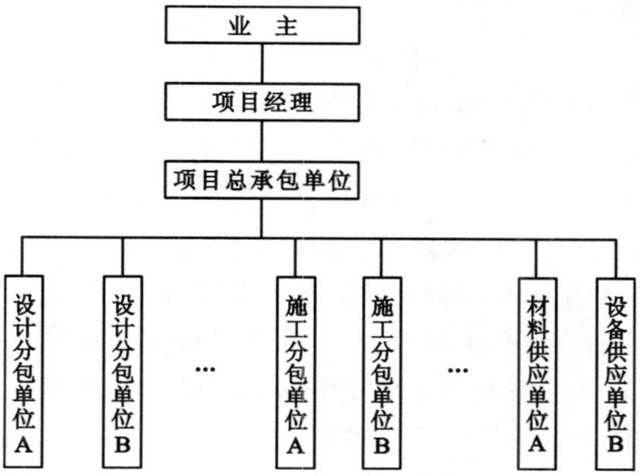

图 2.2 项目总承包模式

人委托，根据合同约定，代表发包人对工程项目的组织实施进行全过程或若干阶段的管理和服务，项目管理公司作为发包人的代表，帮助发包人作项目前期的策划、可行性研究、项目定义、项目计划以及工程实施的设计、采购、施工等工作。

根据项目管理公司的服务内容、合同中规定的权限和承担的责任不同，项目管理模式一般分为两种类型：

(1) 项目管理承包型(PMC)。在该类型中，项目管理公司与项目发包人签订项目管理承包合同，代表发包人管理项目；将项目所有的设计、施工任务发包出去，承包商与项目管理公司签订承包合同。但在一些项目上，项目管理公司也可能承担一些外界及公用设施的设计、采购、施工工作。这种管理模式中，项目管理公司要承担费用超支的风险；若管理得好，利润回报也高。

(2) 项目管理服务型(PM)。在该类型中，项目管理公司按照合同约定，在工程项目决策阶段，为发包人编制可行性研究报告，进行可行性分析和项目策划；在工程项目实施阶段，为发包人提供招标代理、设计管理、采购管理、施工管理和试运行(竣工验收)等服务，代表发包人对工程质量、安全、进度、费用、合同、信息等进行管理。这种项目管理模式风险较低，项目管理公司根据合同承担相应的管理责任，并得到相对固定的服务费。

2.1.3.6 施工联合体与施工合作体模式

(1) 施工联合体

施工联合体是由多个承建单位为承包某项工程而成立的一种联合机构。它是以施工联合体的名义与发包人签订一份工程承包合同，共同对发包人负责。因此，施工联合体的承包方式是由多个承建单位联合，共同承包一个工程的方式。多个承建单位只是针对某一个工程而联合，各单位仍是各自独立的企业，这一工程完成以后，联合体就不复存在了。

施工联合体统一与发包人签约，联合体成员单位以投入联合体的资金、机械设备以及人员等对承包工程共同承担义务，并按各自投入的风险比例分享收益。

采用施工联合体的工程承包方式，联合体单位在资金、技术、管理等方面可以集中各自的优势，各取所长，使联合体有能力承包大型工程，同时也可以增强抗风险的能力。在合同关系上，是以发包人为一方、施工联合体为另一方的施工总承包关系。对发包人而言，组织管理、协调都比较简单。在工程进展过程中，若联合体中某一成员单位破产，则其他成员仍需负责工程的实施，发包人不会因此而受到损失。

(2) 施工合作体

施工合作体也是由多个承建单位为承建某项工程而采取的合作施工的形式。一般情况下，参加合作体的各方都没有足够的力量，不具备与所承包工程相当的总承包能力，各方都希望通过组织成合作伙伴，增强总体实力。但是，合作体各方又出于各自的目的和要求，成员之间互不信任，不愿采用施工联合体的模式。由此建立的施工合作体形式上与施工联合体相同，实质上却完全不同。施工合作体与发包人签订基本合同，由合作体统一组织、管理与协调整个工程的实施。合作体成员单位均有包括人员、施工机械和资金的完整施工力量，它们在合作体的统一规划和协调下，各自独立完成整个项目中的某一部分工程任务，各自独立核算，自负盈亏、自担风险。施工合作体中如果某一成员单位破产，其他成员则不予承担相应的经济责任，这一风险由发包人承担。对发包人而言，采用施工合作体的形式，其组织协调工作量可以减小，但项目实施的风险要大于施工联合体。

2.2 建设工程项目管理的组织机构

2.2.1 建设工程项目管理组织机构的界定

工程项目管理组织机构泛指参与工程项目建设各方的项目管理组织机构，包括建设单位、设计单位、施工单位的项目管理组织机构，也包括工程总承包单位、代建单位、项目管理单位等参建方的项目管理组织机构。

2.2.2 建设工程项目组织的设置依据

项目组织机构设置的依据是指在特定环境下建立项目组织的要求和条件。

(1) 项目内在联系：项目的组成要素之间的相互依赖关系及由此引起的项目组织和人员之间的内在联系，它包括技术联系、组织联系和个人间的联系。

(2) 人员配备要求：以各部门任务为前提，对完成任务的人员的专业技能、合作精神等综合素质及需要的时间安排等方面的要求。

(3) 制约和限制：项目组织内外存在的、影响项目组织采用某些机构模式及获得某些资源的因素。

2.2.3 建设工程项目组织机构的设置原则

(1) 目的性原则

项目组织机构设置的根本目的是为了产生组织功能，实现施工项目管理的总目标，从这一根本目标出发，就会因目标设事，因事设机构、定编制，按编制设岗位人员，以职责定制度、授权力。

(2) 精干高效原则

项目组织机构的人员设置，以能实现施工项目所要求的工作任务为原则，尽量简化机构，做到精干高效，人员配置要严格控制二、三线人员，力求一专多能，一人多职。同时，还要提高项目管理班子成员的知识含量，着眼于使用和学习锻炼相结合，以提高人员素质。

(3) 管理跨度和分层统一的原则

管理跨度指管理人员直接管理的下属人员的数量。跨度大，管理人员接触的关系增多，处理人与人之间关系的数量也随之增大。管理跨度大小与管理层次多少有直接关系。一般情况下，管理层次多，跨度减小；管理层次小，跨度会加大。这就要求根据领导者的能力和施工项目的大小进行权衡，并使两者统一。

(4) 业务系统化管理原则

项目是一个开放的、由众多子系统组成的大系统，其各子系统之间，子系统内部各个单位工程之间，不同组织、工种、工序之间存在着大量的结合部，这就要求项目组织也必须是一个完整的组织结构系统，必须恰当分层而后设置部门，以便在结合部上能形成一个相互制约、相互联系的有机整体，防止产生职能分工、权限划分和信息沟通的相互矛盾或重叠。

(5) 动态调整原则

项目的单件性、阶段性、露天性和流动性等作为施工项目生产活动的主要特点，必然会带来生产对象数量、质量和地点的变化，带来资源配置的品种和数量的变化，也就是说，要按照动态的原则建立组织机构，不能一成不变。同时，要做好调整人员及部门设置的准备，以适应工作工程任务变动对管理机构流动性的要求。

(6) 一次性原则

项目管理组织机构是为了实施施工项目管理而建立的专门组织机构，由于施工项目的实施是一次性的，因此，当施工项目完成，其项目管理组织机构也随之解体。

2.2.4 建设工程项目组织机构的设置程序

项目管理组织应尽早成立，或尽早委托、尽早投入。在工程项目建设过程中，它应有一定的连续性和稳定性。小的项目可由一个人负责，大的项目应由一个小组甚至一个集团负责。项目管理组织的设置一般有如下过程：

(1) 确定工程项目管理的目标

由于工程项目管理的对象是工程项目，为了工程项目顺利实施和工程项目的整体效益，项目管理目标由项目目标确定，主要体现在工期、质量、成本三大目标之中。

(2) 划分工程项目管理的责任、义务和权力

工程项目管理责任、义务和权力的确定，通常由项目管理公司或管理目标责任书定义。组织必须对项目经理授权，这些权力是他完成责任所必需的。但企业也可以限定他的权力，把部分权力收归己有，或双方共同执行，或项目经理在执行某些权力时必须经企业同意。这在工程项目建设监理中较为常见，例如投资控制的权力、合同管理的权力，经常由开发商承担，或双方共同承担。

由于各种权力之间是互相影响、互相依赖的，所以，很容易造成多头领导，职责不明。因此，组织对项目经理应明确授权，划清各方面的权力界限，并列表加以说明。

(3) 制作工作任务分配表

项目经理需要对工程项目建设过程中项目管理小组所完成的工作详细分析，确定详细的各种职能管理工作任务，并按工作任务设立人员或部门，建立管理组织结构，将各种管理工作任务作为目标落实，项目经理向各职能人员、部门授权，并制作管理工作和任务分配表(表 2.1)。

表 2.1 管理工作任务分配表

工作任务名称	任务分工					备注
	部门 1	部门 2	部门 3	…	部门 N	
决策						
执行						
咨询						
监督						
协调						

(4) 确定工程项目管理流程

确定工程项目管理流程就是确定工程项目建设过程中各种管理的工作流程。任务分配表是静态地说明各自的职责、任务和工作,而通过流程分析,可以构成一个动态的管理过程。管理流程的设计是一个重要环节,它对管理系统的有序运行以及管理信息系统的设计有很大影响。

它确定了项目管理组织成员之间或组织成员与项目组织之间,以及与外界(项目的上层系统)的工作联系及界面。

(5) 建立规章制度

建立各职能部门的管理行为规范和沟通准则,形成管理工作准则,也就是项目管理组织内部的规章制度。

(6) 设计管理信息系统

在上述基础上进行管理信息系统的设计,即按照管理工作流程和管理职责,确定工作过程中各个部门之间的信息流通、处理过程,包括信息流程设计、信息(报表、文件、文档)设计以及信息处理过程设计等。

由于工程项目具有一次性,因此项目管理系统都是为一个项目设计的,但对多项目组织或采用矩阵形式管理的大项目,其项目管理系统则应成为一个标准化的形式。

2.2.5 建设工程项目管理组织机构的作用

项目经理在启动项目管理之前,首先要做好组织准备,建立一个能完成管理任务,使项目经理指挥灵便、运转自如、效率高的项目组织机构——项目经理部,其目的就是为了提供进行项目管理的组织保证。

(1) 形成一定的权力系统,以便进行统一指挥

组织机构的建立首先是以形式产生权力,权力是工作的需要,是管理地位形成的前提,是组织活动的反映。没有组织机构,便没有权力,也没有权力的运用。

(2) 形成责任制和信息沟通体系

责任制是施工项目组织中的核心问题。没有责任也就不能称其为项目管理的机构,也就不存在项目管理。一个项目组织能否有效地运转,取决于是否有健全的岗位责任制。项目组织的每个成员都应肩负一定责任,责任是项目组织对每个成员规定的一部分管理活动和生产活动的具体内容。

信息沟通是指下级(下层)以报告的形式或其他形式向上级(上层)传递信息,或同级但不

同部门之间为了相互协作而横向传递信息。越是高层领导，越需要信息，越要深入下层获得信息。其原因就是领导离不开信息，有了充分的信息，才能进行有效决策。

综上所述，可以看出组织机构非常重要，在项目管理中是一个焦点。当一个项目经理建立了理想、有效的组织系统，他的项目管理就成功了一半。

2.2.6 建设工程项目管理组织部门划分的基本方法

工程项目管理组织部门划分的实质是根据不同的标准，对项目管理活动或任务进行专业化分工，从而将整个项目组织分解成若干个相互依存的基本管理单位，不同的管理人员安排在不同的管理岗位和部门中，通过他们在特定环境、特定相互关系中的管理作业使整个项目管理系统有机地运转起来。

(1) 按管理职能划分部门

按管理职能划分部门是一种传统的、为许多组织广泛采用的划分方法。它是根据专业化的原则，以工作或任务的相似性来划分部门的，这些部门可以被划分为基本的职能部门和其他的职能部门两类(图 2.3)。

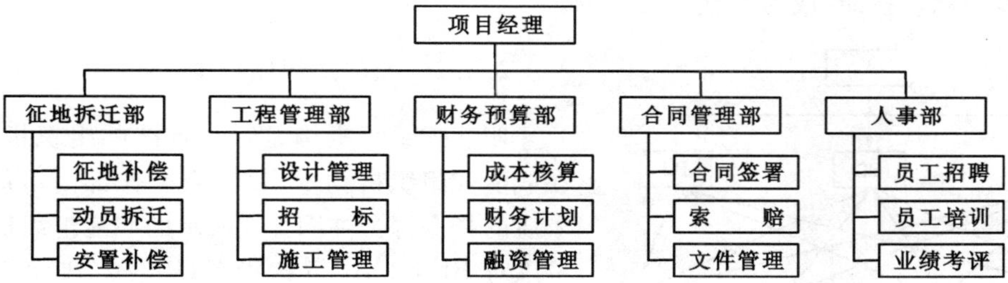

图 2.3　按职能划分部门

(2) 按项目结构划分部门

对于某些大型枢纽工程或项目群而言，各个单项工程(单位工程)由于地理位置分散、施工工艺差异较大、工程量太大，以及工程进度比较紧张等因素，通常要分成若干个标段分别进行招标，为便于项目管理，组织部门可能会按照项目结构进行部门划分(图 2.4)。

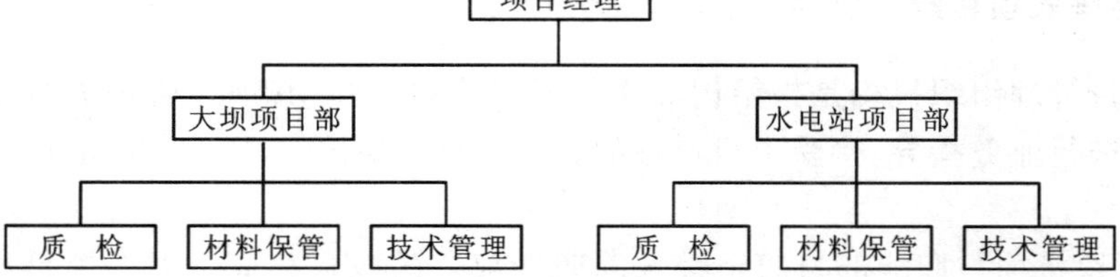

图 2.4　按项目结构划分部门

2.3 建设工程项目管理的组织形式

2.3.1 线性组织机构

线性组织机构来自于军事组织系统，在线性组织机构中，每一个工作部门只有一个指令源，避免了由于指令矛盾而影响组织系统的运行。在图 2.5 所示的线性组织机构中，A 可以对 B1、B2、B3 下达指令；B2 可以对 C21、C22、C23 下达指令；虽然 B1 和 B3 比 C21、C22、C23 高一个组织层次，但是，B1 和 B3 并不是 C21、C22、C23 的直接上级，不允许它们对 C21、C22、C23 下达指令。在组织机构中，每一个工作部门的指令源是唯一的。

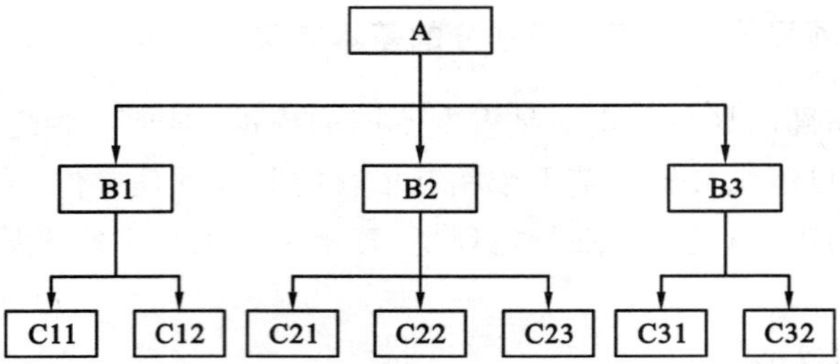

图 2.5　线性组织机构

线性组织机构形式的主要优点是组织机构简单，权力集中，命令统一，职责分明，决策迅速，隶属关系明确。缺点是为了实现没有职能部门的“个人管理”，要求项目经理通晓各种业务，通晓多种知识技能，成为“全能”式人物。

2.3.2　职能式组织机构

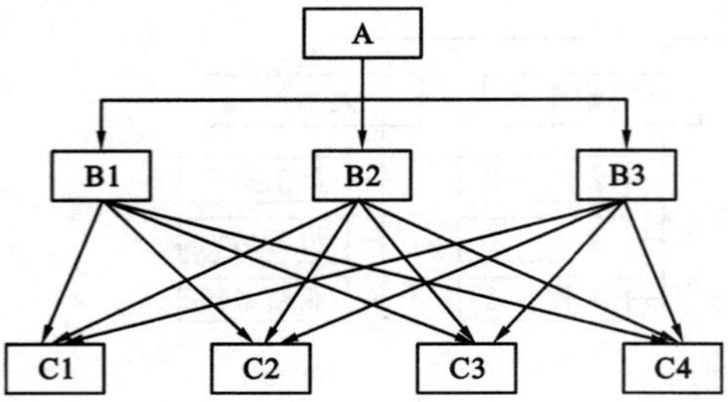

图 2.6　职能式组织机构

职能式组织机构是一种传统的组织机构形式。在职能式组织机构中，每一个工作部门可能有多个矛盾的指令源。在图 2.6 所示的职能组织机构中，A 可以对 B1、B2、B3 下达指令；B1、B2、B3 可以对 C1、C2、C3、C4 下达指令；C1、C2、C3、C4 有多个指令源。

这种组织形式的主要优点是加强了施工项目目标控制的职能化分工，能够发挥职能机构的专业管理作用，提高管理效率，减轻项目经理负担。但由于下级人员受多方领导，如果上级指令相互矛盾，将使下级在工作中无所适从。此种组织形式一般适用于大、中型施工项目。

2.3.3　矩阵式项目组织机构

矩阵式项目管理组织机构是指结构形式呈矩阵状的组织，其项目管理人员由企业有关职能部门派出并进行业务指导，接受项目经理的直接领导。矩阵式项目组织机构如图 2.7 所示。

（1）特征

① 项目组织机构与职能部门的结合部同职能部门的数目相同。多个项目与职能部门的结合部呈矩阵状。

② 把职能原则和对象原则结合起来，既发挥职能部门的纵向优势，又发挥项目组织的横向优势。

③ 专业职能部门是永久性的，项目组织是临时性的。职能部门负责人对参与项目组织的人员有组织调配、业务指导和管理考察的责任。项目经理将参与项目组织的职能人员在横向上有效地组织在一起，为实现项目目标协同工作。

④ 矩阵中的每个成员或部门，接受原部门负责人和项目经理的双重领导，但部门的控制

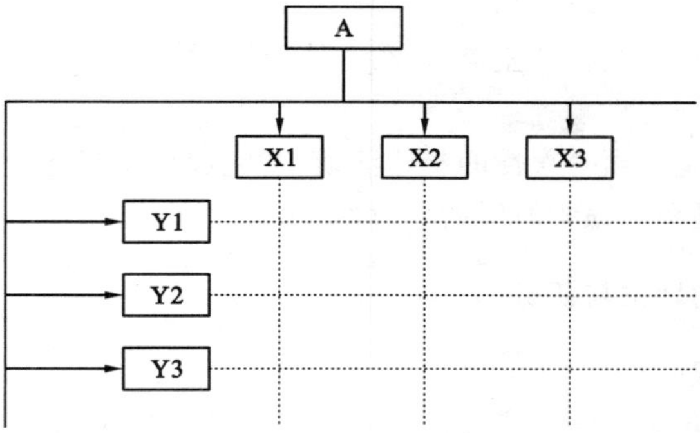

图 2.7　矩阵式项目组织机构

力大于项目的控制力。部门负责人有权根据不同项目的需要和忙闲程度，在项目之间调配本部门人员，这样，一个专业人员可能同时为几个项目服务。特殊人才可以充分发挥作用，免得人才在一个项目中闲置又在一个项目中短缺，大大提高了人才利用效率。

⑤ 项目经理对调配到本项目经理部的成员有权控制和使用，当感到人力不足或某些成员不得力时，可以向职能部门要求给予解决。

⑥ 项目经理部的工作由多个职能部门支持，项目经理没有人员包袱；但要求在水平方向和垂直方向有良好的依靠及良好的协调配合，这就对整个企业组织和项目组织的管理水平与组织渠道的畅通提出了较高的要求。

⑦ 由于各类专业人员来自不同的职能部门，工作中可以相互取长补短，纵向专业优势得以发挥。但易导致双重领导，产生意见分歧，难以统一。

(2) 适用范围

① 适用于同时承担多个需要进行项目管理工程的企业。在这种情况下，各项目对专业技术人才和管理人员都有需求，加在一起数量较大，采用矩阵式组织可以充分利用有限的人才对多个项目进行管理，特别有利于发挥优秀人才的作用。

② 适用于大型、复杂的施工项目。因大型、复杂的施工项目要求多部门、多技术、多工种配合实施，在不同阶段，对不同人员在数量和搭配上有不同的需求。图 2.8 是某公司矩阵式项目组织机构图。

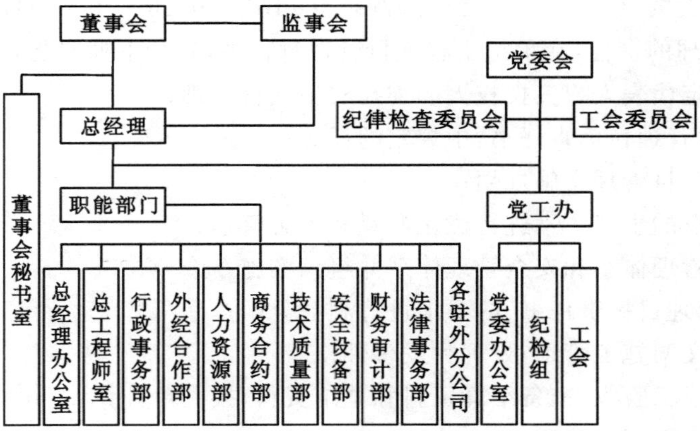

图 2.8　某公司矩阵式项目组织机构图

2.4 项目经理

一个建设工程项目是一项一次性的整体活动，在完成这个任务过程中必须有一个最高的责任者和组织者，这就是我们通常所说的项目经理。

2.4.1 项目经理的地位与任务

2.4.1.1 项目经理的地位

项目经理是施工承包企业法人代表在项目上的全权委托代理人。建设部颁发的《建筑施工企业项目经理资质管理办法》中指出："项目经理是受施工企业法定代表人委托，对工程项目施工全过程全面负责的项目管理者，是施工企业法定代表人在工程项目上的代表人。"这就决定了项目经理在工程项目中是最高责任者、组织者，是项目决策的关键人物，在项目管理中处于中心地位。

2.4.1.2 项目经理的主要任务

项目经理的主要任务主要包括两个方面：一是保证施工项目按照规定的目标高效、优质、低耗地全面完成；二是保证各生产要素在项目经理授权范围内最大限度地优化配置。项目经理的主要任务具体包括以下几项：

(1) 确定项目管理组织机构并配备相应人员，组建项目经理部；

(2) 制定岗位责任制等各项规章制度；

(3) 制订项目管理总目标、阶段性目标以及总体控制计划，并实施控制，保证项目管理目标的全面实现；

(4) 及时、准确地做出项目管理决策，严格管理，保证合同的顺利实施；

(5) 协调项目组织内部及外部各方面关系，并代表企业法人在授权范围内进行有关签证；

(6) 建立完善的内部和外部信息管理系统，确保信息畅通无阻，工作高效进行。

2.4.2 项目经理的责、权、利

2.4.2.1 项目经理的职责

根据建设部颁发的《建设工程项目管理规范》(GB/T 50326—2006)的规定，项目经理对项目施工负有全面管理的责任，在承担工程项目管理过程中，履行下列职责：

(1) 受企业法定代表人或其授权人的委托实施项目管理；

(2) 履行"项目管理目标责任书"中规定的任务；

(3) 组织编制项目管理实施规划；

(4) 对进入现场的生产要素进行优化配置和动态管理；

(5) 建立质量管理体系和安全管理体系并组织实施；

(6) 按"项目管理目标责任书"的要求进行利益分配；

(7) 进行现场文明施工管理，处理突发事件；

(8) 参与工程竣工验收，准备结算资料和总结资料，接受审计；

(9) 处理项目经理部的善后工作；

(10) 协助企业进行项目的检查、鉴定和评奖申报。

2.4.2.2 项目经理的权限

为了履行项目经理的职责,项目经理必须具有一定的权限。这些权限应由企业法定代表人授予,并用制度具体确定下来。项目经理应具有以下权限:

(1) 参与企业进行的项目投标与合同签订;

(2) 经授权后组建项目经理部;

(3) 主持项目经理部工作;

(4) 根据授权和项目管理的需要,决定资金的投入、使用和计酬办法;

(5) 根据授权进行物资采购;

(6) 根据授权使用作业队伍;

(7) 根据授权,协调和处理与施工项目管理有关的内部与外部关系;

(8) 企业法定代表人授予的其他特别权力。

2.4.2.3 项目经理的利益

项目经理的利益应体现合理激励原则,因此必须有两种利益:物质利益和精神奖励。

(1) 获得基本工资、岗位工资和绩效工资;

(2) 除按“项目管理目标责任书”可获得物质奖励外,还可获得表彰、记功、“优秀项目经理”等荣誉称号;

(3) 经考核和审计,未完成“项目管理目标责任书”确定的项目管理责任目标或造成亏损的,应按其中有关条款承担责任,并接受经济或行政处罚。

值得着重指出的是,从行为科学的理论观点来看,对施工项目经理的利益兑现应在分析的基础上区别对待,满足其最迫切的需要,以真正通过激励调动其积极性。行为科学认为,人的需要由低层次到高层次分别有物质的、安全的、社会的、自尊的和理想的。如把第一种需要称为“物质的”,则其他四种需要就是“精神的”,于是每进行激励之前,应分析该项目经理的最迫切需要,不能盲目的只讲物质激励。从一定意义上说,精神激励的面要大,作用会更显著。但精神激励如何兑现,值得人们认真研究,积累经验。

2.4.3 项目经理的素质与选拔

2.4.3.1 项目经理的素质

项目经理是以企业法人代表代理人的身份被派驻施工现场,因此必须具备从事该工程项目管理的基本素质,包括学历、经历、知识结构、组织能力、实践经验、工作业绩、思想作风、职业道德和身体状况等。

根据建设部《建设工程项目管理规范》(GB/T 50326—2006)的规定,项目经理应具备下列素质:

(1) 具有符合施工项目管理要求的能力;

(2) 具有相应的施工项目管理经验和业绩;

(3) 具有承担施工项目管理任务的专业技术、管理、经济、法律和法规知识;

(4) 具有良好的道德品质。

美国项目管理专家约翰·宾认为项目经理应具备的素质有以下六条:一是具有本专业技术知识;二是有工作干劲,主动承担责任;三是具有成熟而客观的判断能力,成熟是指有经验,能够看出问题来,客观是指他能看到最终目标,而不是只顾眼前;四是具有管理能力;五是诚实、可靠、言行一致，答应的事就一定做到；六是机警、精力充沛、能吃苦耐劳，随时准备着处理各种可能发生的事情。

2.4.3.2　项目经理的选拔

选择什么样的人担任项目经理取决于两个方面：一方面看工程项目的需要，不同的项目需要不同素质的人才；另一方面还要看企业人选的素质。

目前我国选择施工项目经理一般有以下三种方式：

(1) 竞争招聘制

招聘的范围可面向社会，但要本着先内后外的原则，其程序是：个人自荐，组织审查，答辩讲演，择优选聘。这种方式既可选优，又可增强项目经理的竞争意识和责任心。

(2) 经理委任制

委任的范围一般限于企业内部在聘干部，其程序是经过公司经理提名，组织人事部门考察，党政联席办公会议决定。这种方式要求组织人事部门严格考核，公司经理知人善任。

(3) 内部协调、基层推荐制

这种方式一般是建设单位、企业各基层施工队或劳务作业队向公司推荐若干人选，然后由人事组织部门集中各方面意见，进行严格考核后，提出拟聘用人选，报企业党政联席办公会议研究决定。

2.4.4　项目经理部

项目经理部是由项目经理在企业的支持下组建并领导进行项目管理的组织机构。

2.4.4.1　项目经理部的作用

项目经理部是项目管理的工作班子，其作用如下：

(1) 项目经理部是项目管理的组织机构，负责项目全过程的管理工作，是企业在该项目的管理层，同时对作业层具有管理与服务职责。其中，作业层的工作质量取决于项目经理部的工作质量。

(2) 在项目经理的领导下，项目经理部设办事机构，为项目经理决策提供信息依据，当好参谋，同时又要执行项目经理的决策意图，向项目经理全面负责。

(3) 项目经理部是一个组织体，不仅要完成企业所赋予的项目管理和专业管理任务，而且要凝集管理人员的力量，调动其积极性，促进管理人员的相互合作，协调各部门之间、管理人员之间的关系，发挥每一个人的岗位作用，为达成目标而工作。

(4) 项目经理部是代表企业履行工程承包合同的主体，也是市场竞争的主体成员，要对最终建筑产品和业主全面负责。

2.4.4.2　项目经理部的设立

(1) 项目经理部设立的基本原则

一般情况下，每个施工项目，承包人必须在施工现场设立项目经理部，不能用其他组织方式代替。在项目经理部内，应根据目标控制和主要管理的需要设立专业职能部门。

项目经理部的设立应遵循以下基本原则：

① 要根据所设计的项目组织形式设置项目经理部。项目组织形式与企业对施工项目的管理方式有关，与企业对项目经理部的授权有关。不同的组织形式对项目经理部的管理力量和管理职责提出了不同要求，同时也提供了不同的管理环境。

② 要根据施工项目的规模、复杂程度和专业特点设置项目经理部。例如，大型项目经理部可以设职能部、处；中型项目经理部可以设处、科；小型项目经理部设职能人员即可。如果项目的专业性强，便可设置专业性强的职能部门，如水电处、安装处、打桩处等。

③ 项目经理部是一个弹性的一次性管理组织，随着工程项目的开工而组建，随着工程项目的竣工而解体，不应搞成一级固定性组织。项目经理部不应有固定的作业队伍，而应根据施工的需要，从劳务分包公司吸收人员，进行优化组合和动态管理。

④ 项目经理部的人员配置应面向现场，满足现场的计划与调度、技术与质量、成本与核算、劳务与物资、安全与文明施工的需要，而不应设置专管经营与咨询、研究与发展、政工与人事等与项目施工关系较少的非生产性管理部门。

(2) 施工项目经理部规模的确定

目前国家对项目经理部的设置规模尚无具体规定。结合有关企业推行施工项目管理的实际，一般按项目的使用性质和规模分类。只有当施工项目的规模达到以下要求时才实行施工项目管理：5000 m^2 以上的公共建筑、工业建筑；10000 m^2 以上的住宅建筑；其他投资在 500 万元以上的工程项目。

项目经理部一般分三个等级(表 2.2)。

表 2.2 施工项目经理部的分类等级

类别	建筑面积(m^2)		投资额(万元)	人员配备(人)
	群体工程	单体工程		
一级项目经理部	≥15 万	≥10 万	≥8000	30～45
二级项目经理部	10 万～15 万	5 万～10 万	3000～8000	20～30
三级项目经理部	2 万～10 万	1 万～5 万	500～3000	15～20

(3) 项目经理部组织层次

项目经理部的组织可分为三个层次，即决策层、监督管理层和业务实施层。

① 决策层

项目经理部的决策层是以项目经理为首的，由项目副经理和“三总师”(总工程师、总会计师和总经济师)参加的项目管理领导班子。施工项目在实施过程中的一切决策行为都取决于决策层，其中项目经理是领导核心。

② 监督管理层

项目经理部中的监督管理层是指在项目经理的直接领导下的项目经理部中的各个职能部门或部门负责人，如技术经理、经营经理、安全保障经理等。监督管理层是施工项目具体实施的直接指挥者，并对劳务作业层按劳务分包合同进行管理和监督。

③ 业务实施层

项目经理部中的业务实施层为在项目经理部中由各个职能部门经理所直接指挥的部门专业人员，这是项目的底层管理者。

如果从整个企业的范围来看，项目经理部的组织层次可理解为企业在施工项目上的浓缩，他们在项目范围内行使着相应的企业职能。

(4) 项目经理部的组织机构和人员配备

施工项目经理部部门设置和人员配备的指导思想是，要把项目经理部建成一个能够代表企业形象、面向市场的窗口，真正成为全面履行施工合同的主体。

① 部门设置

施工项目经理部可设置以下五个管理部门：

a. 经营核算部门　主要负责预算、合同、索赔、资金收支、成本核算及劳动分配等工作。

b. 工程技术部门　主要负责生产调度、技术管理、施工组织设计、劳动力配置及计划统计等工作。

c. 物资设备部门　主要负责材料工具的询价、采购、计划供应、管理、运输，机械设备的租赁及配套使用等工作。

d. 监控管理部门　主要负责工程质量、安全管理、消防保卫、文明施工、环境保护等工作。

e. 测试计量部门　主要负责计量、测量、试验等工作。

项目经理部生产经营组织也可按控制目标进行设置，包括进度控制、质量控制、成本控制、安全控制、合同管理、信息管理、组织协调等部门。

② 项目经理部人员配备

项目经理部人员可按下述岗位及比例配备：由项目经理、总工程师、总经济师、总会计师、政工师和技术、预算、劳资、定额、计划、质量、保卫、测试、计量以及辅助生产人员 15～45 人组成。一级项目经理部有 30～45 人，二级项目经理部有 20～30 人，三级项目经理部有 15～20 人，其中，专业职称设岗为：高级 3%～8%，中级 30%～40%，初级 37%～42%，其他 10%；实行一职多岗，全部岗位职责覆盖项目施工全过程的全面管理，不留死角，也避免职责重叠交叉。

对于小型施工项目，在项目经理的领导下可设管理人员，包括工程师、经济员、技术员、料具员、总务员，即“一长、一师、四大员”，不设专业部门。

2.4.4.3　项目经理部的解体

项目经理部作为一次性的具有弹性的施工现场生产组织机构，在工程项目目标实现后应及时解体，并做好善后处理工作。

(1) 项目经理部解体程序与善后工作

① 施工项目在通过竣工验收之日起 15 d 内，项目经理部应根据工作需要向企业工程管理部门写出项目经理部解体申请报告，同时向各业务系统提出本部善后留用和解体合同人员的名单及时间，经有关部门审核批准后执行。

② 项目经理部在解聘工作业务人员时，为使其有一定的求职时间，要提前发给解聘人员两个月的岗位效益工资，并给予相关待遇。

③ 项目经理部解体前，应成立以项目经理为首的善后工作小组，其留守人员由主任工程师以及技术、预算、财务、材料各一人组成，主要负责剩余材料的处理、工程价款的回收、财务账目的结算移交以及解决与甲方的有关遗留事宜。善后工作一般规定为 3 个月(从工程管理部门批准项目经理部解体之日起计算)。

④ 妥善处理施工项目的保修问题。在项目经理部解体与工程结算前，要由经营和工程部门根据竣工时间和质量等级确定工程保修费的预留比例。

(2)施工项目经理部效益审计评估和债权债务处理

① 剩余材料的处理。项目经理部的剩余材料原则上处理给企业物资设备部，材料价格根

据新旧情况就质论价，由双方商定，如双方发生争议时可由经营管理部门协调裁决；对外处理必须经企业主管领导批准。

② 通信、办公等固定资产应如实建账，以质论价，移交企业。由于现场管理工作需要，项目经理部自购的通信、办公等小型固定资产，必须如实建立台账，按质论价，移交企业。

③ 工程成本盈亏审计。项目经理部的工程成本盈亏审计以该项目工程实际发生成本与价款结算回收数为依据，由审计牵头，预算财务和工程部门参加，于项目经理部解体后第 4 个月写出审计评价报告，交经理办公室审批。

④ 工程款项结算、回收以及加工订货等债权债务的处理。项目经理部的工程结算、价款回收及加工订货等债权债务的处理，由留守小组在 3 个月内全部完成。如 3 个月未能全部收回又未办理任何法定手续的，其差额部分作为项目经理部成本亏损额计算。

⑤ 确认完成“项目管理目标责任书”规定的情况。整个施工项目综合效益经审计评估认为除完成指标外仍有盈余者，应全部上交，然后根据盈余情况给予奖励。整个经济效益审计为亏损者，其亏损部分一律由项目经理负责，按相应奖罚比例从其管理人员风险（责任）抵押金和工资中扣除，亏损额超过 5 万元以上者，经企业党委会和经理办公会研究，视情况给予项目经理个人行政处分与经济处罚。亏损数额较大、性质严重者，企业有关部门有权起诉追究其刑事责任。

⑥ 项目经理部解体善后工作结束后，项目经理离任重新投标或聘任前，必须按上述规定做到“人走账清”。

（3）施工项目经理部解体时的有关纠纷裁决

项目经理部与企业有关职能部门发生矛盾时，由企业经理办公会裁决；与分包及劳务作业层关系中的纠纷依据双方签订的合同和有关的签证处理。

2.4.5 项目组织协调

2.4.5.1 项目组织协调概述

组织协调是项目管理的一项重要内容。项目组织协调是以一定的组织形式、手段和方法，对项目管理中产生的关系进行疏通，对产生的干扰和障碍予以排除的活动。

2.4.5.2 项目组织协调的范围

项目组织协调的范围包括内部关系的协调、近外层关系的协调和远外层关系的协调，如图 2.9 所示。

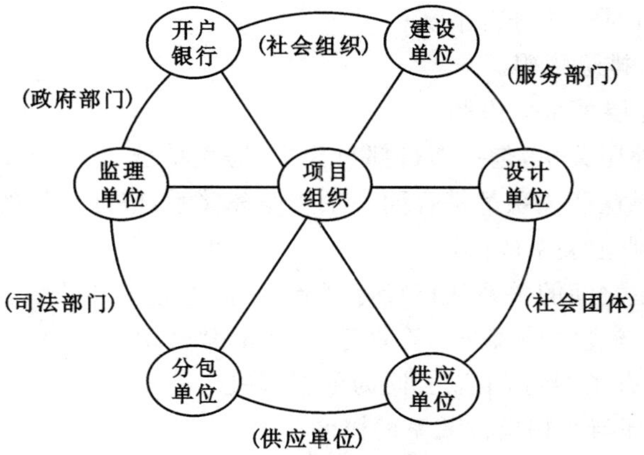

图 2.9　项目协调管理的范围

(1) 内部关系　包括项目经理部内部关系、项目经理部与企业的关系、项目经理部与作业层的关系。

(2) 近外层关系　与承包人有直接和间接合同的关系，包括与发包人、监理工程师、设计人、供应人、分包人、保险人等的关系。近外层关系的协调应作为项目管理组织协调的重点。

(3) 远外层关系　与承包人虽无直接或间接的合同关系，但却有着法律、法规和社会公德等约束的关系，包括承包人与政府、环保、交通、环卫、绿化、文物、消防、公安等单位的关系。

2.4.5.3　项目组织协调的方法

项目经理及其他管理人员实施组织协调的常用方法有会议协调法、交谈协调法、书面协调法、访问协调法和情况介绍法。

(1)施工项目内部关系的组织协调

施工项目内部关系的组织协调主要包括施工项目内部人际关系的协调、施工项目内部组织关系的协调、施工项目内部需求关系的协调三部分。

① 施工项目内部人际关系的协调

施工项目内部人际关系，是指项目经理与其下属的关系、职能人员之间的关系、职能人员与作业人员的关系、作业人员之间的关系等。协调这些关系主要是依据各项制度，通过做好思想工作，加强教育培训，提高人员素质等方法来实现。要人尽其才、用人所长、责任分明、实事求是地对每个人的效绩进行评价和激励。在调解人与人之间的矛盾时要注意方法，重在疏导。

② 施工项目内部组织关系的协调

施工项目中的组织形成了系统，系统内部各部分构成一定的分工协作和信息沟通关系。组织关系协调可以使组织运转正常，发挥组织的作用。组织关系的协调主要从以下方面进行：

a. 设置以职能划分为基础的组织机构，明确每个机构的职责；

b. 以制度明确各机构在工作中的相互关系；

c. 建立信息沟通制度，制定工作流程图；

d. 根据矛盾冲突的具体情况及时灵活地加以解决，不使矛盾冲突扩大化。

③ 施工项目内部需求关系的协调

施工中需要资源，包括人力资源、材料、机械设备、动力等需求。需求关系协调的环节如下：

a. 要抓计划环节，满足人、财、物的需求；

b. 抓住瓶颈环节，对需求进行平衡；

c. 加强调度工作，排除障碍。

(2) 项目部与近外层关系的协调

施工项目部的近外层关系，包括项目部与业主、监理单位、设计单位、供应单位、公用单位及分包单位的关系等。这些关系都是合同关系或服务关系，应在平等的基础上进行协调。

① 项目经理部与业主关系的协调

项目经理部与业主之间的关系从招投标开始，中间经过施工准备、施工中的检查与验收、进度款支付、工程变更、进度协调、交工验收等，关系非常密切。处理两者之间的关系主要是洽谈、签订和履行合同。有了纠纷，也以合同为依据解决。

② 施工项目经理部与监理单位关系的协调

在工程项目实施过程中，监理工程师不仅履行监理职能，同时也履行协调职能。监理工程师在很大程度上是项目与发包人、银行以及其他相关单位之间关系的协调者，因此，项目经理部必须处理好与监理工程师之间的关系。处理与监理工程师之间的关系应坚持相互信任、相互支持、相互尊重、共同负责的原则，以施工合同为准，确保项目质量；同时要按照《建设工程监理规范》(GB/T 50319—2013)的规定，接受监督和相关管理，使双方的关系融洽。

③ 施工项目经理部与设计单位关系的协调

施工项目经理部与设计单位同是承包单位，两者均与业主订有合同，但两者之间没有合同关系。共同为业主服务决定了施工方与设计方的密切关系，这种关系是图纸供应关系、设计与施工技术关系等。这些关系主要发生在设计交底、图纸会审、设计洽商变更、地基处理、隐蔽工程验收和竣工验收等活动中，故应针对活动要求处理好协作关系。

④ 施工项目经理部与物资供应单位之间关系的协调

施工项目经理部与物资供应单位之间关系的协调分合同供应与市场供应两种关系。

合同供应关系是指项目资源的需求以合同的形式，与供应单位就资源供应数量、规格、质量、时间、配套服务等事项进行明确，减少资源采购风险，提高资源利用率。

市场供应关系是指项目所需资源直接从市场上通过价格、质量、服务等的对比来择优获取。

⑤ 施工项目经理部与公用单位关系的协调

施工项目部与公用单位的关系包括与道路、市政管理、自来水、煤气、热力、供电、通信等单位的关系。由于项目建设与这些单位的关系密切，他们往往与业主有合同关系，故应加强计划协调，主要是进行质量保证、施工协作、进度衔接等方面的协调。

⑥ 施工项目经理部与分包单位关系的协调

在与分包单位关系协调方面，应注意选择具备相应营业等级及施工能力的分包单位，落实好总、分包之间的责任，处理好总、分包之间的经济利益，解决好总、分包之间的纠纷，按合同办事。

(3) 项目部与远外层关系的协调

项目部与远外层相关部门不存在合同关系，所以与远外层关系的协调主要应以法律、法规和社会公德等公共原则为主，在确保自己工作合法性的基础上，相互支持、密切配合，公平、公正地处理工作关系，提高工作效率。施工项目经理部与远外层关系进行协调时应注意以下问题：

项目经理部应要求作业队伍到建设行政主管部门办理分包队伍施工许可证，到劳动管理部门办理劳务人员就业证。

隶属于项目经理部的安全监察部门应办理企业安全资格认可证、安全施工许可证、项目经理安全生产资格证等手续。

隶属于项目经理部的安全保卫部门应办理施工现场消防安全资格认可证，到交通管理部门办理通行证。

项目经理部应到当地户籍管理部门办理劳务人员暂住手续。

项目经理部应到当地城市管理部门办理街道临建审批手续。

项目经理部应到当地政府质量监督管理部门办理建设工程质量监督通知单等手续。

项目经理部应到市容监察部门审批运输不遗洒、污水不外流、垃圾清运、场容与场貌的保证措施方案和通行路线图。

项目经理部应配合环保部门做好施工现场的噪音检测工作，及时报送有关厕所、化粪池、道路等的现场平面布置图、管理措施及方案。

项目经理部因建设需要砍伐树木时，必须提出申请，报市园林主管部门审批。

现有城市公共绿地和城市总体规划中确定的城市绿地及道路两侧的绿化带，如特殊原因确需临时占用时，需经城市园林部门、城市规划管理部门及公安部门同意，并报当地政府批准。

大型项目施工或在文物较密集地区进行施工，项目经理部应事先与省市文物部门联系，在开工范围内有可能埋藏文物的地方进行文物调查或勘探工作，若发现文物，应共同商定处理办法。在开挖基坑、管沟或其他挖掘中，如发现古墓葬、古遗址和其他文物，应立即停止作业，保护好现场，并立即报告当地政府文物管理机关。

项目经理部持建设项目批准文件、地形图、建筑总平面图、用电量资料等到城市供电管理部门办理施工用电报装手续。委托供电部门进行方案设计的应办理书面委托手续。

供电方案经城市规划管理部门批准后即可进行供电施工设计。外部供电图一般由供电部门设计，内部供电设计主要指变配电室和开闭间的设计，这既可由供电部门设计，也可由有资格的设计人设计，并报供电管理部门审批。

项目经理部在建设地点确定并对项目的用水量进行计算后，即应委托自来水管理部门进行供水方案设计，同时应提供项目批准文件、标明建筑红线和建筑物位置的地形图、建设地点周围自来水管网情况、建设项目的用水量等资料。

自来水供水方案经城市规划管理部门审查通过后，应在自来水管理部门办理报装手续，并委托其进行相关的施工图设计。同时应准备建设用地许可证、地形图、总平面图、钉桩坐标成果通知单、施工许可证、供水方案批准文件等资料。由其他设计人员进行的自来水工程施工图设计，应送自来水管理部门审查批准。

2.5 建设工程项目团队建设

2.5.1 项目团队的概念

项目团队主要指项目经理及其领导下的项目经理部和各职能管理部门。由于项目的特殊性，特别需要强调项目团队的团队精神。团队精神对项目经理部的成功运作起关键性作用。

项目团队的精神具体体现在：

(1) 有明确、共同的目标。这里的目标一定是所有项目成员的共同意愿。

(2) 有合理的分工和合作。通过责任矩阵明确每一个成员的职责，各成员间是相互合作的关系。

(3) 有不同层次的权力和责任。

(4) 组织有高度的凝聚力，能使大家积极地参与。

(5) 团队成员全身心投入项目团队工作中。

(6) 成员相互信任。

(7) 有效的沟通，成员交流经常化，团队中有民主气氛，大家能够感到团队的存在。

(8) 学习和创新是项目经理部经常性的活动。

2.5.2 项目团队对组织的意义

项目组织应树立项目团队意识，要满足：

（1）围绕项目目标而形成和谐一致、高效运行的项目团队；

（2）建立协同工作的管理机制和工作模式；

（3）建立畅通的信息沟通渠道和各方共享的信息工作平台，保证信息准确、及时和有效地传递。

2.5.3 项目经理在项目团队建设中的主导作用

项目经理对项目团队建设负责，尽早地培育团队，识别关键成员，适当进行工作授权，定期评估团队运作绩效，最大限度地调度每个成员的工作积极性和责任感。项目经理应通过奖励、表彰、集中办公、召开会议、学习培训等方式协调团队氛围，统一团队思想，加强集体观念，处理管理冲突，提高项目运作效率。

2.5.4 项目团队建设

2.5.4.1 团队形成的阶段

（1）成形阶段

在这一过程中，主要依靠项目经理来指导和构建团队。团队成形需要两个基础，它们是：

① 以整个运行的组织为基础，即一个组织构成一个团队的基础框架，团队的目标为组织的目标，团队的成员为组织的全体成员；

② 在组织内的一个有限范围内为完成某一特定任务或为一共同目标等形成的团队。

（2）磨合阶段

磨合阶段是团队从组建到规范阶段的过渡过程。主要指团队成员之间，成员与内外环境之间，团队与所在组织、上级、客户之间进行的磨合。

① 成员与成员间的磨合

由于项目团队成员之间的文化、教育、性格、专业等各方面的差别，在项目团队建设初期必然会产生成员之间的冲突。这种冲突随着项目成员间的相互了解逐渐达到磨合。

其中应该特别注意将员工的心理沟通与辅导有机地结合起来，应用心理学的方法将员工之间的情感不断地融和，将员工之间的关系逐步地协调，这样才能尽快减少人为的问题，缩短磨合期。

② 成员与内外环境的磨合

项目团队作为一个系统不是孤立的，要受到团队外界环境和团队内部环境的影响。作为一名项目成员，要熟悉所承担的具体任务和专业技术知识，熟悉团队内部的管理规则制度，明确各相关单位之间的关系。

③ 项目团队与其所在组织、上级和客户间的磨合

对于一个新的团队，其所在组织会产生一个观察、评价与调整的过程，两者之间的关系有一个衔接、建立、调整、接受、确认的过程。同样对于与其上级和其客户来说也有一个类似的过程。

在这个阶段，由于项目任务比预计的更加繁重、更困难，成本或进度的计划限制可能比预

计的更加紧张，项目经理部成员会产生激动、希望、怀疑、焦急和犹豫的情绪，会有许多矛盾。而且，在以上的磨合阶段中，可能有的团队成员因不适应而退出团队，为此，团队要进行重新调整与补充。在实际工作中应尽可能缩短磨合时间，以便使团队早日形成合力。

(3) 规范阶段

经过磨合阶段，团队的工作开始进入有序化状态，团队的各项规则经过建立、补充与完善，成员之间经过认识、了解与相互定位，形成了自己的团队文化、新的工作规范，培养了初步的团队精神。

这一阶段的团队建设要注意以下几点：

① 团队工作规则的调整与完善。工作规则要在使工作高效率完成，工作规范合情合理，成员乐于接受之间寻找最佳的平衡点。

② 团队价值趋向的倡导。也就是说在团队成员之间创建共同的价值观。

③ 团队文化的培养。注意鼓励团队成员个性的发挥，为个人成长创造条件。

④ 团队精神的奠定。团队成员需要相互信任、互相帮助，尽职尽责，才能形成具有合力的团队精神。

(4) 表现阶段

经过上述三个阶段，团队进入了表现阶段，这是团队的最佳状态时期。团队成员彼此高度信任，相互默契，工作效率有大的提高，工作效果明显，这时团队已经比较成熟。

但是也需要注意以下两个问题：

① 牢记团队的目标与工作任务，不能因单纯地讲团队的建设而抛弃团队的组建目的。团队的组建是为项目服务的，抛弃团队的组建目的，团队的存在就没有任何意义。

② 警惕一种情况，即有的团队在经过前三个阶段后，在第四个阶段很可能并没有形成高效的团队状态，团队成员之间迫于工作规范的要求与管理者权威而出现一些成熟的假象，使团队没有达到最佳状态，无法完成预期的目标。

(5) 休整阶段

休整阶段包括休止与整顿两个方面的内容。

团队休止是指团队经过一段时期的工作，工作任务即将结束，这时团队将面临着总结、表彰等工作，所有这些暗示着团队前一时期的工作已经基本结束，团队可能面临马上解散的状况，团队成员要为自己的下一步工作进行考虑。

团队整顿是指在团队的原工作任务结束后，团队也可能准备接受新的任务。为此团队要进行调整和整顿，包括工作作风、工作规范、人员结构等各方面。如果这种调整比较大，那么实际上是要构建成一个新的团队。

2.5.4.2 项目团队能力的持续改进方法

(1) 改善工作环境

工作环境是指团队成员工作地点的周围情况和工作条件。工作环境的状况可以影响人的工作情绪、工作效率、工作的主动性和创造性，进而影响工作质量与工作进度。也就是说，工作环境可以影响团队成员的能力的发挥与调动。一个良好的工作环境可以使团队成员有良好、健康的工作热情，可以使人产生工作的愿望，是使团队保持和发展工作动力的一个很重要方面。因此，项目的负责人应注意通过改善团队的工作环境来提高团队的整体工作质量与效率，特别是对于工作周期较长的项目。

(2) 人员培训与文化管理

培训包括为提高项目团队技能、知识和能力而设计的所有活动。通过培训将有效地推进项目文化的建设和管理。项目培训可以是正式的,也可以是非正式的。工程项目管理中对团队成员的培训,相对于单位人力资源部门的培训而言要简单,但是更为实用。它主要分为工作初期培训以及工作中培训。

在项目工作正式开展之前,项目团队成员进行短期培训。这种培训可能是几天,也可能是几小时。培训的目的主要是解决对项目的认识,项目的工作方法,工作要求,工作计划,相互分工,如何相互合作等问题。具体的培训时间与工作量、培训内容等要根据项目的具体情况来确定。这种工作前培训的负责人一般是项目经理,有时也请项目委托方对项目进行必要的说明与讲解。对于新手的培训还要安排一些基础知识及工作要求的内容。

项目工作中的培训是指在项目进行当中针对工作中遇到的问题而进行的短期而富有针对性的培训。这种培训的主讲人往往是请来的专家,也可能是团队内部成员。对于工作中的项目培训要注意一点,即在这种培训中要注重实际成效,切忌只讲形式,不求效果,否则不但增加了项目费用支出,还可能对项目团队文化与团队精神的形成产生不利影响,进而影响项目工作效率和工作质量。

在培训中应该重点引导各种人员的文化及价值导向,要逐步形成项目文化管理的基础架构,包括:各种制度和程序应该定期的根据惯例、文化的发展进行修订,惯例、文化的发展也必须将各种制度、程序的要求囊括其中,这样使培训与文化管理有机地结合起来,大大提高项目管理的效果。

(3) 团队的评价、表彰与奖励

团队的评价是对员工的工作业绩、工作能力、工作态度等方面进行调查与评定。评价是激励的方式之一。正确地开展评价可以使团队内形成良好的团队精神和团队文化,可以树立正确的是非标准,可以让人产生成就与荣誉感,从而使团队成员能够在一种竞争的激励中产生工作动力,提高团队的整体能力。团队评价的具体方式可以采取指标考核、团队评议、自我评价等多种方式。

表彰与奖励体系是正式管理活动的重要组成部分之一,可以提高或强化管理者所希望的行为。在取得的成绩与奖励之间建立起清晰、明确、有效的联系,有助于表彰与奖励成为行之有效的工具。否则,一旦表彰与奖励让人产生模糊的甚至是错误的理解,就可能产生反向的引导,使其对整个项目团队士气与团队精神产生消极的影响。在建立和运用表彰与奖励体系时还要注意项目团队有必要建立自己的表彰与奖励标准体系,以便使这一工具更容易执行。

(4) 反馈与调整

项目人员配备、项目计划、项目执行报告等都只是反映了项目内部对团队发展的要求,除此之外,项目团队还应该对照项目之外的期望进行定期的检查,使项目团队建设尽可能符合团队外部对其发展的期望。外部反馈的信息中主要包括委托方的要求,项目团队领导层的意见,以及其他相关客户的评价与建议等。

当项目团队成员的表现不能满足项目的要求或者不适应团队的环境时,项目经理不得不对项目团队成员进行调整。对这样的调整,项目经理要及早准备,及早发现问题,早做备选方案,以免影响项目工作的顺利开展。

除上面的内容外,项目团队调整的另一项内容是对团队内的分工进行调整。这种调整有时是为了更好地发挥团队成员的专长，或为了解决项目中的某一问题，也可能是为了化解团队成员之间出现的矛盾。调整的目的都是为了使团队更适合项目工作的要求。

复习思考题

1. 简答题

(1) 什么叫做组织？什么叫做建设工程项目管理组织？

(2) 常见的建设工程项目组织实施模式。

(3) 简述建设工程项目管理的组织机构的设定依据及程序。

(4) 施工项目管理组织机构设置的原则是什么？

(5) 建设工程项目管理组织机构的作用有哪些？

(6) 建设工程项目管理的组织形式有哪些？

(7) 简述矩阵式项目组织的特征及其优缺点。

(8) 项目经理责任制的内容包括哪些？

2. 案例分析

(1) 背景资料：某大型建设工程项目，由 A、B、C 三个单项工程组成，采用施工总承包方式。经评标后，由某建筑公司中标，该公司确定了项目经理，在施工现场设立项目经理部。项目经理部下设综合办公室兼管合同，技术部兼管进度和造价，质量安全部三个业务职能部门，设立 A、B、C 三个施工管理组。

(2) 问题：为了充分发挥职能部门和施工管理组的作用，使项目经理部具有机动性，应选择何种组织机构形式并说明理由，请绘出该项目经理部组织机构图。

3　建设工程项目合同管理

本 章 提 要

本章主要介绍了建设工程项目合同和合同管理的基本概念，并重点介绍了合同的订立、履行、变更、违约、索赔和纠纷处理等基本知识。

3.1　合　　同

3.1.1　合同的概念

1999年3月15日第九届全国人民代表大会审议通过并发布了《中华人民共和国合同法》(以下简称《合同法》)。《合同法》的发布实施，对维护我国社会主义市场经济秩序，提高社会经济效益起到了重要作用。

合同又称契约，是平等主体的自然人、法人、其他组织之间设立、变更、终止民事权利义务关系的协议。合同有广义和狭义之分。广义上的合同是指以确定权利、义务为内容的协议，除了民事合同外，还包括行政合同、劳动合同等。民法中的合同即民事合同，指确立、变更、终止民事权利义务关系的协议，它包括债权合同、身份合同等。

债权合同是指确立、变更、终止债权债务关系的合同。法律上的债是指特定当事人之间请求对方做特定行为的法律关系，就权利而言，为债权关系；从义务方面来看，为债务关系。

身份合同是指以设立、变更、终止身份关系为目的，不包含财产内容或者不以财产内容为主要调整对象的合同。如结婚、离婚、收养、监护等协议。这种合同为我国《民法通则》及《婚姻法》等法律中的相关内容所规范。而上述的行政合同、劳动合同分别为《行政法》、《劳动法》所规范。

由此可见，《合同法》的调整对象为除身份合同以外的所有民事合同。

合同存在自身的生命周期，有其出生、成长、死亡的过程。合同法就是按照该过程对合同的订立、履行、变更、终止等作出了相应的规定。

3.1.2　合同法的基本原则

3.1.2.1　平等原则

《合同法》第三条规定："合同当事人的法律地位平等，一方不得将自己的意志强加给另一方。"意思是：合同当事人的法律地位一律平等；合同中的权利义务对等；合同当事人必须就合同条款充分协商，取得一致，合同才能成立。

3.1.2.2　自愿原则

《合同法》第四条规定："当事人依法享有自愿订立合同的权利，任何单位和个人不得非法干预。”自愿原则意味着合同当事人即市场主体自主自愿地进行交易活动，让合同当事人根据自己的知识、认识和判断，以及直接所处的相关环境去自主选择自己所需要的合同，去追求自己最大的利益。

3.1.2.3 公平原则

《合同法》第五条规定：“当事人应当遵循公平原则确定各方的权利和义务。”公平原则要求合同双方当事人之间的权利义务要公平合理，要大体上平衡，强调一方给付与对方给付之间的等值性，合同上的负担和风险的合理分配。

3.1.2.4 诚实信用原则

《合同法》第六条规定：“当事人行使权利、履行义务应当遵循诚实信用原则。”诚实信用原则要求当事人在订立、履行合同，以及合同终止后的全过程中，都要诚实，讲信用，相互协作。

3.1.2.5 不得损害社会公共利益原则

《合同法》第七条规定：“当事人订立、履行合同，应当遵守法律、行政法规，尊重社会公德，不得扰乱社会经济秩序，损害社会公共利益。”遵守法律，尊重公德，不得扰乱社会经济秩序，损害社会公共利益，是合同法的重要基本原则。一般来讲，合同的订立和履行，属于合同当事人之间的民事权利义务关系，主要涉及当事人的利益，只要当事人的意思不与强制性规范、社会公共利益和社会公德相抵触，就承认合同的法律效力，国家及法律尽可能尊重合同当事人的意思，一般不予干预，由当事人自主约定，采取自愿的原则。但是，合同绝不仅仅是当事人之间的问题，有时可能涉及社会公共利益和社会公德，涉及经济秩序，为了维护社会公共利益，维护正常的社会经济秩序，对于损害社会公共利益、扰乱社会经济秩序的行为，国家应当予以干预。至于哪些要干预，怎么干预，都要依法进行，由法律、行政法规作出规定。

3.1.3 合同的类型

合同依据其特点和形式主要可以分为以下几类。

3.1.3.1 双务合同和单务合同

根据当事人双方权利和义务的分担方式，可把合同分为双务合同与单务合同。双务合同，是指当事人双方相互享有权利、承担义务的合同。如买卖、互易、租赁、承揽、运送、保险等合同为双务合同。单务合同，是指当事人一方只享有权利，另一方只承担义务的合同。如赠与、借用合同就是单务合同。

3.1.3.2 有偿合同与无偿合同

根据当事人取得权利是否以偿付为代价，可以将合同分为有偿合同与无偿合同。有偿合同，是指当事人一方只享有合同权利而不偿付任何代价的合同。有些合同只能是有偿的，如买卖、互易、租赁等合同；有些合同只能是无偿的，如赠与等合同；有些合同既可以是有偿的，也可以是无偿的，由当事人协商确定，如委托、保管等合同。双务合同都是有偿合同，单务合同原则上为无偿合同，但有的单务合同也可为有偿合同，如有息贷款合同。

3.1.3.3 诺成合同与实践合同

根据合同的成立是否以交付标的物为条件，可将合同分为诺成合同与实践合同。诺成合同，又称不要物合同，是指当事人意思表示一致即可成立的合同。实践合同，又称要物合同，是指除当事人意思表示一致外，还必须交付标的物方能成立的合同。

3.1.3.4 要式合同与不要式合同

根据合同的成立是否需要特定的形式，可将合同分为要式合同与不要式合同。要式合同，是指法律要求必须具备一定的形式和手续的合同。不要式合同，是指法律不要求必须具备一定形式和手续的合同。

3.1.3.5 为订约当事人利益的合同与为第三人利益的合同

根据订立的合同是为谁的利益，可将合同分为为订约当事人利益的合同与为第三人利益的合同。为订约当事人利益的合同，是指仅订约当事人享有合同权利和直接取得利益的合同。为第三人利益的合同，是指订约的一方当事人不是为了自己，而是为第三人设定权利，使其获得利益的合同。在这种合同中，第三人既不是缔约人，也不通过代理人参加订立合同，但可以直接享有合同的某些权利，可直接基于合同取得利益。如为第三人利益订立的保险合同。

3.1.3.6 主合同与从合同

根据合同间是否有主从关系，可将合同分为主合同与从合同。主合同，是指不依赖其他合同而能够独立存在的合同。从合同，是指须以其他合同的存在为前提而存在的合同。

3.1.3.7 本合同与预约合同

根据订立合同是否有事先约定的关系，可将合同分为本合同与预约合同。预约合同，是指当事人约定将来订立一定合同的合同。本合同，就是指将来应订立的合同。

3.1.3.8 定式合同

定式合同，又称定型化合同、标准合同，是指合同条款由当事人一方预先拟定，对方只能表示全部同意或者不同意的合同，亦即一方当事人要么整体上接受合同条件，要么不订立合同。

此外，按照合同标的的特点，《合同法》分则将合同分为15类：买卖合同，供用电、水、气、热力合同，赠与合同，借款合同，租赁合同，融资租赁合同，承揽合同，建设工程合同，运输合同，技术合同，保管合同，仓储合同，委托合同，行纪合同，居间合同。

3.1.4 合同的主要内容和形式

当事人依程序订立合同，意思表示一致便形成合同条款，构成作为法律行为的合同内容。合同的形式是当事人合意的表现形式，是合同内容的外部表现，是合同内容的载体。

3.1.4.1 合同的内容

(1) 当事人的名称(或姓名)和住所

当事人由其名称(或姓名)及住所加以特定化、固定化，所以，草拟具体合同条款时必须写清当事人的名称(或姓名)和住所。

(2) 标的

标的是合同权利和义务指向的对象。标的是一切合同的主要条款。标的条款必须清楚地写明标的名称，以使标的特定化，从而能够界定权利和义务量。

(3) 质量和数量

标的质量和数量是确定合同标的的具体条件，是这一标的区别于同类另一标的的具体特征。标的质量需订得详细具体，如标的技术指标、质量要求、规格等都要明确，标的数量要确切。首先应选择双方共同接受的计量单位，其次要确定双方认可的计量方法，最后应允许规定合理的磅差或尾差。

(4) 价款或酬金

价款或酬金是有偿合同的条款。价款是取得标的物所支付的代价，酬金是获得服务所应支付的代价。价款，通常指标的物本身的价款，但因商业上的大宗买卖一般是异地交货，便产生了运费、保险费、装卸费、保管费、报关费等一系列额外费用。它们由哪一方支付，需在价款条款中写明。

(5) 履行期限

履行期限直接关系到合同义务完成的时间，涉及当事人的期限利益，也是确定违约与否的因素之一，因而是重要的条款。履行期限可以规定为即时履行，也可以规定为定时履行，还可以规定为在一定期限内履行。如果是分期履行，还应写明每期的准确时间。履行期限若能通过有关规则及方式推定出来，则合同中欠缺履行期限也不会影响其成立。

(6) 履行地点和方式

履行地点是确定验收地点的依据，是确定运输费用由谁负担、风险由谁承受的依据，有时是确定标的物所有权是否转移、何时转移的依据，是确定诉讼管辖的依据之一。对于涉外合同纠纷，它是确定法律适用的一项依据，故十分重要。履行方式事关当事人的物质利益，合同应写明，但对于大多数合同来说，它不是主要条款。履行的地点、方式若能通过有关方式推定，合同即使欠缺其内容，也不会影响其成立。

(7) 违约责任

违约责任是促使当事人履行债务，使守约方免受或少受损失的法律措施，对当事人的利益关系重大，合同对此应予明确。违约责任是法律责任，即使合同中没有违约责任条款，只要未依法免除违约责任，违约方仍应负责。

(8) 解决争议的方法

解决争议的方法，是指有关解决争议运用什么程序、适用何种法律、选择哪家检验或鉴定机构等内容。

3.1.4.2 合同的条款

(1) 合同的主要条款

合同的主要条款，是指合同必须具备的条款。欠缺它，合同就不成立。它决定着合同的类型，确定着当事人各方权利和义务的质与量。

合同的主要条款，有时是法律直接规定的，当法律直接规定某种特定合同应当具备某些条款时，这些条款就是主要条款。合同的主要条款也可以由当事人约定产生。

(2) 合同的普通条款

合同的普通条款，是指合同主要条款以外的条款。它包括以下两种类型。

① 法律未直接规定，也不是合同类型和性质要求必须具备的，当事人无意使之成为主要条款的合同条款。例如关于包装物返还的约定和免责条款等均属此类。

② 当事人未写入合同中，甚至从未协商过，但基于当事人的行为，或基于合同的明示条款，或基于法律的规定，理应存在的合同条款。

3.1.4.3 合同的形式

合同的形式，又称合同的方式，是当事人合意的表现形式，是合同内容的外部表现，是合同内容的载体。

《合同法》规定："当事人订立合同，有书面形式、口头形式和其他形式。法律、行政法规规定采用书面形式的，应当采用书面形式。当事人约定采用书面形式的，应当采用书面形式。”

《合同法》还规定：“书面形式是指合同书、信件和数据电文等可以有形地表现所载内容的形式。”

合同书，是指记载合同内容的文件，有标准合同书与非标准合同书之分。标准合同书是指合同条款由当事人一方预先拟定，对方只能表示全部同意或者不同意的合同书；非标准合同书是指合同条款完全由当事人双方协商一致所签订的合同书。

信件，是指当事人就要约与承诺所作的意思表示的普通文字信函。信件的内容一般记载于书面纸张上，因而与通过计算机及其网络手段而产生的信件不同，后者被称为电子邮件。

数据电文，是指与现代通信技术相联系的文件，包括电报、电传、传真、电子数据交换和电子邮件等。电子数据交换是一种由电子计算机及通信网络处理业务文件的技术，作为一种新的电子化贸易工具，又称为电子合同。

3.2 建设工程项目合同管理概述

3.2.1 建设工程合同

建设工程合同是《合同法》分则中明确规定的合同之一，是一类较为特殊的合同。建设工程合同的标的是建筑工程。由于工程建设投资额大，建设周期长，涉及技术问题繁多等特点，决定了建设工程合同所涉及的内容复杂。

《合同法》第二百六十九条规定：“建设工程合同是承包人进行工程建设，发包人支付价款的合同。”建设工程的主体是发包人和承包人。建设工程合同是一种双务、有偿合同。承包人的主要义务是进行工程建设，权利是得到工程价款。发包人的主要义务是支付工程价款，权利是得到完整、符合约定的建筑产品。建设合同也是一种诺成合同，合同订立生效后，双方应当严格履行。

建设工程合同涉及基本建设规划，承包人完成的工程为不动产，长期存在和发挥效益，事关国计民生。虽然在市场经济条件下，基本建设项目的投资渠道多样化，但并不能完全改变基本建设的计划性，国家仍然需要对基本建设项目实行计划控制。对于建设工程合同，从合同的签订到合同的履行，从资金的投放到最终竣工验收，都受到国家严格的管理和监督。

3.2.2 建设工程合同的分类

依据不同的分类标准，建设工程合同可以分为以下不同类别。

3.2.2.1 按工程建设阶段划分

建设工程合同按工程建设阶段可以分为建设工程勘察合同、建设工程设计合同和建设工程施工合同。建设工程勘察合同是发包人与勘察人就完成商定的勘察任务明确双方权利义务的协议。建设工程设计合同是发包人与设计人就完成商定的工程设计任务明确双方权利义务的协议。建设工程施工合同是发包人与承包人就完成商定的建设工程项目的施工任务明确双方权利义务的协议。

3.2.2.2 按合同签约各方的承包关系划分

(1) 总包合同，是指建设单位（发包人）将工程项目建设全过程或其中某个阶段的全部工作发包给一个承包单位总包，发包人与总包方签订的合同称为总包合同。总包合同签订后，总承包单位可以将若干专业性工作交给不同的专业承包单位去完成，并统一协调和监督它们的工作。在一般情况下，建设单位仅与总承包单位发生法律关系，而不与各专业承包单位发生法律关系。

(2) 分包合同，即总承包人与发包人签订了总包合同之后，将若干专业性工作分包给不同的专业承包单位去完成，总包方分别与几个分包方签订的分包合同。对于大型工程项目，有时也可由发包人直接与每个承包人签订合同，而不采取总包形式。这时每个承包人都是处于同样的地位，各自独立完成本单位所承包的任务，并直接向发包人负责。

3.2.2.3　按承包合同的不同计价方法划分

(1) 固定价格合同

双方当事人在合同中约定合同价款包含的风险范围和风险费用的计算方法，在约定的风险范围内合同价款不再调整。

(2) 可调价格合同

合同价款可根据双方的约定而调整，双方当事人在合同中约定合同价款调整方法。如法律、行政法规和国家有关政策变化影响合同价款；工程造价管理部门公布价格调整等。

(3) 成本加酬金合同

成本加酬金合同是承包人要求发包人支付工程实际成本，另加一定酬金的合同。双方当事人在合同中约定成本构成和酬金的计算方法。

3.2.3　建设工程施工合同

3.2.3.1　建设工程施工合同的概念

建设工程施工合同即建筑安装工程承包合同，是主要的建设工程合同之一，是发包人与承包人为完成商定的建筑安装工程，明确双方权利和义务的协议。

施工合同的当事人是发包人和承包人，双方是平等的民事主体。施工合同有施工承包合同、专业分包合同和劳务作业分包合同之分。施工承包合同的发包人是建设工程的建设单位或项目总承包单位，承包人是施工单位。专业分包合同和劳务作业分包合同的发包人是取得施工承包合同的施工单位，一般仍称为承包人。而专业分包合同的承包人是专业工程施工单位，一般称为分包人。劳务作业分包合同的承包人是劳务作业单位，一般称为劳务分包人。

施工合同按计价方式分为总价合同、单价合同和成本加酬金合同。总价合同是指投标人按照招标文件要求报一个总价，在总价下完成合同规定的全部项目。单价合同是指发包人和承包人在合同中确定每一个单项工程单价，结算按实际完成工程量乘以每项工程单价计算。成本加酬金合同是指成本费按承包人的实际支出由发包人支付，发包人同时另外支付一定数额或百分比的管理费和双方商定的利润。

3.2.3.2　建设工程施工合同的特点

(1) 合同主体的严格性。施工合同主体一般只能是法人。发包人一般是经过批准的进行工程项目建设的法人。发包人须有国家批准的建设项目，落实投资计划，并具备相应的协调能力。承包人必须具备法人资格，而且具备相应的从事工程施工的资质。无营业执照或无承包资质的单位不能作为建设工程施工合同的主体，资质等级低的不能越级承包建设工程。

(2) 合同标的的特殊性。施工合同的标的是各类建筑产品，建筑产品是不动产，其基础部分与大地相连，不能移动，具有固定性特点。这就决定了每个施工合同的标的都是特殊的，相互间不可替代。另外，每一个建筑产品都需要单独设计和施工，即单件性生产，这也决定了施工合同标的的特殊性。

(3) 合同履行时间长。建筑物的施工由于结构复杂、体积大、建筑材料类型多、工作量大，使得合同履行期限都较长。而且，施工合同的订立和履行一般都需要较长的准备期，在合同的履行过程中，还可能因为不可抗力、工程变更、材料供应不及时等原因而导致合同期限顺延。所有这些情况，决定了施工合同履行时间长。

3.2.3.3　建设工程施工合同的作用

(1) 明确发包人和承包人在施工中的权利和义务

建设工程施工合同一经签订，即具有法律效力。建设工程施工合同明确了发包人和承包人在工程施工中的权利和义务，是双方在履行合同中的行为准则，双方都应以建设工程施工合同作为行为的依据。双方应当认真履行各自的义务，任何一方无权随意变更或解除建设工程施工合同；任何一方违反合同规定的内容，都必须承担相应的法律责任。如果不订立建设工程施工合同，将无法规范双方的行为，也无法明确各自在施工中所享有的权利和承担的义务。

(2) 有利于对建设工程施工的管理

合同当事人对工程施工的管理应当以建设工程施工合同为依据。同时，有关的国家机关、金融机构对工程施工的监督和管理，建设工程施工合同也是其重要依据。不订立施工合同将给建设工程施工管理带来很大的困难。

(3) 有利于建筑市场的培育和发展

在计划经济条件下，行政手段是施工管理的主要方法；在市场经济条件下，合同是维系市场运转的主要因素。因此，培育和发展建筑市场，首先要培育合同意识。推行建筑监督制度、实行招标投标制度等，都是以签订建设工程施工合同为基础的。因此，不建立建设工程施工合同管理制度，建筑市场的培育和发展将无从谈起。

(4) 进行监理的依据和推行监理制度的需要

建设监理制度是工程建设管理专业化、社会化的结果。在这一制度中，行政干涉的作用被淡化了，建设单位、施工单位、监理单位三者之间的关系是通过工程建设监理合同和施工合同来确定的，监理单位对工程建设进行监理是以订立建设工程施工合同为前提和基础的。

3.2.4　建设工程施工合同管理的概念

建设工程施工合同管理是对工程施工合同的编制、签订、实施、变更、索赔和终止等的管理活动。

建设工程施工合同管理应遵循下列程序。

3.2.4.1　合同订立

承包人对建设单位和建设项目进行了解和分析，对招标文件和合同条件进行审查、认定和评价，中标后还需与发包人进行谈判，双方达成一致意见后，即可正式签订合同。

3.2.4.2　合同实施

施工合同签订后，承包人必须就合同履行作出具体安排，制订合同实施计划。合同实施计划应包括合同实施的总体策略、合同实施总体安排、工程分包策划以及合同实施保证体系的建立等内容。

承包人还应进行合同实施控制。合同实施控制包括合同交底、合同实施监督、合同跟踪、合同实施诊断、合同变更管理和索赔管理等工作。

3.2.4.3 合同终止和综合评价

合同履行结束即合同终止。承包人在合同履行结束时，应及时进行合同综合评价，总结合同签订和执行过程中的得失利弊、经验教训，提出总结报告。

3.3 建设工程施工合同的订立

《合同法》规定："当事人订立合同，应当具有相应的民事权利能力和民事行为能力。"合同主体包括自然人、法人和其他组织。对于自然人而言，完全行为能力的人可以订立一切法律允许自然人作为合同主体的合同；限制行为能力的人，只能订立一些与其年龄、智力、精神状况相适应或纯获利益的合同；其他的合同，则应由法定代理人代订或经法定代理人同意。对于法人和其他组织而言，自依法成立或进行核准登记后，便具有民事权利能力和民事行为能力。

合同是当事人之间的协议，合同的订立就是当事人就合同的内容经协商达成协议的过程。工程项目施工合同的订立，是合同当事人权利义务关系得以实现的前提条件。合同反映的是一个动态全过程，始于合同的订立，其后还会涉及合同的履行、变更、索赔、争议、违约责任等诸多环节。只有合同订立，才能启动这些环节。综上所述，合同的订立具有十分重要的意义。

3.3.1 订立建设工程施工合同的条件

(1) 初步设计已经批准。

(2) 工程项目已经列入年度建设计划。

(3) 有能够满足施工需要的设计文件和有关技术资料。

(4) 建设资金和主要建筑材料设备来源已经落实。

(5) 招投标工程中标通知书已经下达。

3.3.2 订立建设工程施工合同的原则

3.3.2.1 合法原则

订立施工合同，必须遵守国家法律、行政法规，也要遵守国家的建设计划和强制性的管理规定。只有遵守法律法规，施工合同才受国家法律的保护，合同当事人预期的经济利益目标才有保障。

3.3.2.2 平等、自愿原则

合同的当事人都是具有独立地位的法人，他们之间的地位平等，只有在充分协商、取得一致的前提下，合同才有可能成立并生效。施工合同当事人一方不得将自己的意志强加给另一方，当事人依法享有自愿订立施工合同的权利，任何单位和个人不得非法干预。

3.3.2.3 公平、诚实信用原则

发包人与承包人的合同权利、义务要对等。施工合同是双务合同，双方都享有合同权利，同时承担相应的义务。在订立施工合同中，要求当事人要诚实，实事求是地向对方介绍自己订立合同的条件、要求和履约能力，充分表达自己的真实意愿，不得有隐瞒、欺诈的成分。

3.3.3 订立合同的方式

订立合同的方式是指合同当事人双方依法就合同内容达成一致的过程。《合同法》规定："当事人订立合同采取要约、承诺方式。"

3.3.3.1 要约

要约是希望和他人订立合同的意思表示，是一方当事人以缔结合同为目的，向对方当事人所作的意思表示。在要约中，提出要约的一方为要约人，要约发向的一方为受要约人。要约，在商业活动中又称发盘、发价、出盘、出价、报价。

（1）根据《合同法》的规定，要约的构成要件如下：

① 要约必须表明要约人具有与特定人订立合同的愿望；

② 要约的内容必须具体确定。

所谓"具体"，是指要约的内容必须能够包含使合同成立的必要条款，但不要求要约包括合同的所有内容。所谓"确定"，是指要约内容必须明确，不能含糊不清。

要约一经受要约人承诺，要约人即受该要约的约束。

如果当事人一方所作的是"希望他人向自己发出要约的意思表示"则是要约邀请，或称为要约引诱，而不是要约。比如寄送价目表、拍卖公告、招标公告、招股说明书等。要约与要约邀请的区别在于：第一，要约是当事人自己主动表示愿意与他人订立合同，而要约邀请则是希望他人向自己提出要约；第二，要约的内容必须包括将要订立的合同的实质条件，而要约邀请则不一定包含合同的主要内容；第三，要约一经受要约人承诺，要约人受其约束，要约邀请则不含有受要约邀请约束的意思。

（2）要约的效力

《合同法》规定："要约到达受要约人时生效。"要约生效后，对要约人和受要约人产生不同的法律后果，表现为：使得受要约人取得承诺的资格，要约人则受到一定的拘束。《合同法》对要约效力作出了如下规定：

① 要约的撤回。撤回要约是指要约人发生要约后，在其送达受要约人之前将要约收回，使其不生效。《合同法》规定："要约可以撤回。撤回要约的通知应当在要约到达受要约人之前或者与要约同时到达受要约人。"

② 要约的撤销。撤销要约是指要约生效后，在受要约人承诺之前，要约人通过一定的方式，使要约的效力归于消灭。《合同法》规定："要约可以撤销。撤销要约的通知应当在受要约人发生承诺通知之前到达受要约人。"同时，《合同法》也规定了不得撤销要约的情形：要约人确定了承诺期限或者以其他形式明示要约不可以撤销；或者受要约人有理由认为要约是不可撤销的，并已经为履行合同作了准备工作。

要约的撤回与要约的撤销在本质上是一样的，都是否定了已经发出去的要约。其区别在于：要约的撤回发生在要约生效之前，而要约的撤销则是发生在要约生效之后。

（3）要约的消灭

要约的消灭即要约的失效，是指要约生效后，因特定事由而使其丧失法律效力，要约人和受要约人均不受其约束。要约因如下原因而消灭：

① 拒绝要约的通知到达要约人；

② 要约人依法撤销要约；

③ 承诺期限届满，受要约人未作出承诺；

④ 受要约人对要约的内容作出实质性变更。

3.3.3.2　承诺

承诺是指受要约人同意要约的意思表示，即受要约人同意接受要约的条件以成立合同的意思表示。一般而言，要约一经承诺并送达至要约人，合同即告成立。

（1）承诺生效应符合的条件

① 承诺必须由受要约人向要约人作出。承诺是对要约的同意，承诺只能由受要约人向要约人本人或其授权代理人作出，才能导致合同成立；合同要约生效后，只有受要约人取得了承诺资格，如果第三人了解了要约内容，向要约人作出同意的意思表示不是承诺，而是第三人发出的要约。

② 承诺的内容应当与要约的内容相一致。承诺是完全同意要约的意思表示，承诺的内容应当与要约的内容一致，但并不是说承诺的内容对要约内容不得作丝毫变更，这里的一致是指受要约人必须同意要约的实质性内容。《合同法》作出了明确规定："有关合同标的、数量、质量、价款或者报酬、履行期限、履行地点和方式、违约责任和解决争议方法等的变更，是对要约内容的实质性变更。"若承诺对要约的内容作出非实质性变更的，除要约人及时表示反对或者要约表明承诺不得对要约的内容作出任何变更之外，该承诺有效，合同的内容以承诺的内容为准。

③ 承诺应在要约规定的期限内作出。要约以信件或者电报作出的，承诺期限自信件载明的日期或者电报交发之日开始计算。信件未载明日期的，自投寄该信件的邮戳日期开始计算。要约以电话、传真等快速通信方式作出的，承诺期限自要约到达受要约人时开始计算。只有在规定的期限到达的承诺才是有效的。如果受要约人超过期限发出承诺的，除要约人及时通知受要约人该承诺有效之外，则为新要约；如果受要约人虽在承诺期限内发出承诺，按照通常情形能够及时到达要约人，但因其他原因承诺到达要约人时超过承诺期限的，要约人及时通知受要约人承诺超过期限，承诺无效，否则，该承诺有效。

④ 承诺的方式必须符合要约要求。《合同法》第二十二条规定："承诺应当以通知的方式作出，但根据交易习惯或者要约表明可以通过行为作出承诺的除外。"

所谓行为承诺，是指如果要约人对承诺方式没有特定要求，承诺可以明确表示，也可由受要约人的行为来推断。所谓的行为通常是指履行的行为，比如预付价款、装运货物或在工地上开始工作等。如甲写信向乙借款，乙未写回信但直接将借款寄来。

缄默是不作任何表示，即不行为，与默示不同。默示不是明示，但仍然是表示的一种方法，而缄默与不行为是没有任何表示，所以不构成承诺。但是，如果当事人约定或者按照当事人之间的习惯做法，承诺以缄默与不行为来表示，则缄默与不行为又成为一种表达承诺的方式。如果没有事先的约定，也没有习惯做法，而仅仅由要约人在要约中规定如果不答复就视为承诺是不行的。

（2）承诺的效力

《合同法》规定："承诺通知到达要约人时生效。"承诺生效时合同即告成立，对要约人和承诺人来讲，他们相互之间就确立了权利义务关系。《合同法》对合同成立的时间规定了以下四种情况：

① 承诺通知到达要约人时生效；

② 当事人采用合同书形式订立合同的，自双方当事人签字或者盖章时合同成立；

③ 当事人采用信件、数据电文等形式订立合同的，可以在合同成立之前要求签订确认书。签订确认书时合同成立；

④ 法律、行政法规规定或者当事人约定采用书面形式订立合同，当事人未采用书面形式但一方已经履行主要义务，对方接受的，该合同成立。

（3）承诺的撤回

关于承诺的撤回，《合同法》规定："承诺可以撤回。撤回承诺的通知应当在承诺通知到达要约人之前或者与承诺通知同时到达要约人。"

承诺的撤回，是指承诺发出后，承诺人阻止承诺发生法律效力的意思表示。承诺可以撤回。撤回承诺的通知应当在承诺通知到达要约人之前或者与承诺通知同时到达要约人。

鉴于承诺一经送达要约人即发生法律效力，合同也随之成立，所以撤回承诺的通知应当在承诺通知到达要约人之前或者与承诺通知同时到达要约人。若撤回承诺的通知晚于承诺通知到达要约人，此时承诺已然发生法律效力，合同已经成立，则承诺人就不得撤回其承诺。需要注意的是，要约可以撤回，也可以撤销。但是承诺却只可以撤回，而不可以撤销。

3.3.4 订立建设工程施工合同的程序

合同的订立必须经过要约和承诺两个阶段。与一般合同的订立过程一样，施工项目合同的订立也应经过要约和承诺两个阶段。其订立方式有两种：直接发包和招标发包。这两种方式实际上都包含要约和承诺的过程。除某些特殊工程外，工程建设的施工都应通过招标投标的方式选择承包人及签订施工合同。工程招标投标过程中，投标人根据发包人提供的招标文件在约定的报送期内发出的投标文件即为要约，招标人通过评标，向投标人发出中标通知书即为承诺。中标通知书发出 30 日内，中标人应与建设单位依据招标文件、投标文件等签订施工合同。签订合同的承包人必须是中标人，投标文件中确定的合同条款在签订时不得更改，合同价应与中标价相一致。如果中标人拒绝与建设单位签订合同，则建设单位将不再返还其投标保证金。

3.3.5 建设工程施工合同的组成及解释顺序

3.3.5.1 组成建设工程施工合同的文件

（1）施工合同协议书。协议书是契约的一种形式，通常比较简明，主要作为确定签约各方承担义务和拥有权利的文件。

协 议 书

发包人（全称）：________________________________

承包人（全称）：________________________________

依照《中华人民共和国合同法》、《中华人民共和国建筑法》及其他有关法律、行政法规，遵循平等、自愿、公平和诚实信用的原则，双方就本建设工程施工事项协商一致，订立本合同。

一、工程概况

工程名称：________________________________

工程地点：________________________________

工程内容：________________________________

群体工程应附承包人承揽工程项目一览表。

工程立项批准文号：____________________

资金来源：____________________

二、工程承包范围

承包范围：____________________

三、合同工期

开工日期：____________________

竣工日期：____________________

合同工期总日历天数________天。

四、质量标准

工程质量标准：____________________

五、合同价款

金额(大写)：____________________元(人民币)

¥：____________________元

六、组成合同的文件

组成本合同的文件包括：

(1) 本合同协议书；

(2) 中标通知书；

(3) 投标书及其附件；

(4) 本合同专用条款；

(5) 本合同通用条款；

(6) 标准、规范及有关技术文件；

(7) 图纸；

(8) 工程量清单；

(9) 工程报价单。

双方有关工程的洽商、变更等书面协议或文件视为本合同的组成部分。

七、本协议书中有关词语含义与本合同“通用条款”中的定义相同。

八、承包人向发包人承诺按照合同约定施工、竣工并在质量保修期内承担工程质量保修责任。

九、发包人向承包人承诺按照合同约定的期限和方式支付合同价款及其他应当支付的款项。

十、合同生效

合同订立时间：____________________

合同订立地点：____________________

本合同双方约定____________________后生效。

发包人：(公章)__________	承包人：(公章)__________
住所：__________	住所：__________
法定代表人：__________	法定代表人：__________
委托代理人：__________	委托代理人：__________

电话：____________　　　　电话：____________

传真：____________　　　　传真：____________

开户银行：____________　　　　开户银行：____________

账号：____________　　　　账号：____________

邮政编码：____________　　　　邮政编码：____________

（2）中标通知书。中标通知书是业主通知承包商中标的函件，是合同文件的重要组成部分。

中标通知书

____________（中标人名称）：

你方于________（投标日期）所递交的____________（项目名称）标段的施工投标文件已被我方接受，被确定为中标人。

中标价：____________元。

工期：________日历天。

工程质量：符合____________标准。

项目经理：____________（姓名）。

请你方在接到本通知书后的________日内到____________（指定地点）与我方签订施工承包合同，在此之前按招标文件第二章“投标人须知”第 7.3 款规定向我方提交履约担保。

特此通知。

招标人：________（盖单位章）

法定代表人：________（签字）

年　　月　　日

（3）投标书及其附件。投标书是承包商按照招标文件要求的格式、内容编制提交的总价认可书，也是承包商按照其确定的价格和要求条件实施工程或服务的保证契约。

（4）施工合同条款。合同条款是合同中最关键的文件，它具体规定了待实施项目的实施条件。合同条款包括专用合同条款和通用合同条款两部分，专用合同条款优先于通用合同条款。

（5）施工技术标准、规范和图纸。

（6）工程量清单。

（7）工程报价单或预算书。

（8）合同履行中，发包人、承包人有关工程的洽商、变更等书面协议或文件视为合同的组成部分。

3.3.5.2　建设工程施工合同文件的解释顺序

构成施工合同的上述文件应该互为解释，互相说明。当合同文件中出现不一致时，施工合同应遵循以下优先解释顺序：协议书，中标通知书，投标书及其附件，专用条款，通用条款，标准规范及有关技术文件，图纸，工程量清单，工程报价单或预算书。

当合同文件含糊不清或者当事人有不同理解时，按照合同争议的解决方式处理。

3.3.6 无效施工合同的认定

无效施工合同是指虽由发包人与承包人订立，但因违反法律规定而没有法律约束力，国家不予承认和保护，甚至要对违法当事人进行制裁的施工合同。具体而言，建设工程施工合同属下列情况之一的，合同无效。

(1) 没有从事建筑经营资格而签订的合同。

(2) 超越资质等级所订立的合同。

(3) 违反国家、部门或地方基本建设计划的合同。

(4) 未依法取得土地使用权而签订的合同。

(5) 未取得《建设用地规划许可证》而签订的合同。

(6) 未取得或违反《建设工程规划许可证》进行建设，严重影响城市规划的合同。

(7) 应当办理而未办理招标投标手续所订立的合同。

(8) 非法转包的合同。

转包是指承包人在承包工程后，又将其承包的工程建设任务转让给第三人，转让人退出承包关系，受让人成为承包合同的另一方当事人的行为。由于转包容易使不具有相应资质的承包者进行工程建设，以致造成工程质量低下、建设市场混乱，所以我国法律、行政法规均作了禁止转包的规定。在实践中，常见的转包行为有两种形式：一种是承包单位将其承包的全部建设工程转包给别人；另一种是承包单位将其承包的全部建设工程肢解以后，以分包的名义分别转包给他人，即变相的转包。但无论采用何种形式，都是法律所不允许的。

(9) 违法分包的合同。分包是中标人将所承揽项目中的专业工程或者劳务作业发包给其他建筑业企业完成的活动。违法分包，是指下列行为：① 总承包单位将建设工程分包给不具备相应资质条件的单位的；② 建设工程总承包合同中未有约定，又未经建设单位认可，承包单位将其承包的部分建设工程交由其他单位完成的；③ 施工总承包单位将建设工程主体结构的施工分包给其他单位的；④ 分包单位将其承包的建设工程再分包的。

(10) 采取欺诈、胁迫的手段所签订的合同。

(11) 损害国家利益和社会公共利益的合同。

无效的建设工程施工合同自订立时起就没有法律约束力。合同无效后，因该合同取得的财产，应当予以返还；不能返还或者没有必要返还的，应当折价补偿。有过错的一方应当赔偿对方因此所受到的损失；双方都有过错的，应当各自承担相应的责任。

3.4 建设工程施工合同的履行

3.4.1 合同履行的一般规定

3.4.1.1 合同履行的概念

合同履行，是指合同各方当事人按照合同的规定，全面履行各自的义务，实现各自的权利，使各方的目的得以实现的行为。合同签订的目的在于履行，通过合同的履行而取得某种权益。如建设工程施工合同中完成约定工作并交付工作成果。合同的履行是合同管理中最具实质性的一步。

合同履行，可概括为完成合同的行为。合同的履行，就其实质来说，是合同当事人在合同生效后，全面地、适当地完成合同义务的行为。建设工程项目的实施过程实质上就是建设工程施工合同的履行过程。在工程施工阶段，合同管理的基本目标是全面地完成合同责任，按合同规定的工期、质量、价格要求完成工程。只有履行合同，才能使合同顺利实施，确保工程圆满完成。

3.4.1.2　合同履行的原则

（1）全面、适当履行的原则

全面、适当履行，是指合同当事人按照合同约定全面履行自己的义务，包括履行义务的主体、标的、数量、质量、价款或者报酬以及履行的方式、地点、期限等，都应当按照合同的约定全面履行。

（2）遵循诚实信用的原则

诚实信用原则，是我国《民法通则》的基本原则，也是《合同法》的一项十分重要的原则，它贯穿于合同的订立、履行、变更、终止等全过程。因此，当事人在订立合同时，要讲诚实，要守信用，要善意，当事人双方要互相协作，合同才能圆满地履行。

（3）公平合理，促进合同履行的原则

合同当事人双方自订立合同起，直到合同的履行、变更、转让以及发生争议时对纠纷的解决，都应当依据公平合理的原则，按照《合同法》的规定，根据合同的性质、目的和交易习惯善意地履行通知、协助和保密等附随义务。

（4）当事人一方不得擅自变更合同的原则

合同依法成立，即具有法律约束力，因此，合同当事人任何一方均不得擅自变更合同。即合同当事人按照合同规定的标的履行。除非由于不可抗力，否则签订合同当事人应交付和接受标的，不得任意降低标的物的标准、变更标的物或以货币代替实物。

3.4.2　建设工程施工合同双方的义务

下面介绍在建设工程施工合同的履行过程中，施工合同当事人应承担的义务。

3.4.2.1　发包人应承担的义务

（1）办理土地征用、拆迁补偿、平整施工场地等工作，使施工场地具备施工条件，在开工后继续负责解决以上事项遗留问题；

（2）将施工所需水、电、通信线路从施工场地外部接至合同约定地点，保证施工期间的需要；

（3）开通施工场地与城乡公共道路的通道，以及合同约定的施工场地内的主要道路，满足施工运输的需要，保证施工期间的畅通；

（4）向承包人提供施工场地的工程地质和地下管线资料，对资料的真实、准确性负责；

（5）办理施工许可证及其他施工所需证件、批件和临时用地、停水、停电、中断道路交通、爆破作业等的申请批准手续（证明承包人自身资质的证件除外）；

（6）确定水准点与坐标控制点，以书面形式交给承包人，进行现场交验；

（7）组织承包人与设计单位进行图纸会审和设计交底；

（8）协调处理施工场地周围地下管线和邻近建筑物、构筑物（包括文物保护建筑）、古树名木的保护工作，并承担有关费用；

(9) 双方在合同中约定的发包人应做的其他工作。

发包人可以将上述部分工作委托承包方办理，具体内容由双方在合同中约定，费用由发包人承担。

发包人不按合同约定完成以上义务，导致工期延误或给承包人造成损失的，应赔偿承包人的有关损失，延误的工期相应顺延。

3.4.2.2 承包人应承担的义务

(1) 根据发包人委托，在其设计资质等级和业务允许的范围内，完成施工图设计或与工程配套的设计，经工程师确认后使用，发包人承担由此发生的费用；

(2) 向工程师提供年、季、月度工程进度计划及相应进度统计报表；

(3) 根据工程需要，提供和维修非夜间施工使用的照明、围栏设施，并负责安全保卫；

(4) 按合同约定的数量和要求，向发包人提供施工场地办公和生活的房屋及设施，发包人承担由此发生的费用；

(5) 遵守政府有关主管部门对施工场地交通、施工噪音以及环境保护和安全生产等的管理规定，按规定办理有关手续，并以书面形式通知发包人，发包人承担由此发生的费用，因承包人责任造成的罚款除外；

(6) 已竣工工程未交付发包人之前，承包人按合同约定负责已完工程的保护工作，保护期间发生损坏，承包人自费予以修复；发包人要求承包人采取特殊措施保护的工程部位和相应的追加合同价款，双方在合同中约定；

(7) 按合同约定做好施工场地地下管线和邻近建筑物、构筑物(包括文物保护建筑)、古树名木的保护工作；

(8) 保证施工场地清洁，符合环境卫生管理的有关规定，交工前清理现场达到合同约定的要求，承担因自身原因违反有关规定造成的损失和罚款；

(9) 双方在合同中约定的承包人应做的其他工作。

承包人不履行上述各项义务，造成发包人损失的，应对发包人的损失给予赔偿。

3.4.3 建设工程施工合同跟踪与控制

合同签订以后，合同中各项任务的执行要落实到具体的项目经理部或具体的项目参与人员身上，所以，项目经理部或项目参与人即为合同执行者。合同执行者应对合同的履行情况进行跟踪、监督和控制，确保合同义务的完全履行。

3.4.3.1 建设工程施工合同跟踪

对合同执行者而言，应该掌握合同跟踪的以下方面。

(1) 合同跟踪的依据

合同跟踪的重要依据是合同以及依据合同而编制的各种计划文件；还要依据各种实际工程文件，如原始记录、报表、验收报告等；另外，还要依据管理人员对现场情况的直观了解，如现场巡视、交谈、会议、质量检查等。

(2) 合同跟踪的对象

① 承包的任务。包括：工程施工的质量是否符合合同要求；工程进度是否在预定期限内施工、工期有无延长；工程数量是否按合同要求完成全部施工任务；工程成本有无增加或减少。

② 工程小组或分包人的工程和工作。合同执行者可以将工程施工任务分解，交由不同的

工程小组或发包给专业分包完成，必须对这些工程小组或分包人及其所负责的工程进行跟踪检查，协调关系，提出意见、建议或警告，保证工程总体质量和进度。

③ 业主和其委托的工程师的工作。业主是否及时、完整地提供了工程施工的实施条件，如场地、图纸、资料等；业主和工程师是否及时给予了指令、答复和确认等；业主是否及时并足额地支付了应付的工程价款，等等。

3.4.3.2 *合同实施的偏差分析*

通过合同跟踪，可能会发现合同实施中存在着偏差，应该及时进行偏差分析。合同实施偏差分析的内容包括：

(1) 产生偏差的原因分析

通过对合同执行实际情况与实施计划的对比分析，不仅可以发现合同实施的偏差，而且可以探索引起差异的原因。

(2) 合同实施偏差的责任分析

责任分析是分析产生合同偏差的原因是由谁引起的，应由谁承担责任。责任分析必须以合同为依据，按合同规定落实双方的责任。

(3) 合同实施趋势分析

针对合同实施偏差情况，可以采取不同的措施，应分析在不同措施下合同执行的结果与趋势，包括最终的工程状况，承包人将承担的后果，最终工程经济效益水平。

3.4.3.3 *合同实施偏差处理*

根据合同实施偏差分析的结果，承包人应该采取相应的调整措施。

(1) 组织措施

增加人员投入，调整人员安排，调整工作流程和工作计划等。

(2) 技术措施

变更技术方案，采用新的高效率的施工方案等。

(3) 经济措施

增加投入，采取经济激励措施等。

(4) 合同措施

进行合同变更，签订附加协议，采取索赔手段等。

3.4.3.4 *履约担保*

所谓履约担保，是指发包人在招标文件中规定的，要求承包人提交的保证履行合同义务的担保。履约担保一般有三种形式：银行履约保函、履约担保书和保留金。

银行履约保函是由商业银行开具的担保证明，通常为合同金额的10%左右。履约担保书的担保形式是当承包人在履行合同中违约时，开出担保书的担保公司或者保险公司用该项担保金去完成施工任务或者向发包人支付该项担保金。工程采购项目保证金提供担保形式的，其金额一般为合同价的30%～50%。保留金是指发包人根据合同的约定，每次支付工程进度款时扣除一定数目的款项，作为承包人完成其修补缺陷义务的保证。保留金一般为每次工程进度款的10%，但总额一般应限制在合同总价款的5%（通常最高不得超过10%）。一般在工程移交时，发包人将保留金的一半支付给承包人，质量保险期满1年（一般最高不超过2年）后的14 d内，将剩下的一半支付给承包人。

3.5 建设工程施工合同的变更、违约、索赔、纠纷的处理

3.5.1 建设工程施工合同的变更

建设工程施工合同变更是指在工程施工过程中，根据合同约定对施工的程序、工程的内容、数量、质量要求及标准等作出的变更。

一般建设工程项目施工合同的变更遵循以下程序。

3.5.1.1 提出施工合同变更

根据合同实施的实际情况，承包人、业主方、监理方、设计方都可以提出合同变更。

3.5.1.2 合同变更的批准

承包人提出的合同变更，应该由工程师审查并批准；设计方提出的合同变更，应该与业主协商或经业主审查并批准；业主方提出的合同变更，涉及设计修改的应该与设计单位协商，并一般通过工程师发出；监理方发出合同变更的权力，一般会在施工合同中明确约定，通常在发出变更通知前应征得业主批准。

3.5.1.3 变更指令的发出及执行

施工合同变更指示的发出有两种形式：书面形式和口头形式。一般情况下要求用书面形式发布变更指示，如果由于情况紧急而来不及发出书面指示，承包人应该根据合同规定要求工程师书面认可。

根据工程惯例，除非工程师明显超越合同权限，承包人应无条件地执行变更指示。即使变更价款没有确定，或者承包人对工程师答应给予付款的金额不满意，承包人也必须一边进行变更工作，一边根据合同寻求解决办法。

3.5.2 建设工程施工合同的违约

违约是指合同当事人不履行合同义务或履行义务不符合合同约定条件。当事人一方不履行合同义务或履行义务不符合合同约定的，应当承担违约责任。

违约责任的承担方式有以下几种。

3.5.2.1 继续履行

所谓继续履行是指当事人一方违约时，另一方不愿意解除合同，而坚持要求违约方履行合同约定的给付。违约方应根据对方的要求，在自己能够履行的条件下，对合同未履行部分继续履行。

3.5.2.2 采取补救措施

采取补救措施是违约方所采取的旨在消除违约后果的补救措施。这种责任形式，主要发生在质量不符合约定的情况下。

3.5.2.3 赔偿损失

违约方在履行义务或者采取补救措施后，对方还有其他损失的，应当赔偿损失。赔偿损失是违约方给对方造成损失时，依法或者根据合同约定赔偿对方所受损失的行为。损失赔偿额应相当于违约造成的损失。

3.5.2.4 支付违约金

违约金是指当事人一方违反合同时应当向对方支付的一定数量的金钱或财物。合同当事人可以约定一方违约时应当根据违约情况向对方支付一定数额的违约金，也可以约定因违约产生的损失赔偿额的计算方法。

3.5.2.5 执行定金罚则

定金是指合同当事人为了确保合同的履行，根据双方约定，由一方按合同标的额的一定比例预先给付对方的金钱或其他替代物。定金可以由当事人约定，但最高不得超过主合同标的额的20%。定金罚则是指给付定金的一方不履行约定的债务的，无权要求返还定金；收受定金的一方不履行约定的债务的，应当双倍返还定金。

3.5.3 施工索赔

索赔，指在合同履行过程中，对于并非自己的过错，而是应由对方承担责任的情况造成的实际损失，向对方提出经济补偿和(或)工期顺延的要求。

广义地讲，索赔应当是双向的，既可以是承包人向业主的索赔，也可以是业主向承包人提出的索赔。一般称后者为反索赔。我们讲的施工索赔是狭义的索赔，是前者即承包人向业主的索赔。

施工索赔是承包人由于非自身原因，发生合同规定之外的额外工作或损失时，向业主提出费用或时间补偿要求的活动。施工索赔是法律和合同赋予承包人的正当权利。承包人应当树立起索赔意识，重视索赔，善于索赔。

3.5.3.1 施工索赔的分类

(1) 按索赔事件所处合同状态分类，可分为正常施工索赔、工程停缓建索赔、解除合同索赔。

(2) 按索赔依据的范围分类，可分为合同内索赔、合同外索赔、道义索赔。

(3) 按索赔的目的分类，可分为工期索赔、费用索赔。

(4) 按索赔的处理方式分类，可分为单项索赔、综合索赔。

3.5.3.2 施工索赔的程序

承包人向发包人索赔的一般程序为：

(1) 索赔事件发生后28 d内，向工程师发出索赔意向通知；

(2) 发出索赔意向通知后28 d内，向工程师提出延长工期和(或)补偿经济损失的索赔报告及有关资料；

(3) 工程师在收到承包人送交的索赔报告及有关资料后，于28 d内给予答复，或要求承包人进一步补充索赔理由和证据；

(4) 工程师在收到承包人送交的索赔报告及有关资料后，28 d内未予答复或未对承包人作进一步要求，视为该项索赔已经认可；

(5) 当该索赔事件持续进行时，承包人应当阶段性向工程师发出索赔意向，在索赔事件终了后28 d内，向工程师送交索赔的有关资料和最终索赔报告。索赔答复程序与(3)、(4)条的规定相同。

3.5.3.3 施工索赔应用案例

背景：某建筑公司(乙方)于某年5月20日与某厂(甲方)签订了修建建筑面积为2800 m^2

工业厂房(带地下室)的施工合同。乙方编制的施工方案和进度计划已获监理工程师批准。该工程的基坑施工方案规定:土方工程采用租赁一台斗容量为 1 m^3 的反铲挖掘机施工。甲、乙双方合同约定 6 月 11 日开工,6 月 20 日完工。在实际施工中发生如下几项事件:

(1) 因租赁的挖掘机大修,晚开工 2 d,造成人员窝工 10 个工日;

(2) 基坑开挖后,因遇软土层,接到监理工程师 6 月 15 日停工的指令,进行地质复查,配合用工 15 个工日;

(3) 6 月 19 日接到监理工程师于 6 月 20 日复工的指令,6 月 20 日~6 月 22 日,因下罕见的大雨迫使基坑开挖暂停,造成人员窝工 10 个工日;

(4) 6 月 23 日用 30 个工日修复冲坏的永久道路,6 月 24 日恢复正常挖掘工作,最终基坑于 6 月 30 日开挖完毕。

问题:

(1) 建筑公司对上述哪些事件可以向甲方要求索赔,哪些事件不可以要求索赔,并说明原因。

(2) 每项事件工期索赔各是多少天? 总计工期索赔是多少天?

答:

(1) 事件 1:索赔不成立。因为该事件发生原因属承包商自身责任。

事件 2:索赔成立。因为施工地质条件的变化是一个有经验的承包商所无法合理预见的。

事件 3:索赔成立。这是因反常的恶劣天气造成了工程延误。

事件 4:索赔成立。因恶劣的自然条件或不可抗力引起的工程损坏及修复应由业主承担责任。

(2) 事件 2:索赔工期 5 d(6 月 15 日~6 月 19 日)。

事件 3:索赔工期 3 d(6 月 20 日~6 月 22 日)。

事件 4:索赔工期 1 d(6 月 23 日)。

共计索赔工期为:5+3+1=9 d。

3.5.4 建设工程合同履行纠纷的处理

建设工程合同履行过程中会产生大量的纠纷,有一些纠纷并不容易直接适用现有的法律条款予以解决。针对这些特殊的纠纷,可以通过相关司法解释来进行处理。2002 年 6 月 11 日,最高人民法院审判委员会第 1225 次会议通过了《最高人民法院关于建设工程价款优先受偿权问题的批复》,2004 年 9 月 29 日由最高人民法院审判委员会第 1327 次会议通过了《最高人民法院关于审理建设工程施工合同纠纷案件适用法律问题的解释》(下文简称《解释》)。此批复和司法解释为我们解决一些特殊的建设工程合同纠纷提供了可供遵循的原则性规定。

3.5.4.1 解除建设工程施工合同的条件问题

在合同履行过程中,由于一些条件的出现会导致合同当事人解除合同,《解释》中对于解除合同的条件及其法律后果在《合同法》的基础上作出了进一步的规定。

(1) 发包人请求解除合同的条件

承包人具有下列情形之一,发包人请求解除建设工程施工合同的,应予支持:

① 明确表示或者以行为表明不履行合同主要义务的;

② 合同约定的期限内没有完工,且在发包人催告的合理期限内仍未完工的;

③ 已经完成的建设工程质量不合格，并拒绝修复的；

④ 将承包的建设工程非法转包、违法分包的。

(2) 承包人请求解除合同的条件

发包人具有下列情形之一，致使承包人无法施工，且在催告的合理期限内仍未履行相应义务，承包人请求解除建设工程施工合同的，应予支持：

① 未按约定支付工程价款的；

② 提供的主要建筑材料、建筑构配件和设备不符合强制性标准的；

③ 不履行合同约定的协助义务的。

上述三种情形均属于发包人违约。因此，合同解除后，发包人还要承担违约责任。

(3) 合同解除后的法律后果

①《合同法》关于合同解除的相关法律规定。

《合同法》第九十七条规定："合同解除后，尚未履行的，终止履行；已经履行的，根据履行情况和合同性质，当事人可以要求恢复原状、采取其他补救措施，并有权要求赔偿损失。"

《合同法》第九十八条规定："合同的权利义务终止，不影响合同中结算和清理条款的效力。"

②《解释》中关于合同解除的相关规定。

根据《解释》第十条规定：建设工程施工合同解除后，已经完成的建设工程质量合格的，发包人应当按照约定支付相应的工程价款。已经完成的建设工程质量不合格的，按照下列情况处理：修复后的建设工程经竣工验收合格，发包人请求承包人承担修复费用的，应予支持；修复后的建设工程经竣工验收不合格，承包人请求支付工程价款的，不予支持。

因建设工程不合格造成的损失，发包人有过错的，也应承担相应的民事责任。

③ 因一方违约导致合同解除的，违约方应当赔偿因此而给对方造成的损失。

3.5.4.2 建设工程质量不符合约定情况下责任承担问题

导致工程质量不合格的原因很多，其中有发包人的原因，也有承包商的原因。其责任的承担应该根据具体的情况分别作出处理。

(1) 因承包商过错导致质量不符合约定的处理

《合同法》第二百八十一条规定："因施工人的原因致使建设工程质量不符合约定的，发包人有权要求施工人在合理期限内无偿修理或者返工、改建。经过修理或者返工、改建后，造成逾期交付的，施工人应当承担违约责任。"

《解释》第十一条规定，因承包人的过错造成建设工程质量不符合约定，承包人拒绝修理、返工或者改建，发包人请求减少支付工程价款的，应予支持。

有的时候，承包商造成工程质量不合格的原因可能会触犯法律，例如偷工减料、擅自修改图纸等。如果其行为触犯了相关的法律，还将接受法律的制裁。

《建筑法》第七十四条规定："建筑施工企业在施工中偷工减料的，使用不合格的建筑材料、建筑构配件和设备的，或者有其他不按照工程设计图纸或者施工技术标准施工的行为的，责令改正，处以罚款；情节严重的，责令停业整顿，降低资质等级或者吊销资质证书；造成建筑工程质量不符合规定的质量标准的，负责返工、修理，并赔偿因此造成的损失；构成犯罪的，依法追究刑事责任。"

(2) 因发包人过错导致质量不符合约定的处理

《建设工程质量管理条例》第九条规定："建设单位必须向有关的勘察、设计、施工、工程监理等单位提供与建设工程有关的原始资料。原始资料必须真实、准确、齐全。"

《建设工程质量管理条例》第十四条规定："按照合同约定，由建设单位采购建筑材料、建筑构配件和设备的，建设单位应当保证建筑材料、建筑构配件和设备符合设计文件和合同要求。

建设单位不得明示或者暗示施工单位使用不合格的建筑材料、建筑构配件和设备。"

但是在实际工作中，却经常出现建设单位违反上述规定的情形。这些情形的出现，有的是源于过失，有的则是出于建设单位为自身谋取利益。

《解释》第十二条规定："发包人具有下列情形之一，造成建设工程质量缺陷，应当承担过错责任：

① 提供的设计有缺陷；

② 提供或者指定购买的建筑材料、建筑构配件、设备不符合强制性标准；

③ 直接指定分包人分包专业工程。

承包人有过错的，也应当承担相应的过错责任。"

《建设工程质量管理条例》第五十六条规定："违反本条例规定，建设单位有下列行为之一的，责令改正，处20万元以上50万元以下的罚款：

① 迫使承包方以低于成本的价格竞标的；

② 任意压缩合理工期的；

③ 明示或者暗示设计单位或者施工单位违反工程建设强制性标准，降低工程质量的；

④ 施工图设计文件未经审查或者审查不合格，擅自施工的；

⑤ 建设项目必须实行工程监理而未实行工程监理的；

⑥ 未按照国家规定办理工程质量监督手续的；

⑦ 明示或者暗示施工单位使用不合格的建筑材料、建筑构配件和设备的；

⑧ 未按照国家规定将竣工验收报告、有关认可文件或者准许使用文件报送备案的。"

(3) 发包人擅自使用后出现质量问题的处理

《建设工程质量管理条例》第十六条规定："建设单位收到建设工程竣工报告后，应当组织设计、施工、工程监理等有关单位进行竣工验收。

建设工程竣工验收应当具备下列条件：

① 完成建设工程设计和合同约定的各项内容；

② 有完整的技术档案和施工管理资料；

③ 有工程使用的主要建筑材料、建筑构配件和设备的进场试验报告；

④ 有勘察、设计、施工、工程监理等单位分别签署的质量合格文件；

⑤ 有施工单位签署的工程保修书。

建设工程经验收合格的，方可交付使用。"

但是，有的时候建设单位为了能够提前投入生产，在没有经过竣工验收的前提下就擅自使用了工程。由于工程质量问题都需要经过一段时间才能显现出来，所以，这种未经竣工验收就使用工程的行为往往就导致了其后的工程质量的纠纷。

《解释》第二十三条也对于工程质量产生的争议如何进行鉴定做出了原则性规定："当事人对部分案件事实有争议的，仅对有争议的事实进行鉴定，但争议事实范围不能确定，或者双方当事人请求对全部事实鉴定的除外。”

《解释》第十三条规定:“建设工程未经竣工验收,发包人擅自使用后,又以使用部分质量不符合约定为由主张权利的,不予支持;但是承包人应当在建设工程的合理使用寿命内对地基基础工程和主体结构质量承担民事责任。”

上述规定体现了对于建设单位擅自使用工程行为的惩罚,可见建设单位使用工程即是对工程质量的认可。但是,上述规定却并没有全部免除承包商的责任,要求承包商对于地基基础工程和主体结构的质量承担相应的责任。这是基于《建设工程质量管理条例》对于地基基础工程和主体结构工程的最低保修期限的规定。《建设工程质量管理条例》第四十条规定了对于基础设施工程、房屋建筑的地基基础工程和主体结构工程,其最低保修年限为设计文件规定的该工程的合理使用年限。这就等于是终身保修,因此并不因建设单位是否提前使用工程而免除保修的责任。

发包人未经验收而提前使用工程不仅在工程质量上要承担更大的责任,同时还将由于这样的行为而接受法律的制裁。

《建设工程质量管理条例》第五十八条规定:“违反本条例规定,建设单位有下列行为之一的,责令改正,处工程合同价款2%以上4%以下的罚款;造成损失的,依法承担赔偿责任:

① 未组织竣工验收,擅自交付使用的;

② 验收不合格,擅自交付使用的;

③ 对不合格的建设工程按照合格工程验收的。”

3.5.4.3 对竣工日期的争议问题

竣工日期可以分为合同中约定的竣工日期和实际竣工日期。合同中约定的竣工日期是指发包人和承包人在协议书中约定的承包人完成承包范围内工程的绝对或相对的日期。实际竣工日期是指承包人全面、适当履行了施工承包合同时的日期。合同中约定的竣工日期是发包人限定的竣工日期的底线,如果承包人超过了这个日期竣工就将为此承担违约责任。而实际竣工日期则是承包人可以全面主张合同中约定的权利的开始之日,如果该日期先于合同中约定的竣工日期,承包商可以因此获得奖励。

正是由于确定实际竣工日期涉及发包人和承包人的利益,对于工程竣工日期的争议就时有发生。

我国《建设工程施工合同(示范文本)》第32.4款规定:工程竣工验收通过,承包人送交竣工验收报告的日期为实际竣工日期。工程按发包人要求修改后通过竣工验收的,实际竣工日期为承包人修改后提请发包人验收的日期。

但是在实际操作过程中却容易出现一些特殊的情形并最终导致关于竣工日期的争议的产生。这些情形主要表现在:

(1) 由于建设单位和施工单位对于工程质量是否符合合同约定产生争议而导致对竣工日期的争议

工程质量是否合格涉及多方面因素,当事人双方很容易就其影响因素产生争议。而一旦产生争议,就需要权威部门来鉴定。鉴定结果如果为不合格就不涉及竣工日期的争议了,而如果鉴定结果是合格的,就涉及以哪天作为竣工日期的问题了。承包商认为应该以提交竣工验收报告之日作为竣工日期,而建设单位则认为应该以鉴定合格之日为实际竣工日期。

对此,《解释》第十五条规定,建设工程竣工前,当事人对工程质量发生争议,工程质量经鉴定合格的，鉴定期间为顺延工期期间。

从这个规定可知，应该以提交竣工验收报告之日为实际竣工日期。

(2) 由于发包人拖延验收而产生的对实际竣工日期的争议

《建设工程施工合同(示范文本)》规定：工程具备竣工验收条件，承包人按国家工程竣工验收有关规定，向发包人提供完整竣工资料及竣工验收报告。双方约定由承包人提供竣工图的，应当在专用条款内约定提供的日期和份数。发包人收到竣工验收报告后 28 d 内组织有关单位验收，并在验收后 14 d 内给予认可或提出修改意见。承包人按要求修改，并承担由自身原因造成修改的费用。

但是，有的时候由于主观的或者客观的原因，发包人没能按照约定的时间组织竣工验收。最后施工单位和建设单位就实际竣工之日产生了争议，对此，《解释》第十四条规定，建设工程经竣工验收合格的，以竣工验收合格之日为竣工日期。承包人已经提交竣工验收报告，发包人拖延验收的，以承包人提交验收报告之日为竣工日期。

(3) 由于发包人擅自使用工程而产生的对于实际竣工验收日期的争议

《建设工程质量管理条例》第十六条规定："建设单位收到建设工程竣工报告后，应当组织设计、施工、工程监理等有关单位进行竣工验收。……建设工程经验收合格的，方可交付使用。"有的时候，建设单位为了能够提前使用工程而取消了竣工验收这道法律规定的程序，而这样的后果之一就是容易对实际竣工日期产生争议，因为没有提交的竣工验收报告和竣工验收时间可供参考。对于这种情形，《解释》第十四条同时做出了下面的规定：建设工程未经竣工验收，发包人擅自使用的，以转移占有建设工程之日为竣工日期。

3.5.4.4 对计价方法的争议问题

在工程建设合同中，当事人双方会约定计价的方法，这是后来建设单位向承包商支付工程款的基础。如果合同双方对于计价方法产生了纠纷且不能得到及时妥善地解决，就必然会影响到当事人的切身利益。

对计价方法的纠纷主要表现在以下几个方面：

(1) 因变更引起的纠纷

在工程建设过程中，变更是普遍存在的。尽管变更的表现形式纷繁复杂，但是其对于工程款的支付的影响却仅仅表现在两个方面：

① 工程量的变化导致价格的纠纷

从经济学的角度看，成本的组成包括两部分，即固定成本和可变成本。固定成本不因产量的增加而增加，可变成本却是产量的函数，因产量的增加而增加。当产量增加时，单位产量上摊销的固定成本就会减少，而可变成本不发生变化，其总成本将减少。在原有价格不变的前提下，会导致利润率增加。因此，当工程量发生变化后，当事人一方就会提出增加或者减少单价，以维持原有的利润率水平。如果工程量增加了，建设单位就会要求减少单价。相反，如果工程量减少了，施工单位就会要求增加单价。

调整单价时会涉及两个因素：一是工程量增减幅度达到多少时要调整单价。二是将单价调整到多少。如果在承包合同中没有对此进行约定，就会导致纠纷。

② 工程质量标准的变化导致价格的纠纷

工程质量标准有很多种分类的方法，如果按照标准的级别，可以分为国家标准、地方标准、行业标准、企业标准。另外，合同双方当事人也可以在合同中约定标准，如果约定的标准没有违反强制性标准，其效力还将高于国家其他标准。正是由于工程质量标准的多样性，就会导致工程标准发生变化而导致纠纷的产生。

对于上文的由于变更而引起的计价方法的纠纷，《解释》第十六条作出了规定：当事人对建设工程的计价标准或者计价方法有约定的，按照约定结算工程价款。因设计变更导致建设工程的工程量或者质量标准发生变化，当事人对该部分工程价款不能协商一致的，可以参照签订建设工程施工合同时当地建设行政主管部门发布的计价方法或者计价标准结算工程价款。

（2）因工程质量验收不合格导致的纠纷

工程合同中的价款针对的是合格工程，而在工程实践中，不合格产品也是普遍存在的，对于不合格产品如何计价也就自然成为了合同当事人关注的问题。在这个问题中也涉及两方面的问题：一是工程质量与合同约定的不符合程度，二是针对该工程质量应予支付的工程款。

对此，《解释》第十六条也同时作出了规定：建设工程施工合同有效，但建设工程经竣工验收不合格的，工程价款结算参照本解释第三条规定处理。也即：

① 修复后的建设工程经竣工验收合格，发包人请求承包人承担修复费用的，应予支持；

② 修复后的建设工程经竣工验收不合格，承包人请求支付工程价款的，不予支持。

因建设工程不合格造成的损失，发包人有过错的，也应承担相应的民事责任。

（3）因利息而产生的纠纷

《合同法》第一百一十三条规定："当事人一方不履行合同义务或者履行合同义务不符合约定，给对方造成损失的，损失赔偿额应当相当于因违约所造成的损失，包括合同履行后可以获得的利益，但不得超过违反合同一方订立合同时预见到或者应当预见到的因违反合同可能造成的损失。"

从上面的条款可知，如果建设单位不及时向承包商支付工程款，承包商在要求建设单位继续履行的前提下，可以要求发包商为此支付利息。因为利息是建设单位按期支付工程款后承包商的预期利益。

在实践中，对于利息的支付容易在两个方面产生纠纷：一是利息的计付标准，二是何时开始计付利息。

《解释》第十七条对于计付标准做出了规定：当事人对欠付工程价款利息计付标准有约定的，按照约定处理；没有约定的，按照中国人民银行发布的同期同类贷款利率计息。

同时，《解释》第十八条也对何时开始计付利息做出了规定：利息从应付工程价款之日计付。当事人对付款时间没有约定或者约定不明的，下列时间视为应付款时间：

① 建设工程已实际交付的，为交付之日；

② 建设工程没有交付的，为提交竣工结算文件之日；

③ 建设工程未交付，工程价款也未结算的，为当事人起诉之日。

（4）因合同计价方式产生的纠纷

由于工程建设的外部环境处于不断变化之中，这些外部条件的变化可能会使得施工单位的成本增加。例如，某种建筑材料大幅度涨价，或者发生了一定程度的设计变更使得工程量有所增加，都让承包商承担了更大的成本。在这种情况下，承包商就可能提出索赔的要求，要求建设单位支付增加部分的成本。对于上面的三种计价方式，如果采用的是可调价合同或者成本加酬金合同，建设单位就应该在合同约定的范围内支付这笔款项。但是，如果采用的是固定价合同，则建设单位就不必为此支付。

《解释》第二十二条规定，当事人约定按照固定价结算工程价款，一方当事人请求对建设工程造价进行鉴定的，不予支持。

3.5.4.5　对工程量的争议问题

在工程款支付的过程中，确认完成的工程量是一个重要的环节。只有确认了完成的工程量，才能进行下一步的结算。

（1）工程结算的程序

《建筑工程施工发包与承包计价管理办法》第十六条规定了工程结算的程序。

工程竣工验收合格，应当按照下列规定进行竣工结算：

① 承包方应当在工程竣工验收合格后的约定期限内提交竣工结算文件。

② 发包方应当在收到竣工结算文件后的约定期限内予以答复。逾期未答复的，竣工结算文件视为已被认可。

③ 发包方对竣工结算文件有异议的，应当在答复期内向承包方提出，并可以在提出之日起的约定期限内与承包方协商。

④ 发包方在协商期内未与承包方协商或者经协商未能与承包方达成协议的，应当委托工程造价咨询单位进行竣工结算审核。

⑤ 发包方应当在协商期满后的约定期限内向承包方提出工程造价咨询单位出具的竣工结算审核意见。

发承包双方在合同中对上述事项的期限没有明确约定的，可认为其约定期限均为 28 d。

发承包双方对工程造价咨询单位出具的竣工结算审核意见仍有异议的，在接到该审核意见后 1 个月内可以向县级以上地方人民政府建设行政主管部门申请调解，调解不成的，可以依法申请仲裁或者向人民法院提起诉讼。

工程竣工结算文件经发包方与承包方确认即应当作为工程决算的依据。

（2）关于确认工程量引起的纠纷

① 对未经签证但事实上已经完成的工程量的确认

工程量的确认应以工程师的确认为依据，只有经过工程师确认的工程量才能进行工程款的结算，否则，即使施工单位完成了相应的工程量，也由于属于单方面变更合同内容而不能得到相应的工程款。

工程师的确认以签证为依据，也就是说，只要工程师对于已完工程进行了签证，建设单位就要支付这部分工程量的工程款。但是，有的时候却存在另一种情形，工程师口头同意进行某项工程的修建，但是由于主观的或者客观的原因而没能及时提供签证。对于这部分工程量的确认就很容易引起纠纷。

我国《合同法》第三十六条规定："法律、行政法规规定或者当事人约定采用书面形式订立合同，当事人未采用书面形式但一方已经履行主要义务，对方接受的，该合同成立。"

依据这个条款，《解释》第十九条规定："当事人对工程量有争议的，按照施工过程中形成的签证等书面文件确认。承包人能够证明发包人同意其施工，但未能提供签证文件证明工程量发生的，可以按照当事人提供的其他证据确认实际发生的工程量。"

② 对于确认工程量的时间的纠纷

如果建设单位迟迟不确认施工单位完成的工程量，就会导致施工单位不能及时得到工程款，这样就损害了施工单位的利益。为了保护合同当事人的合法权益，《解释》第二十条规定：

“当事人约定，发包人收到竣工结算文件后，在约定期限内不予答复，视为认可竣工结算文件，按照约定处理。承包人请求按照竣工结算文件结算工程价款的，应予支持。”这与《建筑工程施工发包与承包计价管理办法》第十六条的规定也是一致的。

复习思考题

1. 简答题

(1) 合同的主要内容和形式是什么？

(2) 建设工程合同可以分为哪些类别？

(3) 建设工程施工合同的概念和特点是什么？

(4) 订立建设工程施工合同的条件和原则有哪些？

(5) 施工合同属哪些情况时，合同无效？

(6) 对合同执行者而言，如何进行施工合同跟踪？

(7) 违约责任的承担方式有哪几种？

(8) 如何处理建设工程合同履行纠纷？

2. 案例分析

背景资料：某会议中心新建会议楼，土建工程已先期通过招标确定了施工单位，并且已经基本具备装修条件。为保证内部装饰效果，经研究决定，装修工程部分单独招标，采用公开招标的形式确定施工队伍，在招标文件中明确了如下部分条款：

(1) 报价采用工程量清单的形式。

(2) 结合招标公司提供的工程量清单，各家单位应对现场进行详细的实地踏勘，所报价格为综合单价，视为已经考虑了各种综合因素。

(3) 本工程装饰施工期间适逢“两会”期间。由于会议中心要接待“两会”代表，所以 3 月 10 日～22 日期间停止施工，无论哪家中标，建设单位都理解为中标单位的报价已综合考虑了停工因素，保证不因此情况追加工程款。

(4) 主要装饰部位的石材由建设单位供货。

经过激烈竞争，某装饰公司中标。双方签订建筑装饰工程施工合同，部分合同条款如下(合同中甲方为建设单位，乙方为施工单位)：

甲方按照协议条款约定的材料种类、规格、数量、单价、质量等级和提供时间、地点的清单，向乙方提供材料及其产品合格证明。甲方代表在所提供材料验收 24 h 前将通知送达乙方，乙方派人与甲方一起验收。无论乙方是否派人参加验收，验收后由乙方保管，甲方支付相应的保管费用。发生损失或丢失，由乙方负责赔偿。甲方不按规定通知乙方验收，乙方不负责材料设备的保管，损坏或丢失由甲方负责。甲方供应的材料与清单或样品不符，按下列情况分别处理：

① 供应数量多于清单数量时，甲方负责将多余部分运出施工现场。

② 迟于清单约定时间供应导致的追加合同价款，由甲方承担。发生延误，工期相应顺延，并由甲方赔偿乙方由此造成的损失。

施工单位进场后，发现大堂标高为 8.7 m，报告厅标高为 4.6 m。遂提出工程变更洽商申请，要求增加脚手架搭设的费用。申请递交监理单位 8 d 后，在没有得到回复的情况下，施工单位开始脚手架搭设施工。

在进行大堂石材施工后，为保证石材在脚手架拆除过程中和施工过程中不被破坏，建设单位口头通知施工单位对石材用大芯板进行保护，后施工单位上报工程洽商变更单要求建设单位签字，建设单位拒签。

由于特殊原因，会议中心须接待开提前预备会的代表，停工时间提前至 3 月 1 日，建设单位正式下通知要求施工单位严格遵守调整后的停工时间。

建设单位从深圳采购石材，在汽运过程中由于南方发大水，高速路封闭，石材迟于清单约定时间 6 d 到达现场，建设单位书面通知乙方验收。由于石材晚到场耽误了整体完工时间，共计超出工期 6 d 完工。

在结算过程中，施工单位提出在原合同价格基础上增加以下费用：脚手架搭设费用 35000 元；石材保护增加费用 12000 元；会议停工损失每日 6000 元，共计 $22\times6000=132000$ 元；石材保管费为 $340\times1\%=3.4$ 万元（石材总价 340 万元），误工费为 $6\times6000=3.6$ 万元。

以上费用增加的理由是：

(1) 脚手架费用增加问题：现场有土建施工单位，作为该项目的总包单位，脚手架的搭设应由总包单位完成，但是他们没有尽到应尽的义务。而施工单位进场后，向监理单位提交了关于申请搭设脚手架的变更洽商单，根据合同条款规定，洽商递交 7 d 没有回复视为默认，施工单位可以施工并要求建设单位支付相关变更增加的费用。

(2) 大堂石材保护非工程量清单所包含的内容，是建设单位口头通知要求增加的，并且已经按照建设单位要求实施，所以该项费用应由建设单位支付。

(3) 按照合同约定，一周内停工超过 48 h 的应追加停工增加费。停工有建设单位的正式通知，所以此项费用应予以认可。

(4) 根据合同对于甲方供应材料的约定，应该支付施工单位材料保管费，因建设单位造成的工期延误，建设单位应赔偿施工单位相应损失。

以上费用建设单位均不予认可，理由是：

(1) 脚手架费用增加的问题：在投标阶段，要求施工单位对现场勘察，图纸和现场都可以反映出大堂和报告厅的实际标高，施工单位在编制工程量清单时，在措施项目清单中对脚手架搭设费用应该有所考虑，在结算过程中要求追加此部分费用，不能予以认可。

(2) 石材保护是施工单位应尽的义务，增加费用的说法不成立。

(3) 招标文件中对停工已经有了说法，且施工单位在投标承诺中也对此承诺不增加费用，请施工单位详读招标文件和投标承诺。

(4) 石材供应延误是不可抗力，所以工期延误赔偿不予认可。

双方对以上问题争执不下。

问题：

(1) 建设单位是否应支付脚手架搭设增加费用？为什么？

(2) 建设单位拒付石材保护增加费用的做法是否合理？如果口头通知变为监理通知，建设单位是否应当支付此费用？

(3) 建设单位是否应支付停工费用？若需支付，应支付多少万元？

(4) 建设单位是否应承担因石材迟于清单约定时间供货而导致的工期延误补偿？为什么？

(5) 建设单位应该增补的费用共计是多少？

4 建设工程项目质量控制

本 章 提 要

本章主要介绍了质量管理和质量控制的基本理论，建设工程项目质量的形成过程及影响因素、控制系统的建立和运行、施工质量控制和验收方法，工程项目质量的政府监督职能以及常用的质量统计管理方法与工具等。

4.1 质量管理与质量控制概述

4.1.1 质量管理

质量管理(Quality Management)是指确定质量方针、目标和职责，并通过质量体系中的质量策划、质量控制、质量保证和质量改进来使其实现所有管理职能的全部活动。

4.1.2 质量控制

为达到质量要求所采取的作业技术和活动称为质量控制。这就是说，质量控制是为了通过监视质量形成过程，消除质量环上所有阶段引起不合格或不满意效果的因素，以达到质量要求，获取经济效益，而采用的各种质量作业技术和活动。

质量控制是质量管理的一部分，它所致力的一系列相关活动包括作业技术和管理活动。

4.1.3 质量管理与质量控制的关系

质量控制是质量管理的一部分而不是全部。两者的区别在于概念不同、职能范围不同和作用不同。质量控制是在明确的质量目标和具体的条件下，通过行动方案和资源配置的计划、实施、检查和监督，进行质量目标的事前预控、事中控制和事后纠偏控制，实现预期质量目标的系统过程。

4.1.4 质量管理的 PDCA 循环

在长期的生产实践过程和理论研究中形成的 PDCA 循环，是确立质量管理和建立质量体系的基本原理(图 4.1)。从实践论的角度看，管理就是确定任务目标，并按照 PDCA 循环原理来实现预期目标。每一循环都围绕着实现预期的目标，进行计划、实施、检查和处置活动，随着对存在问题的克服、解决和改进，不断增强质量能力，提高质量水平。一个循环的四大职能活动相互联系，共同构成了质量管理的系统

图 4.1 PDCA 循环的 4 个阶段

过程。

(1) 计划 P(Plan)

质量管理的计划职能，包括确定或明确质量目标和制定实现质量目标的行动方案两方面。实践表明，质量计划的严谨周密、经济合理和切实可行，是保证工作质量、产品质量和服务质量的前提条件。

建设工程项目的质量计划，是由项目干系人根据其在项目实施中所承担的任务、责任范围和质量目标，分别进行质量计划而形成的质量计划体系，其中，建设单位的工程项目质量计划包括确定和论证项目总体的质量目标，提出项目质量管理的组织、制度、工作程序、方法和要求。项目其他各方干系人，则根据工程合同规定的质量标准和责任，在明确各自质量目标的基础上，制定实施相应范围质量管理的行动方案，包括技术方法、业务流程、资源配置、检验试验要求、质量记录方式、不合格处理、管理措施等具体内容和做法的质量管理文件，同时亦须对其实现预期目标的可行性、有效性、经济合理性进行分析论证，并按照规定的程序与权限，经过审批后执行。

(2) 实施 D(Do)

实施职能在于将质量的目标值，通过生产要素的投入、作业技术活动和产出过程，转换为质量的实际值。为保证工程质量的产出或形成过程能够达到预期的结果，在各项质量活动实施前，要根据质量管理计划进行行动方案的部署和交底；交底的目的在于使具体的作业者和管理者明确计划的意图和要求，掌握质量标准及其实现的程序与方法。在质量活动的实施过程中，则要求严格执行计划的行动方案，规范行为，把质量管理计划的各项规定和安排落实到具体的资源配置和作业技术活动中去。

(3) 检查 C(Check)

检查指对计划实施过程进行各种检查，包括作业者的自检、互检和专职管理者专检。各类检查也都包含两大方面：一是检查是否严格执行了计划的行动方案，实际条件是否发生了变化，不执行计划的原因；二是检查计划执行的结果，即产出的质量是否达到标准的要求，对此进行确认和评价。

(4) 处置 A(Action)

对于质量检查所发现的质量问题或质量不合格，及时进行原因分析，采取必要的措施，予以纠正，保持工程质量形成过程的受控状态。处置分纠偏和预防改进两个方面。前者是采取应急措施，解决当前的质量偏差、问题或事故；后者是提出目前质量状况信息，并反馈管理部门，反思问题症结或计划时的不周全，确定改进目标和措施，为今后类似问题的质量预防提供借鉴。

4.1.5 全面质量管理(TQC)思想

全面质量管理 TQC(Total Quality Contro1)，是 20 世纪中期在欧美和日本广泛应用的质量管理理念和方法，我国从 20 世纪 80 年代开始引进和推广全面质量管理方法。其基本原理就是强调在企业或组织的最高管理者质量方针的指引下，实行全面、全过程和全员参与的质量管理。

TQC 的主要特点是：以顾客满意为宗旨；领导参与质量方针和目标的制定；提倡预防为主、科学管理、用数据说话等。在当今国际标准化组织颁布的 ISO 9000—2000 版质量管理体系标准中，都体现了这些重要特点和思想。建设工程项目的质量管理，同样应贯彻如下“三全”管理的思想和方法。

(1) 全方位质量管理

建设工程项目的全面质量管理，是指建设工程项目各方干系人所进行的工程项目质量管理的总称，其中包括工程（产品）质量和工作质量的全面管理。工作质量是产品质量的保证，工作质量直接影响产品质量的形成。业主、监理单位、勘察单位、设计单位、施工总包单位、施工分包单位、材料设备供应商等，任何一方任何环节的怠慢疏忽或质量责任不到位都会造成对建设工程质量的影响。

(2) 全过程质量管理

全过程质量管理是指根据工程质量的形成规律，从源头抓起，全过程推进。GB/T 19000 强调质量管理的“过程方法”管理原则。因此，必须掌握识别过程和应用“过程方法”进行全程质量控制，主要的过程有：项目策划与决策过程；勘察设计过程；施工采购过程；施工组织与准备过程；检测设备控制与计量过程；施工生产的检验试验过程；工程质量的评定过程；工程竣工验收与交付过程；工程回访维修服务过程等。

(3) 全员参与质量管理

按照全面质量管理的思想，组织内部的每个部门和工作岗位都承担有相应的质量职能，组织的最高管理者确定了质量方针和目标，就应组织和动员全体员工参与到实施质量方针的系统活动中去，发挥自己的角色作用。开展全员参与质量管理的重要手段就是运用目标管理方法，将组织的质量总目标逐级进行分解，使之形成自上而下的质量目标分解体系和自下而上的质量目标保证体系。发挥组织系统内部每个工作岗位、部门或团队在实现质量总目标过程中的作用。

4.2 建设工程项目质量的形成过程和影响因素

4.2.1 建设工程项目质量的基本特征

建设工程项目从本质上说是一项拟建或在建的建筑产品，它和一般产品具有相同的质量内涵，即一组固有特性满足需要的程度。这些特性指产品的适用性、可靠性、安全性、经济性以及环境的适宜性。在工程管理实践和理论研究中，也有把建设工程项目质量的基本特性概括如下：

(1) 反映使用功能的质量特性

建设工程项目的功能性质量，主要反映对建设工程使用功能需求的一系列特性指标，按照现代质量管理理念，功能性质量必须以顾客关注为焦点，通过需求的识别进行定义。

(2) 反映安全可靠的质量特性

建筑产品不仅要满足使用功能和用途要求，而且在正常的使用条件下应达到安全可靠的要求。可靠性质量必须在满足功能性质量需求的基础上，结合技术标准、规范，特别是强制性条文的要求进行确定与实施。

(3) 反映艺术文化的质量特性

建筑产品具有深刻的社会文化背景。历来人们都把建筑产品视为艺术品，对其个性的艺术效果，包括建筑造型、立面外观、文化内涵、时代表征以及装修装饰、色彩视觉等，不仅使用者关注，也受社会的关注。建设工程项目艺术文化特性的质量来自于设计者的设计理念、创意和创新，以及施工者对设计意图的领会和精益求精。

(4) 反映建筑环境的质量特征

作为项目管理对象的建设工程项目，可能是独立的单项工程或单位工程，甚至某一主要的分部工程，也可能是一个由群体建筑或线型工程组成的建设项目，如新、改、扩建的工业厂区，大学城或校区，高速公路等。建筑环境质量包括项目用地范围内的规划布局、道路交通组织、绿化景观，更追求其与周边环境的协调性和适宜性。

4.2.2 建设工程项目质量的形成过程

建设工程项目质量的形成过程，贯穿于整个建设项目的决策过程和各个工程项目的设计与施工过程，体现了建设工程项目质量从目标决策、目标细化到目标实现的过程。

(1)质量需求的识别过程

项目决策阶段的质量职能在于识别建设意图和需求，为整个建设项目的质量总目标，以及建设项目内各建设工程项目的质量目标提出明确要求。

(2) 质量目标的定义过程

一方面是在建设工程设计阶段，建设工程项目设计的任务就是将建设工程项目的质量目标具体化；另一方面，承包商根据业主的创优要求及具体情况来确定工程的总体质量目标。

(3) 质量目标的实现过程

施工阶段是建设工程项目质量目标实现的最重要和最关键的过程。

综上所述，建设工程项目质量的形成过程，贯穿于建设工程项目的决策过程和实施过程，其中各个重要环节构成了工程建设的基本程序。建设工程项目质量的形成过程，也就是在执行建设程序的过程中，对建设工程项目实体注入一组固有的质量特性，以满足人们的预期需求。在这个过程中，业主方的项目管理担负着对整个建设工程项目质量总目标的策划、决策和实施监控的任务；而建设工程项目参建各方，则直接承担着相关建设工程项目质量目标的控制职能和相应的质量责任。

4.2.3 建设工程项目质量的影响因素

建设工程项目质量的影响因素，主要是指在建设工程项目质量目标策划、决策和实现过程中出现的各种客观因素和主观因素，包括人的因素、技术因素、管理因素、环境因素和社会因素等。

(1) 人的因素

人的因素对建设工程项目质量形成的影响，包括两个方面的含义：一是指直接承担建设工程项目质量职能的决策者、管理者和作业者个人的质量意识及质量活动能力；二是指承担建设工程项目策划、决策或实施的建设单位、勘察设计单位、咨询服务机构、工程承包企业等实体组织。前者是个体的人，后者是群体的人。我国实行建筑业企业经营资质管理制度、市场准入制度、执业资格注册制度、作业及管理人员持证上岗制度等，从本质上说，都是对从事建设工程活动的人的素质和能力进行必要的控制。此外，《建筑法》和《建设工程质量管理条例》还对建设工程的质量责任制度做出明确规定，如规定按资质等级承包工程任务，不得越级，不得挂靠，不得转包，严禁无证设计、无证施工等，从根本上说也是为了防止因人的资质或资格失控而导致质量能力的失控。

(2) 技术因素

影响建设工程项目质量的技术因素涉及的内容十分广泛，包括直接的工程技术和辅助的生产技术，前者如工程勘察技术、设计技术、施工技术、材料技术等，后者如工程检测检验技术、试验技术等。建设工程技术的先进性程度，从总体上说是取决于国家一定时期的经济发展和科技水平，取决于建筑业及相关行业的技术进步。对于具体的建设工程项目，主要是通过技术工作的组织与管理，优化技术方案，发挥技术因素对建设工程项目质量的保证作用。

(3) 管理因素

影响建设工程项目质量的管理因素，主要是决策因素和组织因素。其中，决策因素首先是业主方的建设工程项目决策，其次是建设工程项目实施过程中，实施主体的各项技术决策和管理决策。实践证明，没有经过资源论证、市场需求预测，盲目建设，重复建设，建成后不能投入生产或使用，所形成的合格而无用途的建筑产品，从根本上是社会资源的极大浪费，不具备质量的适用性特征。同样盲目追求高标准，缺乏质量经济性考虑的决策，也将对工程质量的形成产生不利的影响。

管理因素中的组织因素，包括建设工程项目实施的管理组织和任务组织。管理组织指建设工程项目管理的组织架构、管理制度及其运行机制，三者的有机联系构成了一定的组织管理模式，其各项管理职能的运行情况直接影响着建设工程项目目标的实现。任务组织是指对建设工程项目实施的任务及其目标进行分解、发包、委托，以及对实施任务所进行的计划、指挥、协调、检查和监督等一系列工作过程。从建设工程项目质量控制的角度看，建设工程项目管理组织系统是否健全、实施任务的组织方式是否科学合理，无疑将对质量目标控制产生重要的影响。

(4) 环境因素

一个建设项目的决策、立项和实施，受到经济、政治、社会、技术等多方面因素的影响，是建设项目可行性研究、风险识别与管理所必须考虑的环境因素。对于建设工程项目质量控制而言，无论该建设工程项目是某建设项目的一个子项工程，还是本身就是一个独立的建设项目，作为直接影响建设工程项目质量的环境因素，一般是指建设工程项目所在地点的水文、地质和气象等自然环境，施工现场的通风、照明、安全卫生防护设施等劳动作业环境，以及由多单位、多专业交叉协同施工的管理关系、组织协调方式、质量控制系统等构成的管理环境。对这些环境条件的认识与把握，是保证建设工程项目质量的重要工作环节。

(5) 社会因素

影响建设工程项目质量的社会因素，表现在建设法律、法规的健全程度及其执法力度，建设工程项目法人或业主的理性化以及建设工程经营者的经营理念，建筑市场包括建设工程交易市场和建筑生产要素市场的发育程度及交易行为的规范程度，政府的工程质量监督及行业管理成熟度，建设咨询服务业的发展及其服务水准的提高，廉政建设及行风建设的状况等。

必须指出，作为建设工程项目管理者，不仅要系统认识和思考以上各种因素对建设工程项目质量形成的影响及其规律，而且要分清对于建设工程项目质量控制，哪些是可控因素，哪些是不可控因素。不难理解，人、技术、管理和环境因素，对于建设工程项目而言是可控因素；社会因素存在于建设工程项目系统之外，一般情形下对于建设工程项目管理者而言，属于不可控因素，但可以通过自身的努力，尽可能做到趋利去弊。

4.3 建设工程项目质量控制系统

这里所称的建设工程项目质量控制系统在实践中有多种叫法，常见的有“质量管理体系”、“质量控制体系”、“质量管理系统”、“质量控制网络”、“质量管理网络”、“质量保证系统”等。例如，我国《建设工程监理规范》(GB/T 50319—2013)第5.2.1条规定：“工程开工前，项目监理机构应审查施工单位现场的质量管理组织机构、管理制度及专职管理人员和特种作业人员的资格。”

4.3.1 项目质量控制系统的性质

建设工程项目质量控制系统既不是建设单位的质量管理体系或质量保证体系，也不是工程承包企业的质量管理体系或质量保证体系，而是建设工程项目目标控制的一个工作系统，具有下列性质：

(1) 建设工程项目质量控制系统是以工程项目为对象，由工程项目实施的总组织者负责建立的面向对象开展质量控制的工作体系。

(2) 建设工程项目质量控制系统是建设工程项目管理组织的一个目标控制体系，它与项目投资控制、进度控制、职业健康安全与环境管理等目标控制体系，共同依托于同一项目管理的组织机构。

(3) 建设工程项目质量控制系统根据工程项目管理的实际需要而建立，随着建设工程项目的完成和项目管理组织的解体而消失，因此，这是一个一次性的质量控制工作体系，不同于企业的质量管理体系。

4.3.2 项目质量控制系统的范围

建设工程项目质量控制系统的范围包括：按项目范围管理的要求，列入系统控制的建设工程项目构成范围；项目实施的任务范围，即由工程项目实施的全过程或若干阶段进行定义；项目质量控制所涉及的责任主体范围。

4.3.2.1 系统涉及的工程范围

系统涉及的工程范围，一般根据项目的定义或工程承包合同来确定。具体说可能有以下三种情况：

(1) 建设工程项目范围内的全部工程；

(2) 建设工程项目范围内的某一单项工程或标段工程；

(3) 建设工程项目某单项工程范围内的一个单位工程。

4.3.2.2 系统涉及的任务范围

建设工程项目质量控制系统服务于建设工程项目管理的目标控制，因此，其质量控制的系统职能应贯穿于项目的勘察、设计、采购、施工和竣工验收等各个实施环节，即建设工程项目全过程质量控制的任务或若干阶段承包的质量控制任务。建设工程项目质量控制系统所涉及的质量责任自控主体和监控主体，通常情况下包括有建设单位、设计单位、工程总承包企业、施工企业、建设工程监理机构、材料设备供应厂商等。这些质量责任和控制主体，在质量控制系统中的地位与作用不同。承担建设工程项目设计、施工或材料设备供货的单位，负有直接的产品质量责任,属质量控制系统中的自控主体;在建设工程项目实施过程中,对各质量责任主体的质量活动行为和活动结果实施监督控制的组织,称质量监控主体,如业主、项目监理机构等。

4.3.3 项目质量控制系统的结构

建设工程项目质量控制系统,一般情况下形成多层次、多单元的结构形态,这是由其实施任务的委托方式和合同结构所决定的。

(1) 多层次结构

多层次结构是相对于建设工程项目工程系统纵向垂直分解的单项、单位工程项目质量控制子系统。在大中型建设工程项目,尤其是群体工程的建设工程项目,第一层面的质量控制系统应由建设单位的建设工程项目管理机构负责建立,在委托代建、委托项目管理或实行交钥匙式工程总承包的情况下,应由相应的代建方项目管理机构、受托项目管理机构或工程总承包企业项目管理机构负责建立。第二层面的质量控制系统,通常是指由建设工程项目的设计总负责单位、施工总承包单位等建立的相应管理范围内的质量控制系统。第三层面及其以下是承担工程设计、施工安装、材料设备供应等各承包单位的现场质量自控系统,或称各自的施工质量保证体系。系统纵向层次机构的合理性是建设工程项目质量目标控制责任和措施分解落实的重要保证。

(2) 多单元结构

多单元结构是指在建设工程项目质量控制总体系统下,第二层面的质量控制系统及其以下的质量自控或保证体系可能有多个。这是项目质量目标、责任和措施分解的必然结果。

4.3.4 项目质量控制系统的特点

如前所述,建设工程项目质量控制系统是面向对象而建立的质量控制工作体系,它和建筑企业或其他组织机构按照 GB/T 19000 质量管理体系标准建立的质量管理体系有如下的不同点。

(1) 建立的目的不同

建设工程项目质量控制系统只用于特定的建设工程项目质量控制,而不是用于建筑企业或组织的质量管理,即建立的目的不同。

(2) 服务的范围不同

建设工程项目质量控制系统涉及建设工程项目实施过程所有的质量责任主体,而不只是某一个承包企业或组织机构,即服务的范围不同。

(3) 控制的目标不同

建设工程项目质量控制系统的控制目标是建设工程项目的质量标准,并非某一具体建筑企业或组织的质量管理目标,即控制的目标不同。

(4) 作用的时效不同

建设工程项目质量控制系统与建设工程项目管理组织系统相融合,是一次性的质量工作系统,并非永久性的质量管理体系,即作用的时效不同。

(5) 评价的方式不同

建设工程项目质量控制系统的有效性一般由建设工程项目管理的组织者进行自我评价与诊断,不需进行第三方认证,即评价的方式不同。

4.3.5 建设工程项目质量控制系统的建立

建设工程项目质量控制系统的建立，实际上就是建设工程项目质量总目标的确定和分解的过程，也是建设工程项目各参与方之间质量管理关系和控制责任的确立过程。为了保证质量控制系统的科学性和有效性，必须明确系统建立的原则、内容、程序和主体。

4.3.5.1 项目质量控制系统建立的原则

实践经验表明，建设工程项目质量控制系统的建立，遵循以下原则对于质量目标的总体规划、分解和有效实施控制是非常重要的。

(1) 分层次规划的原则

建设工程项目质量控制系统的分层次规划，是指建设工程项目管理的总组织者(建设单位或代建制项目管理企业)和承担项目实施任务的各参与单位，分别进行建设工程项目质量控制系统不同层次和范围的规划。

(2) 总目标分解的原则

建设工程项目质量控制系统总目标的分解，是根据控制系统内工程项目的分解结构，将工程项目的建设标准和质量总体目标分解到各个责任主体，明示于合同条件，由各责任主体制订出相应的质量控制计划，确定其具体的控制方式和控制措施。

(3) 质量责任制的原则

建设工程项目质量控制系统的建立，应按照《中华人民共和国建筑法》和《建设工程质量管理条例》有关建设工程质量责任的规定，界定各方的质量责任范围和控制要求。

(4) 系统有效性的原则

建设工程项目质量控制系统，应从实际出发，结合项目特点、合同结构和项目管理组织系统的构成情况，建立项目各参与方共同遵循的质量管理制度和控制措施，并形成有效的运行机制。

4.3.5.2 项目质量控制系统建立的程序

建设工程项目质量控制系统的建立过程，一般可按以下环节依次展开工作。

(1) 确立系统质量控制网络

首先明确系统各层面的建设工程质量控制负责人。一般应包括承担项目实施任务的项目经理(或工程负责人)、总工程师，项目监理机构的总监理工程师、专业监理工程师等，以形成明确的项目质量控制责任者的关系网络架构。

(2) 制定系统质量控制制度

系统质量控制制度包括质量控制例会制度、协调制度、报告审批制度、质量验收制度和质量信息管理制度等。形成建设工程项目质量控制系统的管理文件或手册，作为承担建设工程项目实施任务各方主体共同遵循的管理依据。

(3) 分析系统质量控制界面

建设工程项目质量控制系统的质量责任界面包括静态界面和动态界面。静态界面根据法律法规、合同条件、组织内部职能分工来确定。动态界面是指项目实施过程中，设计单位之间、施工单位之间、设计与施工单位之间的衔接配合关系及其责任划分，必须通过分析研究，确定管理原则与协调方式。

(4) 编制系统质量控制计划

建设工程项目管理总组织者负责主持编制建设工程项目总质量控制计划，并根据质量控制系统的要求部署各质量责任主体，编制与其承担任务范围相符的质量控制计划，并按规定程序完成质量控制计划的审批，作为其实施自身工程质量控制的依据。

4.3.5.3 项目质量控制系统建立的主体

按照建设工程项目质量控制系统的性质、范围和主体的构成，一般情况下其质量控制系统应由建设单位或建设工程项目总承包企业的工程项目管理机构负责建立。在分阶段依次对勘察、设计、施工、安装等任务进行分别招标发包的情况下，通常应由建设单位或其委托的建设工程项目管理企业负责建立，各承包企业根据建设工程项目质量控制系统的要求，建立隶属于建设工程项目质量控制系统的设计项目、施工项目、采购供应项目等质量控制子系统(可称相应的质量保证体系)，以具体实施其质量责任范围内的质量管理和目标控制。

4.4 建设工程项目施工质量控制

4.4.1 施工阶段质量控制的任务目标

建设工程项目施工质量控制的总目标，是实现由建设工程项目决策、设计文件和施工合同所决定的预期使用功能和质量标准。尽管建设单位、设计单位、施工单位、供货单位和监理机构在施工阶段质量控制的地位和任务目标不同，但从建设工程项目管理的角度来看，都是致力于实现建设工程项目的质量总目标。

(1) 建设单位的控制目标

其目标是：对施工全过程全面地进行质量监督管理、协调和决策，保证竣工项目达到投资决策所确定的质量标准。

(2) 设计单位的控制目标

其目标是：通过对关键部位和重要施工项目施工质量进行验收签证、设计变更控制以及纠正施工中所发现的设计问题，采纳变更设计的合理化建议等，保证竣工项目的各项施工结果与设计文件(包括变更文件)所规定的质量标准一致。

(3) 施工单位的控制目标

其目标是：保证最终交付满足施工合同及设计文件所规定的质量标准的建设工程产品。

施工单位对建设工程的施工质量负责；分包单位应按分包合同约定对其分包工程的质量向总承包单位负责，总承包单位对分包工程的质量承担连带责任。

(4) 供货单位的控制目标

建筑材料、设备、构配件等供应厂商，应按照采购供货合同约定的质量标准提供货物和质量保证、检验试验单据、产品规格、使用说明书。

(5) 监理单位的控制目标

建设工程监理单位在施工阶段，通过审核施工质量文件、报告报表及采取现场旁站、巡视、平行检测等形式进行施工过程质量监理；并应用施工指令和结算支付控制等手段，监控施工承包单位的质量活动行为，协调施工关系，正确履行对工程施工质量的监督责任。

4.4.2　施工阶段质量控制的基本方式

（1）自主控制与监督控制相结合；

（2）事前预控与事中控制相结合；

（3）动态跟踪与纠偏控制相结合。

4.4.3　施工质量计划的编制方法

按照GB/T 19000质量管理体系标准，质量计划是质量管理体系文件的组成内容。在合同环境下，质量计划是企业向顾客表明质量管理方针、目标及其具体实现的方法、手段和措施，体现企业对质量责任的承诺和实施的具体步骤。

4.4.3.1　施工质量计划的编制主体

施工质量计划的编制主体是施工承包企业。在总承包的情况下，分包企业的施工质量计划是总承包施工质量计划的组成部分。施工总承包方有责任对各分包施工质量计划的编制进行指导和审核，并承担相应施工质量的连带责任。

4.4.3.2　施工质量计划的编制范围

施工质量计划编制的范围，从工程项目质量控制的要求方面应与建筑安装工程施工任务的实施范围相一致，以此保证整个项目建筑安装工程的施工质量总体受控；对具体施工任务承包单位而言，施工质量计划的编制范围应能满足其履行工程承包合同质量责任的要求。

4.4.3.3　现行施工质量计划的方式

现行施工质量计划的方式有：

（1）工程项目施工质量计划；

（2）工程项目施工组织设计（含施工质量计划）；

（3）施工项目管理实施规划（含施工质量计划）。

施工组织设计或施工项目管理实施规划之所以能发挥施工质量计划的作用，是因为根据建筑生产的技术经济特点，每个工程项目都需要进行施工生产过程的组织与计划，包括施工质量、进度、成本、安全等目标的设定、控制计划和控制措施的安排等。

4.4.3.4　施工质量计划的基本内容

施工质量计划的基本内容包括：

（1）工程特点及施工条件分析；

（2）质量总目标及分解目标；

（3）质量管理组织机构和职责，人员及资源配置计划；

（4）确定施工工艺与操作方法的技术方案和施工任务的流程组织方案；

（5）施工材料、设备物资等的质量管理及控制措施；

（6）施工质量检验、检测、试验工作的计划安排及其实施方法与接受准则；

（7）施工质量控制点及其跟踪控制的方式与要求；

（8）记录的要求。

4.4.3.5　施工质量计划审批程序

施工单位的项目施工质量计划或施工组织设计文件编成后，应按照工程施工管理程序进行审批，包括施工企业内部的审批和项目监理机构的审查。

(1) 企业内部的审批

施工质量计划通常是由项目经理部主持编制，报企业组织管理层批准，并报送项目监理机构核准确认。

(2) 监理工程师的审查

实施工程监理的施工项目，按照相关规定，施工总承包单位必须填写施工组织设计(方案)报审表并附施工组织设计(方案)，报送项目监理机构审查。总监理工程师应组织专业监理工程师审查承包单位报送的施工组织设计(方案)报审表，经总监理工程师审核、签认后报建设单位。

(3) 审批关系的处理原则

正确执行施工质量计划的审批程序，是正确理解工程质量目标和要求，保证施工部署、技术工艺方案和组织管理措施的合理性、先进性和经济性的重要环节，也是进行施工质量事前预控的重要方法。

① 充分发挥质量自控主体和监控主体的共同作用，在坚持项目质量标准和质量控制能力的前提下，正确处理承包人利益和项目利益的关系；施工企业内部的审批首先应从履行工程承包合同的角度，审查时限合同质量目标的合理性和可行性，以项目质量计划向发包方提供信任。

② 施工质量计划在审查过程中，对监理工程师审查时所提出的建议、希望、要求等意见是否采纳以及采纳的程度，应由负责质量计划编制的施工单位自主决策。在满足合同和相关法规要求的情况下，确定质量计划的调整、修改和优化，并承担相应执行结果的责任。

③ 经过按规定程序审查批准的施工质量计划，在实施过程中，如因条件变化需要对某些重要决定进行修改时，其修改内容应按照相应程序经过审批后方可执行。

4.4.4 施工质量控制点的设置和管理

质量控制点是施工质量控制的重点，凡属关键技术、重要部位、控制难度大、影响大、经验欠缺的施工内容以及新材料、新技术、新工艺、新设备等，均可列为质量控制点，实施重点控制。

4.4.4.1 质量控制点的设置

施工质量控制点设置是根据工程项目施工管理的基本程序，结合项目特点，在制定项目总体质量计划后，列出各基本施工过程对局部和总体质量水平有影响的项目，作为具体实施的质量控制点。如高层建筑施工质量管理中，可列出地基处理、工程测量、设备采购、大体积混凝土施工及有关分部分项工程中必须进行重点控制的专题等，作为质量控制重点。又如，在工程功能检测的控制程序中，可设立建筑物和构筑物防雷检测、消防系统调试检测、通风设备系统调试等专项质量控制点。

通过质量控制点的设定，质量控制的目标及工作重点就能更加明晰，加强事前预控的方向也就更加明确。事前预控包括明确控制目标参数、制定实施规程(包括施工操作规程及检测评定标准)、确定检查项目数量及跟踪检查或批量检查方法、明确检查结果的判断标准及信息反馈要求。

4.4.4.2 质量控制点的管理

施工质量控制点的管理应该是动态的，一般情况下，在工程开工前、设计交底和图纸会审时可确定一批整个项目的质量控制点，随着工程的展开、施工条件的变化，随时或定期进行控制点范围的调整和更新，始终保持重点跟踪的控制状态。

施工质量计划编制完毕，应经企业技术领导审核批准，并按施工承包合同的约定提交工程监理或建设单位批准确认后执行。

4.4.4.3　施工生产要素的质量控制

影响施工质量的五大要素：

劳动主体——人员素质，即作业者、管理者的素质及其组织效果。

劳动对象——材料、半成品、工程用品、设备等的质量。

劳动方法——采取的施工工艺及技术措施的水平。

劳动手段——工具、模具、施工机械、设备等条件。

施工环境——现场水文、地质、气象等自然环境，通风、照明、安全等作业环境以及协调配合的管理环境。

(1) 劳动主体的控制

劳动主体的质量包括参与工程各类人员的生产技能、文化素养、生理体能、心理行为等方面的个体素质，以及经过合理组织充分发挥其潜在能力的群体素质。因此，企业应通过择优录用、加强思想教育及技能方面的教育培训，合理组织、严格考核，并辅以必要的激励机制，使企业员工的潜在能力得到最好的组合和充分的发挥，从而保证劳动主体在质量控制系统中发挥主体自控作用。施工企业控制必须坚持对所选派的项目领导者、组织者进行质量意识教育和组织管理能力训练，坚持考核分包商的资质和施工人员的资格，坚持工种按规定持证上岗制度。

(2) 劳动对象的控制

原材料、半成品、设备是构成工程实体的基础，其质量是工程项目实体质量的组成部分。故加强原材料、半成品及设备的质量控制，不仅是提高工程质量的必要条件，也是实现工程项目投资目标和进度目标的前提。

对原材料、半成品及设备进行质量控制的主要内容为：控制材料设备性能、标准与设计文件的相符性；控制材料设备各项技术性能指标、检验测试指标与标准要求的相符性；控制材料设备进场验收程序及质量文件资料的齐全程度等。

施工企业应在施工过程中贯彻执行企业质量程序文件中材料设备在封样、采购、进场检验、抽样检测及质保资料提交等一系列明确规定的控制标准。

(3) 施工工艺的控制

施工工艺的先进合理是直接影响工程质量、工程进度及工程造价的关键因素，施工工艺的合理可靠还直接影响到工程施工安全。因此在工程项目质量控制系统中，制定和采用先进合理的施工工艺是工程质量控制的重要环节。对施工方案的质量控制主要包括以下内容：

① 全面正确地分析工程特征、技术关键及环境条件等资料，明确质量目标、验收标准、控制的重点和难点；

② 制订合理有效的施工技术方案和组织方案，前者包括施工工艺、施工方法，后者包括施工区段划分、施工流向及劳动组织等；

③ 合理选用施工机械设备和施工临时设施，合理布置施工总平面图和各阶段施工平面图；

④ 选用和设计保证质量和安全的模具、脚手架等施工设备；

⑤ 编制工程所采用的新技术、新工艺、新材料的专项技术方案和质量管理方案；

⑥ 为确保工程质量，尚应针对工程具体情况，编写气象地质等环境不利因素对施工的影响及其应对措施。

(4) 施工设备的控制

① 对施工所用的机械设备，包括起重设备、各项加工机械、专项技术设备、检查测量仪表设备及人货两用电梯等，应根据工程需要从设备选型、主要性能参数及使用操作要求等方面加以控制。

② 对施工方案中选用的模板、脚手架等施工设备，除按适用的标准定型选用外，一般需按设计及施工要求进行专项设计，对其设计方案及制作质量的控制及验收应作为重点进行控制。

③ 按现行施工管理制度要求，工程所用的施工机械、模板、脚手架，特别是危险性较大的现场安装的起重机械设备，不仅要对其设计安装方案进行审批，而且安装完毕交付使用前必须经专业管理部门的验收，合格后方可使用。同时，在其使用过程中尚需落实相应的管理制度，以确保其安全正常使用。

(5) 施工环境的控制

环境因素主要包括地质水文状况、气象变化及其他不可抗力因素，以及施工现场的通风、照明、安全卫生防护设施等劳动作业环境等内容。环境因素对工程施工的影响一般难以避免。要消除其对施工质量的不利影响，主要是采取预测预防的控制方法，如：

① 对地质水文等方面的影响因素的控制，应根据设计要求，分析基地地质资料，预测不利因素，并会同设计等方面采取相应的措施，如降水、排水、加固等技术控制方案；

② 对天气气象方面的不利条件，应在施工方案中制订专项施工方案，明确施工措施，落实人员、器材等方面的各项准备以紧急应对，从而控制其对施工质量的不利影响；

③ 对环境因素造成的施工中断，往往也会对工程质量造成不利影响，必须通过加强管理、调整计划等措施，加以控制。

4.4.5 作业质量控制

施工质量控制是一个涉及面广泛的系统过程，除了施工质量计划的编制和施工生产要素的质量控制以外，施工过程的作业工序质量控制是工程项目实际质量形成的重要过程。

建设工程项目施工是由一系列项目关联、相互制约的作业过程构成，因此施工质量控制必须对全部作业过程即各道工序的施工质量进行控制。

4.4.5.1 施工作业质量的自控

(1) 施工作业质量自控的意义

施工质量的自控，从经营的层面上来说，强调的是作为建筑产品生产者和经营者的施工企业，应全面履行企业的质量责任，向顾客提供质量合格的工程产品；从生产的过程说，强调施工作业者的岗位质量责任，向后道工序提供合格的作业成果质量。

施工方作为工程施工质量的自控主体，既要遵循本企业质量管理体系的要求，也要根据其在所承建的工程项目质量控制系统中的地位和责任，通过具体项目质量计划的编制与实施，有效地实现施工质量的自控目标。

(2) 施工作业质量自控的程序

施工作业质量的自控过程是由施工作业组织的成员进行的，其基本的控制程序包括：

① 施工作业技术的交底

技术交底是施工组织设计和施工方案的具体化，施工作业技术交底的内容必须具有可行性和可操作性。

② 施工作业活动的实施

施工作业活动是由一系列工序组成的，为了保证工序质量的受控，首先对作业条件进行再确认，即按照作业计划检查作业准备状况是否落实到位，其中包括对施工程序和作业工艺顺序的检查确认，在此基础上严格按作业计划的要求和质量标准展开工序作业活动。

③ 施工作业质量的检验

施工作业的质量检验，是贯穿整个施工过程的最基本的质量控制活动，包括施工组织内部的工序作业质量自检、互检、专检和交接检查；现场监理机构的旁站检查、平行检测等。施工作业质量检验是施工质量验收的基础，已完检验批及分部分项工程的施工质量必须在施工单位完成质量自检并确认合格后，才能报送监理机构进行检查验收。

(3) 施工作业质量自控的要求

工序作业质量是直接形成工程质量的基础，为达到对工序作业质量控制的效果，在加强工序管理和质量目标控制方面应坚持以下要求：

① 预防为主

严格按照施工质量计划的要求进行各分部分项工程施工作业的部署。同时，根据施工作业的内容、范围和特点，制订施工作业计划，明确作业质量目标和作业技术要领，认真进行作业技术交底，落实各项作业技术组织措施。

② 重点控制

在施工作业计划中，要认真贯彻实施施工质量计划中的质量控制点的控制措施，同时根据作业活动的实际需要，进一步建立工序作业控制点，深化工序作业的重点控制。

③ 坚持标准

工序作业人员在工序作业过程中严格进行质量自检，通过自检不断改善作业；并创造条件开展作业质量互检，通过互检加强技术与经验的交流；对已完工序作业产品，即检验批或分部分项工程，应严格坚持质量标准，对不合格的施工作业，不得进行验收签证，必须按照规定的程序进行处理。

④ 记录完整

施工图纸、质量计划、作业指导书、材料质保书、检验试验及检测报告、质量验收记录等是形成可追溯性的质量保证依据，也是工程竣工验收所不可缺少的质量控制资料。因此，对工序作业质量的记录，应有计划、有步骤地按照施工管理规范的要求进行填写记录，要做到及时、准确、完整、有效，并具有可追溯性。

(4) 施工作业质量自控的有效制度

① 质量例会制度、质量会诊制度、每月质量讲评制度；

② 样板制度；

③ 挂牌制度。

4.4.5.2 施工作业质量的监控

业主、监理单位、设计单位及政府的工程质量监督部门，在施工阶段依据法律法规和工程施工合同，对施工单位的质量行为和质量状况实施监督控制。我国《建设工程质量管理条例》

规定，设计单位应当就审查合格的施工图纸设计文件向施工单位做出详细说明；应当参与建设工程质量事故分析，并对因设计造成的质量事故提出相应的技术处理方案；国家实行建设工程质量监督管理制度，建设单位在领取施工许可证或者开工报告前，应当按照国家有关规定办理工程质量监督手续。这些规定对施工质量提出了监控要求。

作为监控主体之一的项目监理机构，在施工作业实施过程中，根据其监理规划与实施细则，采取现场旁站、巡视、平行检验等形式，对施工作业质量进行监督检查，如发现工程施工不符合工程设计要求、施工技术标准和合同约定的，有权要求建筑施工企业改正。监理机构应进行检查而没有检查或没有按规定进行检查的，给建设单位造成损失时应承担赔偿责任。

必须强调，施工质量的自控主体和监控主体，在施工全过程中相互依存、各施其责，共同推动着施工质量控制过程的展开和最终实现工程项目的质量总目标。

4.4.6 施工阶段质量控制的主要途径

建设工程项目施工质量的控制途径，分别通过事前预控、过程控制和事后控制等相关途径进行质量控制。因此，施工质量控制的途径包括事前预控途径、事中控制途径和事后控制途径。

4.4.6.1 施工质量的事前预控途径

事前预控途径是以施工准备工作为核心，包括开工前的施工准备、作业活动前的施工准备和特殊施工准备等工作质量的控制。就整个建设工程项目而言，施工质量的事前预控途径如下。

(1) 施工条件的调查和分析：包括合同条件、法规条件和现场条件；做好施工条件的调查和分析，发挥其重要的质量预控作用。

(2) 施工图纸会审和设计交底：理解设计意图和对施工的要求，明确质量控制的重点、要点和难点，以及消除施工图纸的差错等。因此，严格进行设计交底和图纸会审具有重要的事前预控作用。

(3) 施工组织设计文件的编制与审查：施工组织设计文件是直接指导现场施工作业技术活动和管理工作的纲领性文件。工程项目施工组织设计是以施工技术方案为核心，通盘考虑施工程序、施工质量、进度、成本和安全目标的要求。科学合理的施工组织设计对于有效地配置合格的施工生产要素，规范施工作业技术活动行为和管理行为，将起到重要的导向作用。

(4) 工程测量定位和标高基准点的控制：施工单位必须按照设计文件所确定的工程测量定位及标高的引测依据，建立工程测量基准点，自行做好技术复核，并报告项目监理机构进行监督检查。

(5) 施工分包单位的选择和资质的审查：对分包商资格与能力的控制是保证工程施工质量的重要方面。确定分包内容、选择分包单位及分包方式既直接关系到施工总承包方的利益和风险，更关系到建设工程质量的保证问题。因此，施工总承包企业必须有健全有效的分包选择程序，同时，按照我国现行法规的规定，在订立分包合同前，施工单位必须将所联络的分包商情况报送项目监理机构进行资格审查。

(6) 材料设备和部品采购质量控制：建筑材料、构配件、部品和设备是直接构成工程实体的物质，应从施工备料开始进行控制，包括对供货厂商的评审、询价，采购计划与方式的控制等。因此，施工承包单位必须有健全有效的采购控制程序，同时，按我国现行法规规定，主要材料设备采购前必须将采购计划报送工程监理机构审查，实施采购质量预控。

（7）施工机械设备及工器具的配置与性能控制：施工机械设备、设施、工器具等施工生产手段的配置及其性能，对施工质量、安全、进度和施工成本有重要的影响，应在施工组织设计过程中根据施工方案的要求来确定，施工组织设计批准之后应对其落实的状态进行检查控制，以保证技术预案的质量能力。

4.4.6.2　施工质量的事中控制途径

在建设工程项目施工中展开工程质量控制，如前所述，这是最基本的控制途径。此外，还必须抓好与作业工序质量，形成相关的配套技术与管理工作，其主要途径有：

（1）施工技术复核：施工过程中保证各项技术标准正确性的重要措施，凡属轴线、标高、配方、样板、加工图等用作施工依据的技术工作，都要进行严格复核。

（2）施工计量管理：施工过程计量工作包括投料计量、检测计量等，其正确性与可靠性直接关系到工程质量的形成和客观的效果评价。因此，施工全过程必须坚持对计量人员资格、计量程序和计量器具的准确性等进行控制。

（3）见证取样送检：为了保证建设工程质量，我国规定对工程所使用的主要材料、半成品、构配件以及施工过程留置的试块、试件等应实行现场见证取样送检。见证人员由建设单位及工程监理机构中有相关专业知识的人员担任；送检的实验室应具备经国家或地方工程检验检测主管部门批准的相关资质；见证取样送检必须严格按照规定的程序进行，包括取样见证并记录，样本编号、填单、封箱，送试验室，核对、交接、试验检测、出具报告。

（4）技术核定和设计变更：在建设工程项目施工过程中，因施工方对施工图纸的某些要求不甚明白，或图纸内部的某些矛盾，或施工配料调整与代用，改变建筑节点构造、管线位置或走向等，需要通过设计单位明确或确认的，施工方必须以技术核定单的方式向监理工程师提出，报送设计单位核准确认。

在施工期间，无论是建设单位、设计单位或施工单位提出需要进行局部设计变更的内容，都必须按照规定的程序，先将变更意图或请求报送监理工程师，经设计单位审核认可并签发设计变更通知书后，由监理工程师下达变更指令。

（5）隐蔽工程验收：凡被后续施工所覆盖的施工内容，如地基基础工程、钢筋工程、预埋管线等均属隐蔽工程，加强隐蔽工程质量验收，是施工质量控制的重要环节。其程序要求施工方首先应完成自检并合格；然后填写专用的隐蔽工程验收单，单列的验收内容应与已完的隐蔽工程实物相一致；事先通知监理机构及有关方面，按约定时间进行验收。验收合格的隐蔽工程由各方共同签署验收记录；验收不合格的隐蔽工程，应按验收意见进行整改后重新验收。严格隐蔽工程验收的程序和记录，对于预防工程质量隐患、提供可追溯的质量记录具有重大作用。

（6）其他：长期施工管理实践过程形成的质量控制途径和方法，如批量施工先进行样板示范，现场施工技术质量例会、QC 小组活动、质量控制资料管理等，也是施工过程质量控制的工作途径。

4.4.6.3　施工质量的事后控制途径

施工质量的事后控制，主要是进行已完施工的成品保护、质量验收和不合格的处理，以保证最终验收的建设工程质量。

（1）已完施工成品保护：建设工程项目已完施工的成品保护，目的是避免已完施工成品受到来自后续施工以及其他方面的污染或损坏。已完施工的成品保护问题和措施，在工程施工组织设计与计划阶段就应该从施工顺序上进行考虑，防止施工顺序不当或交叉作业造成相互干扰、污染和损坏，成品形成后可采取防护、覆盖、封闭、包裹等相应措施进行保护。

(2) 施工质量检查验收：施工质量检查验收作为事后质量控制的途径，强调按照施工质量验收统一标准规定的质量验收划分，从施工作业工序开始，依次做好检验批、分项工程、分部工程及单位工程的施工质量验收。通过多层次的设防把关，严格验收，控制建设工程项目的质量目标。

4.5 建设工程项目质量验收

建设工程项目质量验收是对已完工程实体的内在及外观施工质量，按规定程序检查后，确认其是否符合设计及各项验收标准的要求，是否可交付使用的一个重要环节。正确地进行工程项目质量的检查评定和验收，是保证工程质量的重要手段。根据我国《建筑工程施工质量验收统一标准》(GB 50300—2013)，施工质量验收包括施工过程的质量验收及工程竣工时的质量验收。

4.5.1 施工过程质量验收

根据《建筑工程施工质量验收统一标准》(GB 50300—2013)，施工质量验收分为检验批、分项工程、分部(子分部)工程、单位(子单位)工程的质量验收，并规定了与之配合使用的各专业工程施工质量验收规范。在其中每一个专业工程施工质量验收规范中，又明确规定了各分项工程的施工质量的基本要求，规定了分项工程检验批量的抽查办法和抽查数量，规定了检验批主控项目、一般项目的检查内容和允许偏差，规定了对主控项目、一般项目的检验方法，规定了各分部工程验收的方法和需要的技术资料等，同时对涉及人民生命财产安全、人身健康、环境保护和公共利益的内容以强制性条文作出规定，要求必须坚决、严格遵照执行。

检验批和分项工程是质量验收的基本单元，分部工程是在所含全部分项工程验收的基础上进行验收的，它们是在施工过程中随完工随验收，并留下完整的质量验收记录和资料。单位工程作为具有独立使用功能的完整的建筑产品，进行竣工质量验收。

4.5.1.1 施工过程质量验收的内容

施工过程的质量验收包括以下验收环节，通过验收后留下完整的质量验收记录和资料，为工程项目竣工质量验收提供依据。

(1) 检验批质量验收：所谓检验批是指“按同一的生产条件或按规定的方式汇总起来供检验用的，由一定数量样板组成的检验体”，“检验批可根据施工及质量控制和专业验收需要按工程量、楼层、施工段、变形缝等进行划分”。国家标准《建筑工程施工质量验收统一标准》(GB 50300—2013)规定：

① 检验批应由专业监理工程师组织施工单位项目专业质量检查员、专业工长等进行验收；

② 检验批合格质量应符合下列规定：主控项目的质量经抽样检验均应合格。一般项目的质量经抽样检查合格，当采用计数抽样时，合格点率应符合有关专业验收规范的要求，且不得存在严查缺陷。具有完整的施工操作依据、质量检查记录。

主控项目是指建筑工程中对安全、卫生、环境保护和公众利益起决定性作用的检验项目。因此，主控项目的验收必须从严要求，不允许有不符合要求的检验结果，主控项目的检查具有否决权。除主控项目以外的检验项目称为一般项目。

（2）分项工程质量验收：按照国家标准《建筑工程施工质量验收统一标准》（GB 50300—2013）规定，分项工程应按主要工种、材料、施工工艺、设备类别等进行划分。分项工程可由一个或若干检验批组成。

① 分项工程应由专业监理工程师组织施工单位项目专业技术负责人等进行验收。

② 分项工程质量验收合格应符合下列规定：分项工程所含的检验批的质量均应验收合格；所含的检验批的质量验收记录应完整。

（3）分部工程质量验收：按照国家标准《建筑工程施工质量验收统一标准》（GB 50300—2013）规定，分部工程的划分应按专业性质、建筑部位确定；当分部工程较大或较复杂时，可按材料种类、施工特点、施工程序、专业系统及类别等分为若干子分部工程。

①分部工程应由总监理工程师组织施工单位项目负责人和项目技术负责人进行验收。勘察、设计单位项目负责人和施工单位技术、质量部门负责人应参加地基与基础分部工程的验收。设计单位项目负责人和施工单位技术、质量部门负责人应参加主体结构、节能分部工程的验收。

②分部工程质量验收合格应符合下列规定：所含分项工程的质量均应验收合格；质量控制资料应完整；有关安全、节能、环境保护和主要使用功能的抽样检验结果应符合规定；观感质量应符合要求。

必须注意的是，由于分部工程所含的各分项工程性质不同，因此它并不是在所含分项验收基础上的简单相加，即所含分项验收合格且质量控制资料完整只是分部工程质量验收的基本条件，还必须在此基础上对涉及安全和使用功能的地基基础、主体结构、有关安全及重要使用功能的安装分部工程进行见证取样试验或抽样检测。而且需要对其观感质量进行验收，并综合给出质量评价，观感差的检查点应通过返修处理等进行补救。

4.5.1.2　施工过程质量验收不合格的处理

施工过程的质量验收是以检验批的施工质量为基本验收单元。检验批质量不合格可能是由于使用的材料不合格，或施工作业质量不合格，或质量控制资料不完整等原因所致。按照《建筑工程施工质量验收统一标准》（GB 50300—2013）规定，其处理方法有：

（1）经返工或返修的检验批，应重新进行验收；

（2）经有资质的检测机构检测鉴定能够达到设计要求的检验批，应予以验收；

（3）经有资质的检测机构检测鉴定达不到设计要求、但经原设计单位核算认可能够满足安全和使用功能的检验批，可予以验收；

（4）经返修或加固处理的分项、分部工程，满足安全及使用功能要求时，可按技术处理方案和协商文件的要求予以验收；

（5）工程质量控制资料应齐全完整，当部分资料缺失时，应委托有资质的检测机构按有关标准进行相应的实体检验或抽样试验；

（6）经返修或加固处理仍不能满足安全或重要使用功能的分部工程及单位工程，严禁验收。

4.5.2 建设工程项目竣工质量验收

建设工程项目竣工验收有两层含义：一是指承发包单位之间进行的工程竣工验收，也称工程交工验收；二是指建设工程项目的竣工验收。两者在验收的范围、依据、时间、方式、程序、组织和权限等方面存在不同。

4.5.2.1 竣工工程质量验收的依据

竣工工程质量验收的依据有：①工程施工承包合同；②工程施工图纸；③工程施工质量验收统一标准；④专业工程施工质量验收规范；⑤建设法律、法规、管理标准和技术标准。

4.5.2.2 竣工工程质量验收的要求

单位工程是工程项目竣工质量验收的基本对象，也是工程项目投入使用前的最后一次验收，其重要性不言而喻。国家标准《建筑工程施工质量验收统一标准》(GB 50300—2013)规定建筑工程施工质量应按下列要求进行验收：

(1) 工程质量验收应在施工单位自检合格的基础上进行；

(2) 参加工程施工质量验收的各方人员应具备相应的资格；

(3) 检验批的质量应按主控项目和一般项目验收；

(4) 对涉及结构安全、节能、环境保护和主要使用功能的试块、试件及材料，应在进场时或施工中按规定进行见证检验；

(5) 隐蔽工程在隐蔽前应由施工单位通知监理单位进行验收，并应形成验收文件，验收合格后方可继续施工；

(6) 对涉及结构安全、节能、环境保护和使用功能的重要分部工程应在验收前按规定进行抽样检验；

(7) 工程的观感质量应由验收人员现场检查，并应共同确认。

4.5.2.3 竣工工程质量验收的标准

按照国家标准《建筑工程施工质量验收统一标准》(GB 50300—2013)规定，建设工程的单位(子单位)工程质量验收合格应符合下列规定：

(1) 所含分部工程质量验收均应合格；

(2) 质量控制资料应完整；

(3) 所含分部工程有关安全、节能、环境保护和主要使用功能的检测资料应完整；

(4) 主要功能项目的抽查结果应符合相关专业验收规范的规定；

(5) 观感质量应符合要求。

4.5.2.4 竣工工程质量验收的程序

承发包人之间所进行的建设工程项目竣工验收，通常分为验收准备、初步验收和正式验收三个环节。整个验收过程涉及建设单位、设计单位、监理单位及施工总分包各方的工作，必须按照工程项目质量控制系统的职能分工，以监理工程师为核心进行竣工验收的组织协调。

(1) 竣工验收准备：施工单位按照合同规定的施工范围和质量标准完成施工任务后，经质量自检并合格后，向现场监理机构(或建设单位)提交工程竣工申请报告，要求组织工程竣工验收。施工单位的竣工验收准备，包括工程实体的验收准备和相关工程档案资料的验收准备，使之达到竣工验收的要求，其中设备及管道安装工程等，应经过试压、试车和系统联动试运行检查。

(2) 初步验收:监理机构收到施工单位的工程竣工申请报告后,应就验收的准备情况和验收条件进行检查。对工程实体质量及档案资料存在的缺陷,及时提出整改意见,并与施工单位协商整改清单,确定整改要求和完成时间。建设工程竣工验收应具备下列条件:

① 完成建设工程设计和合同约定的各项内容;

② 有完整的技术档案和施工管理资料;

③ 有工程使用的主要建筑材料、构配件和设备的进场试验报告;

④ 有工程勘察、设计、施工、工程监理等单位分别签署的质量合格文件;

⑤ 有施工单位签署的工程保修书。

(3) 正式验收:当初步验收检查结果符合竣工验收要求时,监理工程师应将施工单位的竣工申请报告报送建设单位,着手组织勘察、设计、施工、监理等单位和其他方面的专家组成竣工验收小组并制定验收方案。

建设单位应在工程竣工验收前 7 个工作日将验收时间、地点、验收组名单通知该工程的工程质量监督机构。建设单位组织竣工验收会议。正式验收过程的主要工作有:

① 建设、勘察、设计、施工、监理单位分别汇报工程合同履约情况,及工程施工各环节施工满足设计要求,质量符合法律、法规和强制性标准的情况;

② 检查审核设计、勘察、施工、监理单位的工程档案资料及质量验收资料;

③ 实地检查工程外观质量,对工程的使用功能进行抽查;

④ 对工程施工质量管理各环节工作、工程实体质量及质保资料情况进行全面评价,形成经验收组人员共同确认签署的工程竣工验收意见;

⑤ 竣工验收合格,建设单位应及时提出工程竣工验收报告,验收报告还应附有工程施工许可证、设计文件审查意见、质量检测功能性试验资料、工程质量保修书等法律法规所规定的其他文件;

⑥ 工程质量监督机构应对工程竣工验收工作进行监督。

4.5.3 工程竣工验收备案

我国实行建设工程竣工验收备案制度。新建、扩建和改建的各类房屋建筑工程和市政基础设施工程的竣工验收,均应按《建设工程质量管理条例》规定进行备案。

(1) 建设单位应当自建设工程竣工验收合格之日起 15 日内,将建设工程竣工验收报告和规划、公安消防、环保等部门出具的认可文件或准许使用文件,报建设行政主管部门或者其他相关部门备案。

(2) 备案部门在收到备案文件资料后的 15 日内对文件资料进行审查。符合要求的工程,在验收备案表上加盖竣工验收备案专用章,并将一份退建设单位存档。如审查中发现建设单位在竣工验收过程中有违反国家有关建设工程质量管理规定行为的,责令停止使用,重新组织竣工验收。

(3) 建设单位有下列行为之一的,责令改正,处以工程合同价款 2%以上 4%以下的罚款,造成损失的依法承担赔偿责任:

① 未组织竣工验收,擅自交付使用的;

② 验收不合格,擅自交付使用的;

③ 对不合格的建设工程按照合格工程验收的。

4.6 建设工程项目质量的政府监督

为加强对建设工程质量的管理，我国《建筑法》及《建设工程质量管理条例》明确要求政府行政主管部门设立专门机构对建设工程质量行使监督职能，其目的是保证建设工程质量、保证建设工程的使用安全及环境质量。国务院建设行政主管部门对全国建设工程质量实行统一监督管理，国务院铁路、交通、水利等有关部门按照规定的职责分工，负责对全国有关专业建设工程质量的监督管理。

4.6.1 建设工程项目质量政府监督的职能

各级政府质量监督机构对建设工程质量监督的依据是国家、地方和各专业建设管理部门颁发的法律、法规及各类规范和强制性标准。其监督的职能包括两大方面：

(1) 监督工程建设的各方主体(包括建设单位、施工单位、材料设备供应单位、设计勘察单位和监理单位等)的质量行为是否符合国家法律法规及各项制度的规定；查处违法违规行为和质量事故。

(2) 监督检查工程实体的施工质量，尤其是地基基础、主体结构、专业设备安装等涉及结构安全和使用功能的施工质量。

4.6.2 建设工程项目质量政府监督的内容

(1) 受理质量监督申报：在工程项目开工前，政府质量监督机构在受理建设工程质量监督的申报手续时，对建设单位提供的文件资料进行审查，审查合格签发有关质量监督文件。

(2) 开工前的质量监督：开工前召开项目参与各方参加的首次监督会议，公布监督方案，提出监督要求，并进行第一次监督检查。监督检查的主要内容为工程项目质量控制系统及各施工方的质量保证体系是否已经建立，以及完善的程度。

其监督检查的具体内容为：检查项目各施工方的质量保证体系，包括组织机构、质量控制方案及质量责任制等制度；审查施工组织设计、监理规划等文件及审批手续；检查项目各参与方的营业执照、资质证书及有关人员的资格证书。检查的结果记录保存。

(3) 施工期间的质量监督：① 在建设工程施工期间，质量监督机构按照监督方案对工程项目施工情况进行不定期的检查。其中在基础和结构阶段每月安排监督检查。检查内容为工程参与各方的质量行为及质量责任的履行情况、工程实体质量和质量保证资料的状况。② 对建设工程项目结构主要部位(如桩基、基础、主体结构)除了常规检查外，还要在分部工程验收时，要求建设单位将施工、设计、监理、建设方分别签字的质量验收证明在验收后 3 d 内报监督机构备案。③ 对施工过程中发生的质量问题、质量事故进行查处；根据质量检查状况，对查实的问题签发质量问题整改通知单或局部暂停施工指令单，对问题严重的单位也可根据问题情况发出临时收缴资质证书通知书等处理意见。

(4) 竣工阶段的质量监督：政府建设工程质量监督机构按规定对工程竣工验收备案工作实施监督。① 做好竣工验收前的质量复查，对质量监督检查中提出的质量问题的整改情况进行复查，了解其整改情况。② 参与竣工验收会议，对竣工工程的质量验收程序、验收组织与方法、验收过程等进行监督。③ 编制单位工程质量监督报告，工程质量监督报告作为竣工验收资料的组成部分提交竣工验收备案部门。④ 建立建设工程质量监督档案，建设工程质量监督档案按单位工程建立；要求归档及时，资料记录等各类文件齐全，经监督机构负责人签字后归档，按规定年限保存。

4.7 企业质量管理体系标准

建筑业企业质量管理体系是按照我国《质量管理体系标准》(GB/T 19000)进行建立和认证的，该标准是我国按照等同原则，采用国际标准化组织颁布的 ISO 9000—2000 质量管理体系族标准。本节要求熟悉 ISO 9000—2000 族标准提出的质量管理体系八项原则；了解企业质量管理体系文件的构成，以及企业质量管理体系的建立与运行、认证与监督等相关知识。

4.7.1 质量管理体系八项原则

(1) 以顾客为关注焦点：组织(从事一定范围生产经营活动的企业)依存于顾客。组织应理解顾客当前的和未来的需求，满足顾客要求并争取超越顾客的期望。这是组织进行质量管理的基本出发点和归宿点。

(2) 领导作用：领导者确立本组织统一的质量宗旨和方向，并营造和保持使员工充分参与实现组织目标的内部环境。因此领导在企业的质量管理中起决定的作用。只有领导重视，各项质量活动才能有效开展。

(3) 全员参与：各级人员都是组织之本，只有全员充分参加，才能使他们的才干为组织带来收益。产品质量是产品形成过程中全体人员共同努力的结果，其中也包含着为他们提供支持的管理、检查、行政人员的贡献。企业领导应对员工进行质量意识等各方面的教育，激发他们的积极性和责任感，为其能力、知识、经验的提高提供机会，发挥创造精神，鼓励持续改进，给予必要的物质和精神奖励，使全员积极参与，为达到让顾客满意的目标而奋斗。

(4) 过程和方法：将相关的资源和活动作为过程进行管理，可以更高效地得到期望的结果。任何使用资源的生产活动和将输入转化为输出的一组相关联的活动都可视为过程。ISO 9000—2000族标准是建立在过程控制的基础上。一般在过程的输入端、过程的不同位置及输出端都存在着可以进行测量、检查的机会和控制点，对这些控制点实行测量、检测和管理，便能控制过程的有效实施。

(5) 管理的系统方法：将相互关联的过程作为系统加以识别、理解和管理，有助于组织提高实现其目标的有效性和效率。不同企业应根据自己的特点，建立资源管理、过程实现、测量分析改进等方面的关联关系，并加以控制，即采用过程网络的方法建立质量管理体系，实施系统管理。一般实施质量管理体系包括：确定顾客期望；建立质量目标和方针；确定实现目标的过程和职责；确定必须提供的资源；规定测量过程有效性的方法；实施测量；确定过程的有效性；确定防止不合格产品并清除其产生原因的措施；建立和应用持续改进质量管理体系的过程。

(6) 持续改进：持续改进总体业绩是组织的一个永恒目标，其作用在于增强企业满足质量要求的能力，包括产品质量、过程及体系的有效性和效率的提高。持续改进是增强和满足质量要求能力的循环活动，使企业的质量管理走上良性循环的轨道。

(7) 基于事实的决策方法：有效的决策应建立在数据和信息分析的基础上，数据和信息分析是事实的高度提炼。以事实为依据做出决策，可防止决策失误。为此，企业领导应重视数据信息的收集、汇总和分析，以便为决策提供依据。

(8) 与供方互利的关系：组织与供方是相互依存的，建立双方的互利关系可以增强双方创造价值的能力。供方提供的产品是企业提供产品的一个组成部分。处理好与供方的关系，涉及企业能否持续稳定提供顾客满意产品的重要问题。因此，对供方不能只讲控制，不讲合作互利，特别是关键供方，更要建立互利关系，这对企业与供方双方都有利。

4.7.2 企业质量管理体系文件构成

4.7.2.1 质量管理体系文件

《质量管理体系》(GB/T 19000)对文件提出明确要求，企业应具有完整和科学的质量体系文件。

4.7.2.2 质量管理体系文件的构成

质量管理体系文件的构成有：

(1) 形成文件的质量方针和质量目标；

(2) 质量手册；

(3) 质量管理标准所要求的各种生产、工作和管理的程序性文件；

(4) 质量管理标准所要求的质量记录。

4.7.2.3 质量管理体系文件的要求

以上各类文件的详略程度无统一规定，以适合于企业使用，使过程受控为准则。

(1) 质量方针和质量目标：一般都以简明的文字来表述，是企业质量管理的方向目标，应反映用户及社会对工程质量的要求及企业相应的质量水平和服务承诺，也是企业质量经营理念的反映。

(2) 质量手册的要求：质量手册是规定企业组织建立质量管理体系的文件，质量手册对企业质量管理体系作系统、完整和概要的描述。其内容一般包括：企业的质量方针、质量目标；组织机构及质量职责；体系要素或基本控制程序；质量手册的评审、修改和控制的管理办法。

质量手册作为企业质量管理系统的纲领性文件，应具备指令性、系统性、协调性、先进性、可行性和可检查性。

(3) 程序文件的要求：质量体系程序文件是质量手册的支持性文件，是企业各职能部门为落实质量手册要求而规定的细则，企业为落实质量管理工作而建立的各项管理标准、规章制度都属程序文件范畴。各企业程序文件的内容及详略可视企业情况而定。一般有以下六个方面的程序为通用性管理程序，各类企业都应在程序文件中制定：

① 文件控制程序；

② 质量记录管理程序；

③ 内部审核程序；

④ 不合格品控制程序；

⑤ 纠正措施控制程序；

⑥ 预防措施控制程序。

除以上六个程序以外，涉及产品质量形成过程环节控制的程序文件，如生产过程、服务过程、管理过程、监督过程等管理程序，不作统一规定，可视企业质量控制的需要而制定。

为确保过程的有效运行和控制，在程序文件的指导下，尚可按管理需要编制相关文件，如作业指导书、具体工程的质量计划等。

（4）质量记录的要求：质量记录是产品质量水平的质量体系中各项质量活动进行及结果的客观反映。对质量管理体系程序文件所规定的运行过程及控制测量检查的内容如实加以记录，用以证明产品质量达到合同要求及质量保证的满足程度。如在控制体系中出现偏差，则质量记录不仅需反映偏差情况，而且应反映出针对不足之处所采取的纠正措施及纠正效果。

质量记录应完整地反映质量活动实施、验证和评审的情况，并记载关键活动的过程参数，具有可追溯性的特点。质量记录以规定的形式和程序进行，并有实施、验证、审核等签署意见。

4.7.3 企业质量管理体系的建立

（1）企业质量管理体系的建立是在确定市场及顾客需求的前提下，按照八项质量管理原则制定企业的质量方针、质量目标、质量手册、程序文件及质量记录等体系文件，并将质量目标分解落实到相关层次、相关岗位的职能和职责中，形成企业质量管理体系的执行系统。

（2）企业质量管理体系的建立还包含着组织企业不同层次的员工进行培训，其工作内容和执行要求为员工所了解，为形成全员参与的企业质量管理体系的运行创造条件。

（3）企业质量管理体系的建立需识别并提供实现质量目标和持续改进所需的资源，包括人员、基础设施、环境、信息等。

4.7.4 企业质量管理体系的运行

（1）企业质量管理体系的运行是在生产及服务的全过程中，按质量管理体系文件所制定的程序、标准、工作要求及目标分解的岗位职责进行运作。

（2）在企业质量管理体系运行的过程中，按各类体系文件的要求，监视、测量和分析过程的有效性和效率，做好文件规定的质量记录，持续收集、记录并分析过程的数据和信息，全面反映产品质量和过程符合要求的程度，并具有可追溯的效能。

（3）按文件规定的办法进行质量管理评审和考核。对过程运行的评审考核工作，应针对发现的主要问题采取必要的改进措施，使这些过程达到所策划的结果并实现对过程的持续改进。

（4）落实质量管理体系的内部审核程序，有组织、有计划地开展内部质量审核活动，其主要目的是：

① 评价质量管理程序的执行情况及适用性；

② 揭露过程中存在的问题，为质量改进提供依据；

③ 建立质量管理体系运行的信息；

④ 向外部审核单位提供体系有效的证据。

为确保系统内部审核的效果，企业领导应发挥决策领导作用，制订审核政策和计划，组织内审人员队伍，落实内审条件，并对审核发现的问题采取纠正措施和提供人、财、物等方面的支持。

4.7.5 企业质量管理体系的认证与监督

4.7.5.1 企业质量管理体系认证的意义

质量认证制度是由公正的第三方认证机构对企业的产品及质量管理体系做出正确可靠的评价，从而使社会对企业的产品建立信心。第三方质量认证制度自20世纪80年代以来已得到世界各国普遍重视，它对供方、需方、社会和国家的利益都具有以下重要意义：提高供方企业的质量信誉；促进企业完善质量管理体系；增强企业的国际市场竞争能力；减少社会重复检验和检查费用；有利于保护消费者利益；有利于法规的实施。

4.7.5.2 企业质量管理体系认证的程序

（1）申请和受理：具有法人资格，并已按 GB/T 19000、ISO 9000 族标准和其他国际公认的质量管理体系规范建立了文件化的质量管理体系，并在生产经营全过程贯彻执行的企业可提出申请。申请单位须按要求填写申请书，认证机构经审查符合后接受申请，如不符合则不接受申请，均予发出书面通知书。

（2）审核：认证机构派出审核组对申请方质量管理体系进行检查和评定。包括文件审查、现场审核，并提出审核报告。

（3）审批与注册发证：认证机构对审核提出的审核报告进行全面审查，符合标准者批准并予以注册，发给认证证书（内容包括证书号、注册企业名称和地址、认证和质量体系覆盖产品的范围、评价依据、质量保证模式标准及说明、发证机构、签发人和签发日期）。

4.7.5.3 获准认证后的维持与监督管理

企业获准认证的有效期为 3 年。企业获准认证后，应通过经常性的内部审核，维持质量管理体系的有效性，并接受认证机构对企业质量管理体系实施监督管理。获准认证后的质量管理体系，维持与监督管理内容如下。

（1）企业通报

认证合格的企业质量管理体系在运行中出现较大变化时，需向认证机构通报，认证机构接到报告后，视情况采取必要的监督检查措施。

（2）监督检查

监督检查指认证机构对认证合格单位的质量维持情况进行监督性现场检查，包括定期和不定期的监督检查。定期检查通常是每年一次，不定期检查视需要临时安排。

（3）认证注销

注销是企业的自愿行为。在企业质量管理体系发生变化或证书有效期届满时未提出重新申请等情况下，认证持证者提出注销的，认证机构予以注销，收回体系认证证书。

（4）认证暂停

认证暂停是认证机构对获证企业质量管理体系发生不符合认证要求情况时采取的警告措施。认证暂停期间，企业不得使用质量管理体系认证证书做宣传。企业在规定期间采取纠正措施满足规定条件后，认证机构撤销认证暂停。否则将撤销认证注册，收回认证合格证书。

（5）认证撤销

当获证企业发生质量管理体系存在严重不合规定，或在认证暂停的规定期限未予整改的，或发生其他构成撤销体系认证资格情况时，认证机构做出撤销认证的决定。企业不服可提出申诉。撤销认证的企业 1 年后可重新提出认证申请。

（6）复评

认证合格有效期满前，如企业愿意继续延长，可向认证机构提出复评申请。

（7）重新换证

在认证证书有效期内，出现体系认证标准变更、体系认证范围变更、体系认证证书持有者变更等情况，可按规定重新换证。

4.8 工程质量统计方法

工程质量统计方法是通过对质量数据的收集、整理和分析研究，了解整理误差的现状和内在的发展规律，推断工程质量现状和可能存在的问题，为工程质量管理提供依据。

工程质量统计常用的方法有分层法、因果分析法、直方图法、排列图法、管理图法、分布图法、检查表法等。本文只介绍施工质量管理应用较多的分层法、排列图法、因果分析法、直方图法四种。

4.8.1 分层法

分层法又称分类法，是将收集的数据根据不同的目的，按性质、来源、影响因素等进行分类和分层研究的方法。分层法可以使杂乱的数据条理化，找出主要的问题，采取相应的措施。常用的分层标志有：

(1) 按工程内容分层；

(2) 按时间、环境分层；

(3) 按机械设备分层；

(4) 按操作者分层；

(5) 按生产工艺分层；

(6) 按质量检验方法分层。

例 4.1 某批钢筋焊接质量调查，共检查接头数量 100 个，其中不合格 25 个，不合格率为 25%，试分析该问题。

分析 经查明，这批钢筋焊接由 A、B、C 三个工人进行焊接，采用同样的焊接工艺，焊条由两个厂家提供。采用分层法进行分析，可按焊接操作者和焊条供应厂家进行分层，见表 4.1 和表 4.2。

表 4.1 按操作者分层

操作者	不合格	合格	不合格率
A	15	35	30%
B	6	25	19%
C	4	15	21%
合计	25	75	25%

表 4.2 按焊条供应厂家分层

供应厂家	不合格	合格	不合格率
甲	10	35	22%
乙	15	40	27%
合计	25	75	25%

从表 4.1 和表 4.2 中得知，操作者 B 的操作水平较高，工厂甲的焊条质量较好。

4.8.2 排列图法

排列图又叫帕累托图或主次因素分析图，是寻找影响质量主次因素的一种有效方法。它是由两个纵坐标、一个横坐标、几个连起来的直方形和一条曲线所组成，如图 4.2 所示。左侧的纵坐标表示频数，右侧纵坐标表示累计频率，横坐标表示影响质量的各个因素或项目，按影响程度大小从左至右排列，直方形的高度示意某个因素的影响大小。

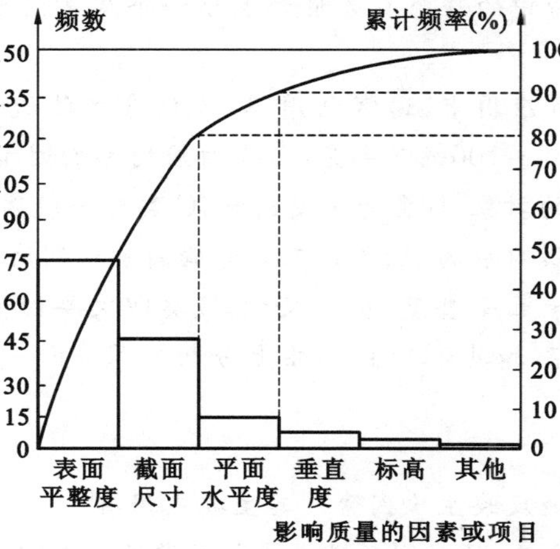

图 4.2 混凝土构件尺寸不合格点排列图

下面结合实例加以说明排列图的绘制。

例 4.2 某工地现浇混凝土构件尺寸质量检查结果经整理见表 4.3。为改进并保证质量，应对这些不合格点进行分析，以便找出混凝土构件尺寸质量的薄弱环节。

分析 (1) 收集整理数据

收集整理混凝土构件尺寸各项目不合格点的数据资料，见表 4.3。

表 4.3 不合格点项目频数、频率统计表

序号	项目	频数	频率(%)	累计频率(%)
1	表面平整度	75	50.0	50.0
2	截面尺寸	45	30.0	50.0+30.0=80.0
3	平面水平度	15	10.0	80.0+10.0=90.0
4	垂直度	8	5.3	90.0+5.3=95.3
5	标高	4	2.7	95.3+2.7=98.0
6	其他	3	2.0	98.0+2.0=100
合计		150	100	100

(2) 绘制排列图

① 画横坐标。将横坐标按项目数等分，并按项目数由大到小顺序从左至右排列，该例中横坐标分为六等份。

② 画纵坐标。左侧的纵坐标表示项目不合格点数即频数，右侧纵坐标表示累计频率。要

求总频数对应累计频率 100％。

③ 画频数直方形。以频数为高画出各项目的直方形。

④ 画累计频率曲线。从横坐标左端点开始，依次连接各项目直方形右边线及所对应的累计频率值的交点，所得的曲线即为累计频率曲线。

图 4.2 为混凝土构件尺寸不合格点排列图。

(3) 排列图的观察与分析

① 观察直方形。排列图中的每个直方形都表示一个质量问题或影响因素。影响程度与各直方形的高度成正比。

② 确定主次因素。实际应用中，通常利用 A、B、C 分区法进行确定，按累计频率划分为 0％～80％、80％～90％、90％～100％三部分，与其对应的影响因素分别为 A、B、C 三类。A 类为主要因素，是重点要解决的对象，B 类为次要因素，C 类为一般因素，不作为解决的重点。

本例中，累计频率曲线所对应的 A、B、C 三类影响因素分别为：

A 类即主要因素，包括表面平整度、截面尺寸；B 类即次要因素，包括平面水平度；C 类即一般因素，包括垂直度、标高和其他项目。综上分析结果，下一步应重点解决 A 类等质量问题。

(4) 排列图的应用

排列图可以形象、直观地反映主次因素。其主要应用有：

① 按不合格点的因素分类，可以判断造成质量问题的主要因素，找出工作中的薄弱环节。

② 按生产作业分类，可以找出生产不合格品最多的关键工序，进行重点控制。

③ 按生产班组或单位分类，可以分析比较各单位技术水平和质量管理水平。

④ 将采取提高质量措施的施工前后的排列图对比，可以分析措施是否有效。

4.8.3 因果分析图法

因果分析图法是利用因果分析图来系统整理分析某个质量问题(结果)与其影响因素之间关系，从而采取措施，解决存在的质量问题的方法。因果分析图也称特性要因图，又因其形状被称为树枝图或鱼刺图。

混凝土强度不足因果分析图的基本形式如图 4.3 所示。

从图 4.3 可见，因果分析图由质量特性(即质量结果指某个质量问题)、要因(产生质量问题的主要原因)、枝干(指一系列箭线表示不同层次的原因)、主干(指直接指向质量结果的水平箭线)等所组成。

因果分析图的绘制步骤与图中箭头方向相反，是从“结果”开始将原因逐层分解的。具体步骤如下：

① 明确质量问题——结果。作图时首先由左至右画出一条水平主干线，箭头指向一个矩形框，框内注明研究的问题，即结果。

② 分析确定影响质量特性大的方面的原因。一般来说，影响质量的因素有五大方面，即人、机械、材料、方法、环境等。另外还可以按产品的生产过程进行分析。

③ 将每种大原因进一步分解为中原因、小原因，直至分解的原因可以采取具体措施加以解决为止。

④ 检查图中的所列原因是否齐全，可以对初步分析结果广泛征求意见，并做必要补充及修改。

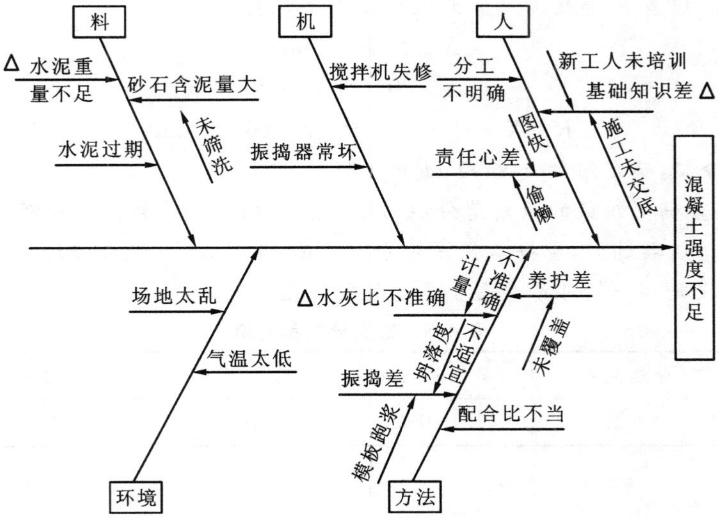

图 4.3　混凝土强度不足因果分析图的基本形式

⑤ 选择出影响大的关键因素，做出标记“△”，以便重点采取措施。

4.8.4　直方图法

直方图法又称频数分布直方图法，是将收集到的质量数据进行分组整理，绘制成以组距为底边，以频数为高度的矩形图，用于描述质量分布状态的一种分析方法。通过对直方图的观察与分析，可以了解产品质量的波动情况，掌握质量特性的分布规律，以便对质量状况进行分析判断，评价工作过程能力等。

例 4.3　某工程项目浇筑 C20 混凝土，为对其抗压强度进行质量分析，共收集了 50 份抗压强度试验报告单，试用直方图法进行质量分析。

分析　(1) 收集整理数据

用随机抽样的方法抽取数据，整理后见表 4.4。

表 4.4　数据整理表(N/mm²)

序号	抗压强度数据					最大值	最小值
1	23.9	21.7	24.5	21.8	25.3	25.3	21.7
2	25.1	23.0	23.1	23.7	23.6	25.1	23.0
3	22.9	21.6	21.2	23.8	23.5	23.8	21.2
4	22.8	25.7	23.2	21.0	23.0	25.7	21.0
5	22.7	24.6	23.3	24.8	22.9	24.8	22.7
6	22.6	25.8	23.5	23.7	22.8	25.8	22.6
7	24.3	24.4	21.9	22.2	27.0	27.0	21.9
8	26.0	24.2	23.4	24.9	22.7	26.0	22.7
9	25.2	24.1	25.0	22.3	25.9	25.9	22.3
10	23.9	24.0	22.4	25.0	23.8	25.0	22.4

计算极差 R。极差 R 是数据中最大值和最小值之差：

$$X_{min}=21\ N/mm^2$$

$$X_{max}=27\ N/mm^2$$

$$R=X_{max}-X_{min}=27-21=6\ N/mm^2$$

(2) 对数据分组，确定组数 k、组距 H 和组限

① 确定组数。确定组数的原则是分组的结果能正确地反映数据的分布规律，组数应根据数据多少来确定。组数过少，会掩盖数据的分布规律；组数过多，使数据过于零乱分散，也不能显示出质量分布状况。一般可参考表 4.5 的经验数值确定。

表 4.5　数据分组参考值

数据总数 n	分组数 k	数据总数 n	分组数 k	数据总数 n	分组数 k
50～100	6～10	101～250	7～12	＞250	10～20

本例中取 $k=7$。

② 确定组距 H。组距 H 是组与组之间的间隔，也即一个组的范围，各组距应相等，于是有：

$$极差\approx组距\times组数$$

即

$$R\approx Hk$$

因而组数、组距的确定应结合极差综合考虑，适当调整，还要注意数值尽量取整，使分组结果能包括全部变量值，同时也便于以后的计算分析。

本例中：　$H=R/k=6/7=0.85\approx1\ N/mm^2$

③ 确定组限。每组的最大值为上限，最小值为下限，上、下限统称组限，确定组限时应注意使各组之间连续，即较低组上限应为相邻较高组下限，这样才不致使数据被遗漏。对处于组限值上的数据，其解决的办法有两种：一是规定每组上(或下)组限不计在该组内，而应计入相邻较高(或较低)组内；二是将组限值较原始数据精度提高半个最小测量单位。

本例采取第一种办法划分组限，即每组上限不计入该组内。

首先确定第一组下限 $=X_{min}-H/2=21-1/2=20.5\ N/mm^2$

第一组上限 $=20.5+H=20.5+1=21.5\ N/mm^2$

第二组下限 = 第一组上限 $=21.5\ N/mm^2$

第二组上限 $=21.5+1=22.5\ N/mm^2$

以此类推，最高组限为 26.5～27.5 N/mm^2，分组结果覆盖了全部数据。

(3) 编制数据频数统计表

统计各组频数，频数总和应等于全部数据个数。本例频数统计结果见表 4.6。从表中可以看出，浇筑 C20 混凝土，50 个试块的抗压强度是各不相同的，这说明质量特性值是有波动的。为了更直观、更形象地表现质量特征值的这种分布规律，应进一步绘制出直方图。

(4) 绘制直方图

直方图可分为频数直方图、频率直方图、频率密度直方图三种，最常见的是频数直方图。

在频数分布直方图中，横坐标表示质量特征值，纵坐标表示频数。根据表 4.6 可以画出以组距为底，以频数为高的 k 个直方图，便得到混凝土强度的频数分布直方图，如图 4.4 所示。

表 4.6　频数分布表

组　号	组限（N/mm^2）	频　数
1	20.5～21.5	2
2	21.5～22.5	7
3	22.5～23.5	13
4	23.5～24.5	14
5	24.5～25.5	9
6	25.5～26.5	4
7	26.5～27.5	1
合计		50

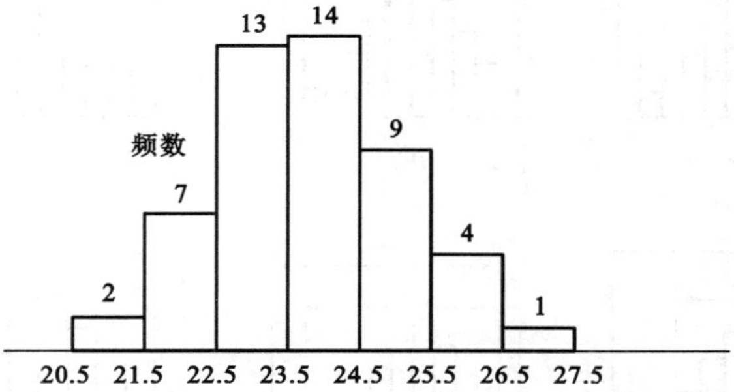

图 4.4　混凝土强度频数分布直方图

（5）直方图的观察与分析

根据直方图的形状来判断质量分布状态，正常型的直方图是中间高，两侧低，左右基本对称的图形，这是理想的质量控制结果，如图 4.5(a)所示；出现非正常型直方图时，表明生产过程或收集数据作图方法有问题，这就要求进一步分析判断，找出原因，从而采取措施加以纠正。凡属非正常型直方图，其图形分布有各种不同缺陷，归纳起来一般有五种类型，如图 4.5(b)～(f)所示。

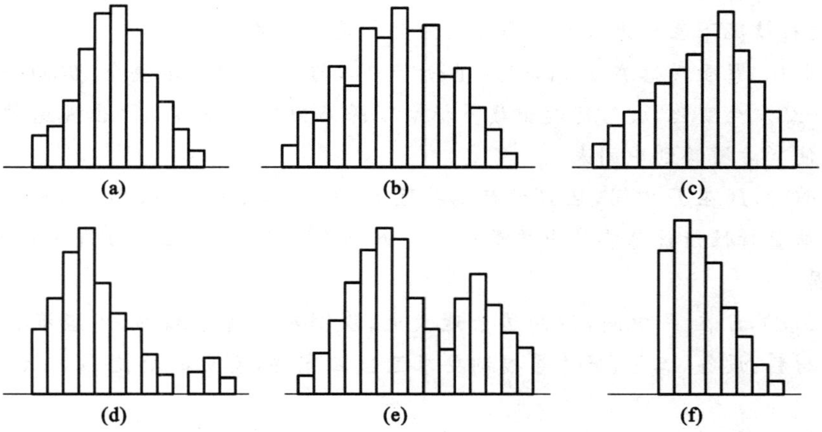

图 4.5　常见的直方图图形

① 折齿型[图 4.5(b)],是由于分组组数不当或者组距确定不当出现的直方图。

② 缓坡型[图 4.5(c)],主要是由于操作中对上限(或下限)控制太严造成的。

③ 孤岛型[图 4.5(d)],是原材料发生变化,或者他人临时顶班作业造成的。

④ 双峰型[图 4.5(e)],是由于用两种不同的方法或两台设备或两组工人进行生产,然后把两方面数据混在一起整理产生的。

⑤ 绝壁型[图 4.5(f)],是由于数据收集不正常,可能有意识地去掉下限以下的数据,或是在检测过程中存在某种人为因素所造成的。

(6)将直方图与质量标准比较,判断实际生产过程能力

作出直方图后,将正常型直方图与质量标准相比较,从而判断实际生产过程能力,一般有如图 4.6 所示六种情况。

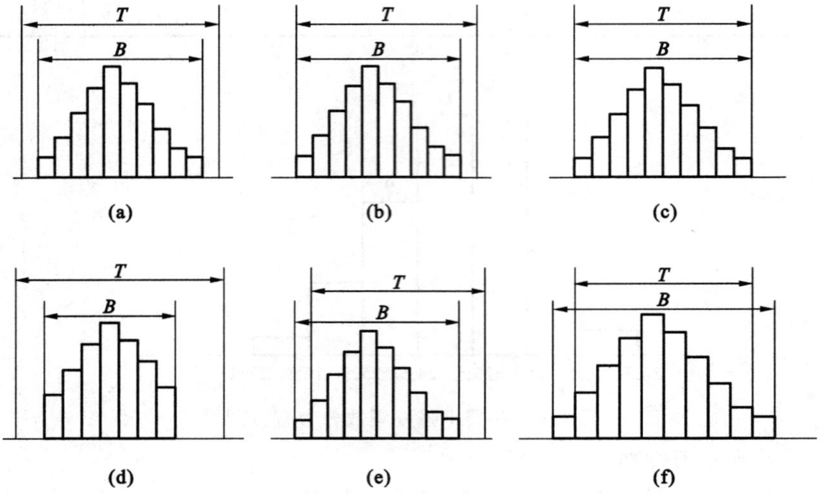

图 4.6　实际质量与标准比较

T—质量标准要求界限;B—实际质量特性分布范围

① 图 4.6(a),B 在 T 中间,质量分布中心与质量标准中心重合,实际数据分布与质量标准相比较两边还有一定余地。这样的生产过程质量是很理想的,说明生产过程处于正常的稳定状态。在这种情况下生产出来的产品可认为全部是合格品。

② 图 4.6(b),B 虽然落在 T 内,但质量分布中心与 T 的中心不重合,偏向一边。这样如果生产状态一旦发生变化,就可能超出质量标准下限而出现不合格品。出现这种情况时应迅速采取措施,使直方图移到中间来。

③ 图 4.6(c),B 在 T 中间,且 B 的范围接近 T 的范围,没有余地,生产过程一旦发生小的变化,产品的质量特性值就可能超出质量标准。出现这种情况时,必须立即采取措施,以缩小质量分布范围。

④ 图 4.6(d),B 在 T 中间,但两边余地太大,说明加工过于精细,不经济。在这种情况下,可以对原材料、设备、工艺、操作等控制要求适当放宽些,有目的地使 B 扩大,从而有利于降低成本。

⑤ 图 4.6(e),质量分布范围 B 已超出标准下限之外,说明已出现不合格品。此时必须采取措施进行调整,使质量分布位于标准之内。

⑥ 图 4.6(f)，质量分布范围完全超出了质量标准上、下界限，散差太大，产生许多废品，说明过程能力控制不足，应提高过程控制能力，使质量分布范围 B 缩小。

复习思考题

1. 简答题

(1) 什么是质量管理和质量控制？它们之间的关系如何？

(2) 简述质量管理的 PDCA 循环。

(3) 建设工程项目质量的基本特征是什么？

(4) 建设工程项目质量的影响因素包括哪些方面？

(5) 施工生产要素的质量控制包括哪些方面？

(6) 简述施工阶段质量控制的主要途径。

(7) 施工质量验收包含哪些方面，简述其各自的内容。

(8) 工程质量统计方法包括哪几种方法，其各自的优点是什么？

2. 案例分析

(1) 背景资料：某项目对模板施工精度经抽样检查，得到 120 个不合格点数的统计数据，详见表 4.7。

表 4.7　某项目对模板施工精度检查的抽样统计

序号	检查项目	不合格点数	序号	检查项目	不合格点数
1	轴线位置	1	5	平面水平度	15
2	垂直度	6	6	表面平整度	65
3	标高	1	7	预埋设施中心位置	1
4	截面尺寸	30	8	预留孔洞中心位置	1

(2) 问题：按排列图法计算出累计频数和累计频率。

5 建设工程项目施工成本控制

本章提要

本章主要介绍了建设工程项目施工成本的概念、形式及施工成本管理的任务与措施、成本计划的编制方法等，并进一步重点介绍了建设工程项目施工成本控制与分析的依据和方法。

5.1 建设工程项目施工成本控制概述

5.1.1 项目施工成本

5.1.1.1 项目施工成本的概念

项目施工成本是指建筑施工企业以施工项目作为成本核算对象，在施工过程中所耗费的生产资料转移价值和劳动者必要劳动所创造的价值的货币表现形式，即某施工项目在施工过程中所发生的全部生产经营费用支出的总和。它包括所消耗的原材料、辅助材料、构配件等的费用，周转材料的摊销费或租赁费等，施工机械的使用费或租赁费等，支付给生产工人的工资、奖金、工资性质的津贴等，以及项目经理部一级进行施工组织与管理所发生的全部费用支出。

5.1.1.2 项目施工成本的构成

按照建设项目施工过程中所发生的费用支出，项目施工成本由直接成本和间接成本两部分组成。

(1) 直接成本

直接成本是指施工过程中耗费的构成工程实体或有助于工程实体形成的各项费用支出，是可以直接计入工程对象的费用，具体包括：

① 直接工程费：包括人工费、材料费和施工机械使用费。

a. 人工费　直接从事建筑安装工程施工的生产工人开支的基本工资、工资性补贴、辅助工资、奖金、福利、劳动保护费等费用。

b. 材料费　施工过程中所耗用的构成工程实体或有助于工程实体形成的主要材料、辅助材料、构配件、零件、半成品、周转材料的摊销费以及现场工程用水费用等。

c. 机械使用费　施工过程中使用自有施工机械所发生的机械使用费以及租用外单位施工机械的租赁费和施工机械的安装、拆卸、进出场费等，现场机械所用燃料费用应同样计入机械使用费。

② 措施费：为完成建设工程项目施工，直接工程费以外发生于该工程施工前和施工过程中的非工程实体项目的费用。包括施工过程中所发生的环境保护费、文明施工费、安全施工费、二次搬运费、临时设施费、夜间施工增加费、大型机械设备进出场及安拆费、混凝土模板及

支架费、脚手架费、已完工程及设备保护费、施工排水降水费等。

(2) 间接成本

间接成本是指为施工准备、组织施工生产和管理工程施工所支出的全部费用,包括规费和企业管理费。

① 规费:政府和有关权力部门规定必须缴纳的费用。包括以下内容:

a. 工程排污费　施工现场按规定缴纳的工程排污费。

b. 工程定额测定费　按规定支付工程造价(定额)管理部门的定额测定费。

c. 社会保障费　包括养老保险费、失业保险费、医疗保险费。

d. 住房公积金　企业按规定标准为职工缴纳的住房公积金。

e. 危险作业意外伤害保险　按照建筑法规定,企业为从事危险作业的建筑安装施工人员支付的意外伤害保险费。

② 企业管理费:建筑安装企业组织施工生产和经营管理所需费用。包括以下内容:

a. 管理人员工资　指管理人员的基本工资、工资性补贴、职工福利费、劳动保护费等。

b. 办公费　指企业管理办公用的文具、纸张、账表、印刷、邮寄、书报、会议、水电、烧水和集体取暖(包括现场临时宿舍取暖)用煤等费用。

c. 差旅交通费　指职工因公出差、调动工作的差旅费、住勤补助费,市内交通费和误餐补助费,职工探亲路费,劳动力招募费,职工离退休、退职一次性路费,工伤人员就医路费,工地转移费以及管理部门使用的交通工具的燃料费、养路费及牌照费。

d. 固定资产使用费　指管理和试验部门及附属生产单位使用的属于固定资产的房屋、设备仪器等的折旧、大修、维修和租赁费。

e. 工具用具使用费　指管理使用的不属于固定资产的生产工具、器具、家具、交通工具、消防用具等的购置费、维修费和摊销费。

f. 劳动保护费　指由企业支付离退休职工的异地安家补助费、职工退职金、6个月以上的病假人员的工资、职工死亡丧葬补助费、抚恤费、按规定支付给离休干部的各项经费。

g. 工会经费　指企业按职工工资总额计提的工会经费。

h. 职工教育经费　指企业为职工学习先进技术和提高文化水平,按职工工资总额计提的费用。

i. 财产保险费　指施工管理用财产、车辆保险费。

j. 财务费　指企业为筹集资金而发生的各种费用。

k. 税金　指企业按规定缴纳的房产税、车船使用税、土地使用税、印花税等。

l. 其他　包括技术转让费、技术开发费、业务招待费、绿化费、广告费、公证费、法律顾问费、审计费和咨询费等。

5.1.1.3　项目施工成本的划分

(1) 按成本的发生时间划分

① 预算成本　指施工企业根据施工图纸或工程量清单,利用工程量计算规则、预算定额或企业定额以及取费标准等计算出来的项目施工成本,是反映企业竞争水平的一项费用。

② 计划成本　指施工项目经理部根据施工项目管理目标责任书的要求,结合施工项目的技术特征、自然地理环境、劳动力素质、设备情况等确定的工程项目施工成本。计划成本以施工预算为基础,反映了社会或企业的平均先进水平,是控制项目施工成本支出的标准。

③ 实际成本　指建设工程项目在施工过程中实际发生的各项生产费用的总和。实际成本受建设工程项目的技术水平、管理水平、组织措施等因素影响，是建设工程项目各种消耗的综合反映。

(2) 按生产费用与工程量的关系划分

① 固定成本　指在一定时间和一定的工程量范围内所发生的，费用额不受工程量增减变动的影响而相对固定的费用。如机械大修费、办公费、折旧费、管理工资等。

② 变动成本　指发生总额随着工程量的增减变动而成正比例变动的费用。如人工费、材料费、机械使用费等。

(3) 按成本控制要求划分

① 事前成本　指在实际成本发生和工程结算之前所计算和确定的成本，带有计划性和预测性。

② 事后成本　即实际成本，指建设工程项目在施工过程中实际发生的各项生产费用的总和。

(4) 按项目施工成本费用目标划分

① 生产成本　指完成某工程项目所必须消耗的费用。

② 质量成本　指施工项目部为保证和提高建筑产品质量而发生的一切必要的费用，以及因未到达质量标准而蒙受的经济损失。

③ 工期成本　指施工项目部为实现工期目标或合同工期而采取相应措施所发生的一切必要费用以及工期索赔等费用的总和。

④ 不可预见成本　指施工项目部在施工生产过程中所发生的除生产成本、质量成本、工期成本之外的成本，诸如扰民费、资金占用费、人员伤亡等安全事故损失费、政府部门罚款等不可预见的费用。此项成本可能发生，也可能不发生。

5.1.2　项目施工成本控制的程序

项目施工成本控制的基本程序为：

(1) 企业进行项目成本预测；

(2) 项目经理部编制成本计划；

(3) 项目经理部实施成本计划；

(4) 项目经理部实施成本核算；

(5) 项目经理部进行成本分析并编制月度成本报告及项目的成本报告；

(6) 编制成本资料并规定存档。

项目施工成本控制的具体程序如图 5.1 所示。

5.1.3　影响建设工程项目施工成本的因素

(1) 施工方案

施工方案与建设工程项目施工成本之间存在相互依赖、相互制约的关系。施工方案的正确选用可以反映施工技术水平，加快施工进度；施工机械的合理选择可以充分发挥机械的使用效率。而且，合理的施工组织、施工顺序等都可以达到降低项目施工成本的目的。

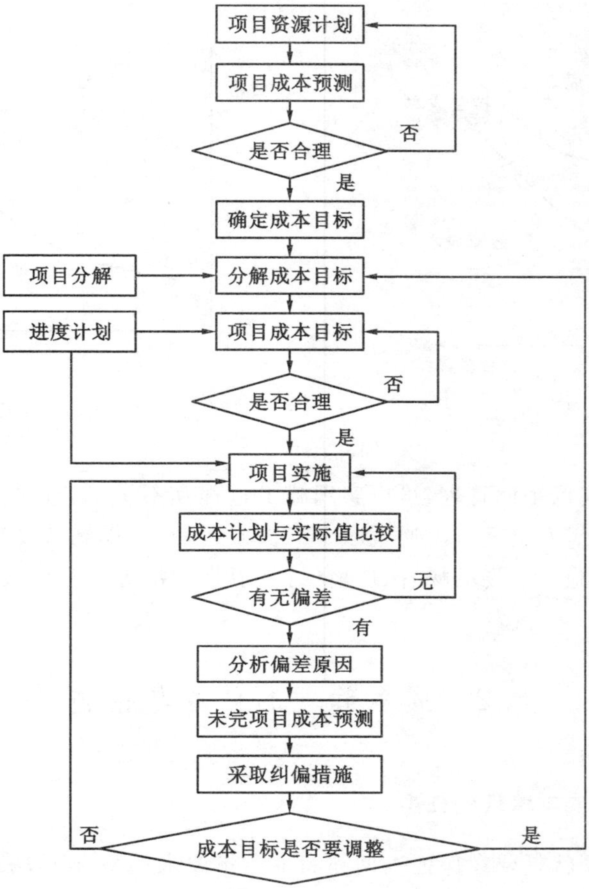

图 5.1　项目施工成本控制的具体程序图

(2) 施工进度

一般情况下,在保证要求工期的前提下应尽量降低施工成本;在项目目标成本控制下应尽量加快施工进度。两者是相互关系、相互制约的统一体,不可孤立地对待。工期和项目施工成本的关系如图 5.2 所示。

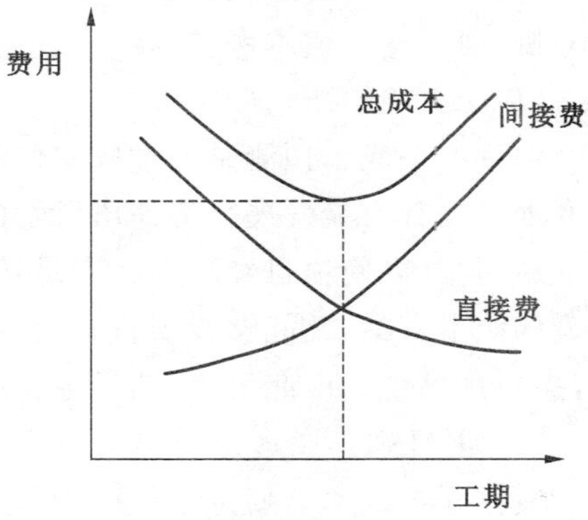

图 5.2　工期和项目施工成本的关系

(3) 施工质量

施工质量与建设工程项目施工成本的关系符合鞍形曲线,即质量标准过高或过低都将造成施工成本的上升。因此,项目经理部应当按照施工合同及项目管理目标责任书的要求,确定并实现适宜的质量水平。质量成本与质量的关系如图 5.3 所示。

(4) 施工安全

施工安全直接影响建设工程项目施工成本,即安全工作越好,处理事故支出的费用就越少,施工所受干扰也越小。安全施工与工程项目成本的关系如图 5.4 所示。

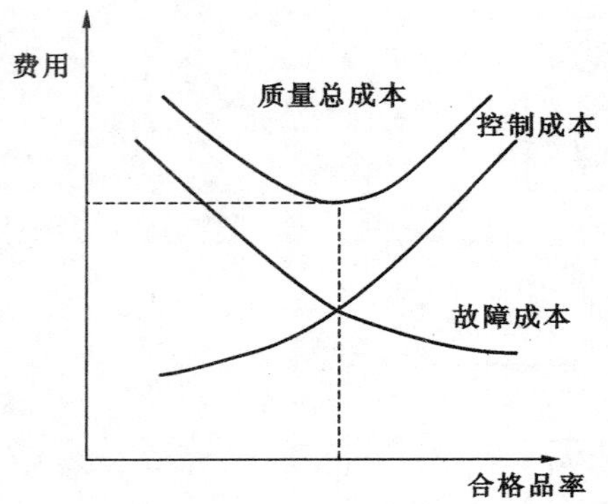

图 5.3　质量成本与质量的关系

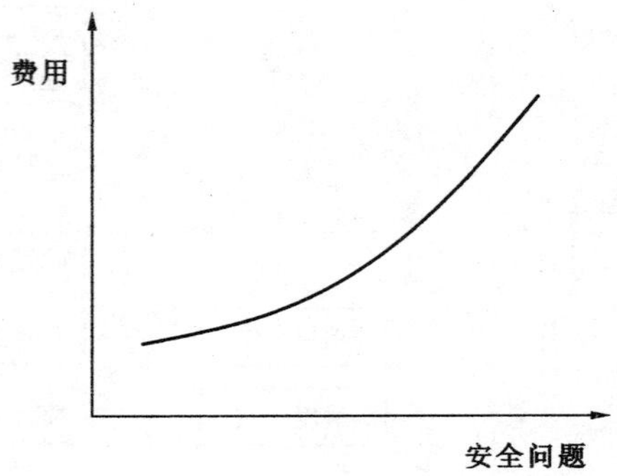

图 5.4　安全施工与工程项目成本的关系

(5) 施工现场管理

科学合理的施工现场平面管理,可以实现施工过程互不干扰、有序实施,达到各项资源与服务设施间的高效组合、安全运行。通过减少二次搬运费用,提高劳动生产率,降低建设工程项目施工成本。同时,施工现场的场容、环境保护、卫生防疫等也对建设工程项目施工成本有着重大影响。

5.2　成本管理的任务与措施

5.2.1　项目施工成本管理的任务

项目施工成本管理就是要在保证工期和满足质量要求的情况下,采取相关管理措施把成本控制在计划范围内,并进一步寻求最大程度的成本节约。项目施工成本管理的任务主要包括项目施工成本预测、项目施工成本计划、项目施工成本控制、项目施工成本核算、项目施工成本分析、项目施工成本考核。

(1) 项目施工成本预测

项目施工成本预测是通过成本信息和工程项目的具体情况,并运用一定的方法,对未来的成本水平及其可能发展趋势作出科学的估计。其实质就是在施工以前对成本进行预算。通过成本预测,可以使项目经理部在满足建设单位和施工企业要求的前提下,选择成本低、效益好的最佳成本方案,并能够在项目施工成本形成过程中,针对薄弱环节加强成本控制,克服盲目性,提高预见性。由此可见,项目施工成本预测是项目施工成本决策与计划的依据。

(2) 项目施工成本计划

项目施工成本计划是项目经理部对项目成本进行计划管理的工具。它是以货币形式编制工程项目在计划期内的生产费用、成本水平、成本降低率及为降低成本所采取的主要措施和规划的书面方案,是建立工程项目成本管理责任制、开展成本控制和核算的基础。作为一个项目施工成本计划,应包括从开工到竣工所必需的施工成本,它是该施工项目降低成本的指导文件,是设立目标成本的依据。

(3) 项目施工成本控制

项目施工成本控制,是指在施工过程中对影响项目施工成本的各种因素加强管理,并采取各种有效措施，将施工中实际发生的各种消耗和支出严格控制在成本计划范围内，随时提示并及时反馈，严格审查各项费用是否符合标准，计算实际成本和计划成本之间的差异并进行分析，消除施工中的损失浪费现象，发现和总结先进经验，通过成本控制达到预期目的和效果。

(4) 项目施工成本核算

项目施工成本核算是指对施工项目所发生的成本支出和工程成本形成的核算。项目成本核算所提供的各种成本信息，是成本预测、成本计划、成本控制、成本分析和成本考核等各个环节的依据。因此，加强项目成本核算工作，对降低项目成本、提高企业的经济效益有积极作用。

(5) 项目施工成本分析

项目施工成本分析是在工程成本跟踪核算的基础上，动态分析各成本项目的节超原因。它贯穿于工程项目成本管理的全过程，也就是说，工程项目成本分析主要利用项目的成本核算资料(成本信息)，与目标成本(计划成本)、预算成本以及类似的工程项目的实际成本等进行比较，了解成本的变动情况，同时也要分析主要技术经济指标对成本的影响，系统地研究成本变动的因素，检查成本计划的合理性，并通过成本分析，揭示成本变动的规律，寻找降低项目施工成本的途径，以便有效地进行成本控制。

(6) 项目施工成本考核

项目施工成本考核是指在工程项目完成后，对工程项目成本形成过程中的各责任者，按项目成本目标责任制的有关规定，将成本的实际指标与计划、定额、预算进行对比和考核，评定项目施工成本计划的完成情况和各责任者的业绩，并据此给予相应的奖励和处罚。通过成本考核，做到有奖有惩，赏罚分明，才能充分调动企业的每一个职工在自己的岗位上努力完成目标成本的积极性，为降低项目成本和增加企业的积累做出自己的贡献。

5.2.2 项目施工成本管理的措施

为了取得项目施工成本管理的理想效果，应当从多方面采取措施实施管理，通常可将这些措施归纳为组织措施、技术措施、经济措施和合同措施四个方面。

(1) 组织措施

组织措施是从项目施工成本管理的组织方面采取的措施，如实行项目经理责任制，落实项目施工成本管理的组织机构和人员，明确各级管理人员的任务和职能分工、权力和利益，编制本阶段项目施工成本控制工作计划和详细的工作流程图。项目施工成本管理不仅是专业成本管理人员的工作，各级项目管理人员都负有成本控制责任。组织措施是其他各类措施的前提和保障，而且一般不需要增加什么费用，运用得当可以起到良好的效果。

(2) 技术措施

技术措施不仅对解决项目施工成本管理中的技术问题是不可缺少的，而且对纠正项目施工成本管理目标偏差也有相当重要的作用。因此，运用技术措施的关键，一是要能提出多个不同的技术方案，二是要对不同的技术方案进行技术经济分析。在实践中，要避免仅从技术角度选定方案而忽视对其经济效果的分析论证。

(3) 经济措施

经济措施是最易为人接受和采用的措施。管理人员应编制资金使用计划，确定、分解项目施工成本管理目标，对项目施工成本目标进行风险分析，并制定防范性对策。通过偏差分析和未完项目施工成本预测，可发现一些可能导致未完项目施工成本增加的潜在问题，对这些问题应以主动控制为出发点，及时采取预防措施。由此可知，经济措施的运用不仅仅是财务人员的事情。

（4）合同措施

项目施工成本管理要以合同为依据，因此合同措施显得尤为重要。对于合同措施，从广义上理解，除了参加合同谈判、修订合同条款、处理合同执行过程中的索赔问题、防止和处理好与业主及分包商之间的索赔外，还应分析不同合同之间的相互联系和影响，对每一个合同作总体和具体的分析等。

5.3 成本计划的编制

5.3.1 项目施工成本计划的作用

项目施工成本计划是项目施工成本管理的一个重要环节，是实现降低项目施工成本任务的指导性文件。同时，编制成本计划的过程也是动员施工项目经理部全体人员挖掘潜力、降低成本的过程，也是检验施工技术质量管理、进度管理、物资消耗和劳动力消耗管理等效果的过程。项目施工成本计划的作用主要有以下方面：

（1）是对生产消耗进行控制、分析和考核的重要依据；

（2）是编制其他有关经营计划的基础；

（3）是国家编制国民经济计划的一项重要依据；

（4）可以动员全体职工深入开展增产节约、降低产品成本的活动；

（5）是建立企业成本管理责任制、开展经济核算和控制生产费用的基础。

5.3.2 项目施工成本计划的编制

5.3.2.1 项目施工成本计划编制的依据

项目施工成本计划的编制依据有：

（1）合同文件。除了合同文本外，还包括招标文件、投标文件、设计文件等。合同中的工程内容、数量、规格、质量要求、工期和付款条件等都将对工程的成本计划产生重要影响，在编制成本计划时要对合同文件进行认真的研究与分析，在正确履约的前提下降低施工成本。

（2）项目管理实施规划。其中以工程项目施工组织设计文件为核心的施工技术方案和管理方案，是在充分调查和研究现场条件及有关法规条件的基础上制定的，不同实施条件下的技术方案和管理方案将导致工程成本的不同。

（3）可行性研究报告和相关设计文件。

（4）生产要素的价格信息。

（5）反映企业管理水平的消耗定额（企业施工定额）以及类似工程的成本资料等。

5.3.2.2 项目施工成本计划编制的原则

编制成本计划所设目标成本是施工项目控制成本的标准，所制定的目标成本要能真正起到控制生产成本的作用，就必须符合以下原则：

（1）可行性原则

编制成本计划应根据国家的方针政策，从企业的实际情况出发，充分挖掘企业内部潜力，使降低成本指标既积极可靠，又切实可行。所制定目标既要高于现有水平，又不能高不可攀，脱离实际；也不能把目标定得过低，失去激励作用。

（2）先进性原则

编制成本计划所设目标成本要有激发职工积极性的功能，能充分调动广大职工的工作热情，使每个人尽力贡献自己的力量。如果目标成本可以轻而易举地达到也就失去了成本控制的意义。因此，成本计划的编制必须以各种先进的技术经济定额为依据，并针对工程的具体特点，采取切实可行的技术组织措施作保证。

（3）科学性原则

编制成本计划所设目标成本的科学性就是目标成本的确定不凭主观臆断，要收集和整理大量的情报资料，以可靠的数据为依据，通过科学的方法计算出具有企业先进水平的成本。

（4）可比性原则

成本计划应与实际成本、前期成本保持可比性。为了保证成本计划的可比性，在编制成本计划时应注意所采用的计算方法，应与成本核算的方法保持一致（包括成本核算对象、成本费用的汇集、结转、分配方法等），以便能作为检查和评价实际成本水平偏离目标执行情况的准绳，进行有效地成本分析。

（5）统一领导、分级管理的原则

编制成本计划应在项目经理的领导下，以财务和计划部门为中心，发动全体职工共同总结降低成本的经验，找出降低成本的正确途径，使目标成本的制定和执行具有广泛的群众基础。

（6）弹性原则

编制成本计划应留有充分余地，保持计划具有一定的弹性。在计划期内，项目经理部的内部或外部的技术经济状况和供产销条件很可能发生一些未预料的变化，尤其是材料供应、市场价格千变万化，给目标的拟定带来很大困难，因而在制定目标时应充分考虑到这些情况，使成本计划保持一定的应变适应能力。要求企业根据条件的变化及时调整修订目标成本，以适应实际情况的需要。

（7）与其他计划结合的原则

制订项目施工成本计划，必须与项目的其他各项计划如施工方案、生产进度、财务计划、材料供应及耗费计划等密切结合，保持平衡。一方面，项目施工成本计划要根据施工项目的生产、技术组织措施、劳动工资、材料供应等计划来编制；另一方面，项目施工成本计划又影响着其他各种计划指标适应降低成本的要求。

5.3.2.3　项目施工成本计划的编制方法

（1）按项目施工成本组成编制项目施工成本计划。项目施工成本可以按成本构成分解为人工费、材料费、施工机械使用费、措施费和间接费，如图 5.5 所示。

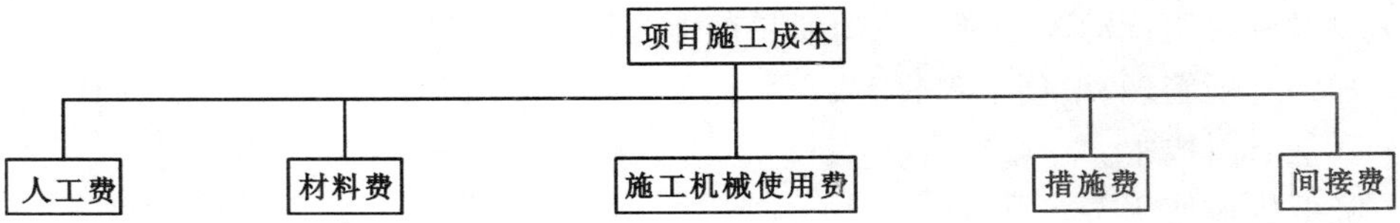

图 5.5　按项目施工成本构成分解

（2）按子项目组成编制项目施工成本计划。大中型的工程项目通常是由若干单项工程构成的，而每个单项工程包括了多个单位工程，多个单位工程又是由若干个分部分项工程构成。

因此，首先要把项目总施工成本分解到单项工程和单位工程中，再进一步分解为分部工程和分项工程。如图 5.6 所示。

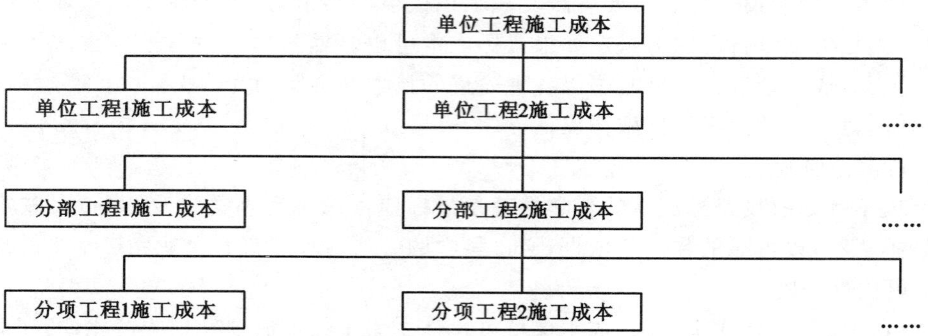

图 5.6　按子项目分解项目施工成本

（3）按施工进度编制项目施工成本计划。工程项目的投资总是分阶段、分期支出的，资金应用是否合理与资金的时间安排有密切关系。通常可利用控制施工进度的网络计划进一步扩充而得。即在建立网络计划时，一方面确定完成各项工作所需花费的时间，另一方面同时确定完成这一工作的合适的施工成本支出计划。在实践中，将施工项目分解为既能方便地表示时间，又能方便地表示施工成本支出计划的工作是不容易的，通常，如果项目分解程度对时间控制合适，则对施工成本支出计划可能分解过细，以至于不可能对每项工作确定其施工成本支出计划，反之亦然。因此在编制网络计划时，应在充分考虑施工进度控制对项目划分要求的同时，还要考虑确定施工成本支出计划对项目划分的要求，做到两者兼顾。

以上三种编制施工计划的方法并不是相互独立的。在实际中，往往是将这几种方法结合起来使用，从而达到扬长避短的效果。例如：按子项目分解项目总施工成本与按施工成本构成分解项目总施工成本两种方法结合，一般横向按施工成本构成分解，纵向按子项目分解。

5.3.3　降低建设工程项目施工成本的主要措施

通常要降低成本或要压缩已经超支的成本而又不损害其他目标是十分困难的，因此，降低项目施工成本的措施必须考虑工期、质量、合同、功能等多个因素。具体有以下几种措施。

（1）制定先进合理、经济实用的施工方案。

（2）认真审核图纸，积极提出修改意见。

（3）组织流水施工，加快施工进度。

（4）切实落实技术组织措施。

（5）以激励机制调动职工增产节约的积极性。

（6）加强合同管理，增创工程收入。

（7）降低材料成本。

（8）降低机械使用费。

5.4 成本控制与分析的依据和方法

5.4.1 项目施工成本控制的意义和目的

施工项目的成本控制，通常是指在项目成本的形成过程中，对生产经营所消耗的人力资源、物资资源和费用开支，进行指导、监督、比较和分析，及时纠正将要发生和已经发生的偏差，把各项生产费用控制在计划成本的范围之内，以保证成本目标的实现。

从上述观点来看，项目施工成本控制的目的在于降低项目施工成本，提高经济效益。然而项目成本的降低，除了控制成本以外，还必须增加工程预算收入。因为，只有在增加收入的同时节约支出，才能提高项目施工成本的降低水平。

5.4.2 项目施工成本控制的原则

(1) 全面控制原则

全面控制原则主要体现在对项目成本的全员控制和项目成本的全过程控制。施工项目的成本是一项综合性指标，它涉及项目组织的各部门、各班组的工作业绩，也与每个职工的切身利益有关。因此，项目成本的高低需要大家关心，项目施工成本控制也需要项目参与者群策群力。同时，成本控制工作要随着项目施工进展的各阶段连续进行，既不能疏漏，又不能时紧时松，使项目施工成本自始至终置于有效的控制之下。

(2) 开源与节流相结合的原则

降低项目成本，需要一方面增加收入，一方面节约支出。因此，在成本控制中，也应坚持开源与节流相结合的原则。要求做到：每发生一笔较大的费用，都要查一查有无相对应的预算收入，是否支大于收；在经常性的分部分项工程成本核算和月度成本核算中，也要进行实际成本与预算收入的对比分析，以便从中探索成本节超的原因，纠正项目成本的不利偏差，提高项目成本的降低水平。

(3) 目标管理原则

目标管理是贯彻执行计划的一种方法，它把计划的方针、任务、目的和措施等一一进行分解，提出进一步的具体要求，并分别落实到执行计划的部门、单位，甚至个人。目标管理的内容包括：目标的设定和分解，目标的责任到位和执行，检查目标的执行结果，评价目标和修正目标，形成目标管理的P(计划)、D(实施)、C(检查)、A(处置)循环。

(4) 动态控制原则

动态控制原则是把成本控制的重点放在施工项目各主要施工阶段上，及时发现偏差、及时纠正偏差，在生产过程中进行动态控制。

(5) 责、权、利相结合的原则

要使成本控制真正发挥及时有效的作用，必须严格按照经济责任制的要求，贯彻责、权、利相结合的原则。在项目施工过程中，项目经理部的全体管理人员以及全体作业班组都负有一定的成本控制责任，从而形成整个项目的成本控制网络。另外，各部门、各单位、各班组在肩负成本控制责任的同时，还应享有成本控制的权力，即在规定的权力范围内可以决定某项费用能否开支、如何开支和开支多少，以行使对项目成本的实质性控制。最后，项目经理还要对各部门、各单位、各班组在成本控制中的业绩进行定期的检查和考核，并与工资分配紧密挂钩，实行有奖有罚。实践证明，只有责、权、利相结合的成本控制，才能收到预期的效果，达到名副其实的成本控制。

5.4.3 项目施工成本控制的依据

项目施工成本控制的依据包括以下内容：

(1) 工程承包合同

项目施工成本控制要以工程承包合同为依据，围绕降低施工成本这个目标，从预算收入和实际成本两方面，努力挖掘增收节支潜力，以求获得最大的经济效益。

(2) 施工成本计划

施工成本计划是根据施工项目的具体情况制定的施工成本控制方案，既包括预定的具体成本控制目标，又包括实现控制目标的措施和规划，是项目施工成本控制的指导性文件。

(3) 进度报告

进度报告提供了每一时刻工程实际完成量、工程项目施工成本实际支出情况等重要信息。工程项目施工成本控制工作正是通过实际情况与施工成本计划相比较，找出两者之间的差别，分析偏差产生的原因，从而采取措施改进以后的工作。此外，进度报告还有助于管理者及时发现工程实施中存在的隐患，并在事态还未造成重大损失之前采取有效措施，尽量避免损失。

(4) 工程变更

在项目实施过程中，由于各方面的原因，工程变更是很难避免的。工程变更一般包括设计变更、进度计划变更、施工条件变更、技术规范与标准变更、施工次序变更、工程数量变更等。一旦出现变更，工程量、工期、成本都必将发生变化，从而使施工成本控制工作变得更加复杂和困难。因此，施工成本管理人员就应当通过对变更要求中各类数据的计算、分析，随时掌握变更情况，包括已发生的工程量、将要发生的工程量、工期是否拖延、支付情况等重要信息，判断变更可能带来的索赔额度。

5.4.4 项目施工成本控制的基本方法

5.4.4.1 施工图预算控制成本支出

在工程项目的成本控制中，可按施工图预算实行“以收定支”。具体的处理方法如下：

(1) 人工费的控制。项目经理部与作业队签订劳务合同时，应该将人工费单价定得低一些，其余部分可用于定额外人工费和关键工序的奖励费。这样，人工费就不会超支，而且还留有余地，以备关键工序之需。

(2) 材料费的控制。在按“量价分离”方法计算工程造价的条件下，水泥、钢材、木材“三材”的价格随行就市，实行高进高出；由于材料市场价格变动频繁，往往会发生预算价格与市场价格严重背离而使采购成本失去控制的情况。因此，项目材料管理人员必须经常关注材料市场价格的变动，并积累系统、翔实的市场信息。

(3) 施工机械使用费的控制。施工图预算中的机械使用费等于工程量乘以定额台班单价。由于项目施工的特殊性，实际的机械利用率不可能达到预算定额的取定水平；再加上预算定额所设定的施工机械原值和折旧率又有较大的滞后性，因而使施工图预算的机械使用费往往小于实际发生的机械使用费，造成机械使用费超支。在这种情况下，就可以以施工图预算的机械使用费和增加的机械费补贴来控制机械费支出。

(4) 周转设备使用费的控制。施工图预算中的周转设备使用费等于耗用数乘以市场价格,而实际发生的周转设备使用费等于使用数乘以企业内部的租赁单价或摊销率。由于两者的计量基础和计价方法各不相同,只能以周转设备预算收费的总量来控制实际发生的周转设备使用费的总量。

(5) 构件加工费和分包工程费的控制。在市场经济体制下,钢门窗、木制成品、混凝土构件、金属构件和成型钢筋的加工,以及打桩、土方、吊装、安装、装饰和其他专项工程的分包,都要通过经济合同来明确双方的权利和义务。在签订这些经济合同时,要坚持"以施工图预算控制合同金额"的原则,绝不允许合同金额超过施工图预算。

5.4.4.2 施工预算控制资源消耗

资源消耗数量的货币表现就是成本费用。因此,资源消耗的减少,就等于成本费用的节约;控制了资源消耗,就等于是控制了成本费用。施工预算控制资源消耗的实施步骤和方法是:

(1) 项目开工以前,编制整个工程项目的施工预算作为指导和管理施工的依据。如果是边设计边施工的项目,则编制分阶段的施工预算。

(2) 对生产班组的任务安排,必须签发施工任务单和限额领料单,并向生产班组进行技术交底。施工任务单和限额领料单的内容应与施工预算完全相符,不允许篡改施工预算,也不允许有定额不用而另行估算。

(3) 在施工任务单和限额领料单的执行过程中,要求生产班组根据实际完成的工程量和实耗人工、实耗材料做好原始记录,作为施工任务单和限额领料单结算的依据。

(4)任务完成后,根据回收的施工任务单和限额领料单进行结算,并按照结算内容支付报酬(包括奖金)。

5.4.4.3 成本与进度同步跟踪,控制分部分项工程成本

(1) 横道图计划的进度与成本的同步控制

在横道图计划中,表示作业进度的横线有两条,一条为计划线,一条为实际线。计划线上的"C"表示与计划进度相对应的计划成本;实际线下的"C"表示与实际进度相对应的实际成本。由此得到以下信息:

① 每个分项工程的进度与成本的同步关系,即施工到什么阶段,就将发生多少成本;

② 每个分项工程的计划施工时间与实际施工时间(从开始到结束)之比(提前或拖期),以及对后道工序的影响;

③ 每个分项工程的计划成本与实际成本之比(节约或超支),以及对完成某一时期责任成本的影响;

④ 每个分项工程施工进度的提前或拖期对成本的影响程度;

⑤ 整个施工阶段的进度和成本情况。

通过进度与成本同步跟踪的横道图,要求实现:以计划进度控制实际进度;以计划成本控制实际成本;随着每道工序进度的提前或拖期,对每个分项工程的成本实行动态控制,以保证项目成本目标的实现。

(2) 网络图计划的进度与成本的同步控制

网络图计划的进度与成本的同步控制,与横道图计划基本相同。所不同的是,网络计划在

施工进度的安排上更具逻辑性，而且可在破网后随时进行优化和调整，因而对每道工序的成本控制也更有效。

网络图的表示方法为：箭杆的上方用“C”后面的数字表示工作的计划成本，实际施工的时间和成本则在箭杆附近的方格中按实填写，这样就能从网络图中看到每项工作的计划进度与实际进度、计划成本与实际成本的对比情况，同时也可以清楚地看出今后控制进度、控制成本的方向。

5.4.4.4　建立月度财务收支计划，控制成本费用支出

(1) 以月度施工作业计划为龙头，并以月度计划产值为当月财务收入计划，同时由项目各部门根据月度施工作业计划的具体内容编制本部门的用款计划。

(2) 根据各部门的月度用款计划进行汇总，并按照用途的轻重缓急平衡调度，同时提出具体的实施意见，经项目经理审批后执行。

(3) 在月度财务收支计划的执行过程中，项目财务成员应该根据各部门的实际情况做好记录，并于下月初反馈给相关部门，由各部门自行检查分析节超原因，吸取经验教训。对于节超幅度较大的部门，应以书面分析报告分送项目经理和财务部门，以便项目经理和财务部门采取针对性的措施。

5.4.4.5　加强质量管理，控制质量成本

质量成本是指项目为保证和提高产品质量而支出的一切费用，以及为达到质量指标而发生的一切损失费用。质量成本包括控制成本和故障成本。控制成本包括预防成本和鉴定成本，属于质量成本保证费用，与质量水平成正比关系；故障成本包括内部故障成本和外部故障成本，属于损失性费用，与质量水平成反比关系。

(1) 质量成本核算

将施工过程中发生的质量成本费用，按照预防成本、鉴定成本、内部故障成本和外部故障成本的明细科目归集，然后计算各个时期各项质量成本的发生情况。

质量成本的明细科目，可根据实际支付的具体内容来确定。

① 预防成本：质量管理工作费、质量培训费、质量情报费、质量技术宣传费和质量管理活动费等；

② 内部故障成本：返工损失、停工损失、返修损失、质量过剩损失、技术超前支出和事故分析处理等；

③ 外部故障成本：保修费、赔偿费、诉讼费和因违反环境保护法而发生的罚款等；

④ 鉴定成本：材料检验试验费、工序监测和计量服务费以及质量评审活动费等。

(2) 质量成本分析

根据质量成本核算的资料进行归纳、比较和分析，共包括四个分析内容：

① 质量成本各要素之间的比例关系分析；

② 质量成本总额的构成比例分析；

③ 质量成本总额的构成内容分析；

④ 质量成本占预算成本的比例分析。

5.4.4.6　坚持现场管理标准化，减少浪费

施工现场临时设施费用是工程直接成本的一个组成部分。在项目管理中，降低施工成本有硬手段和软手段两个途径。所谓硬手段主要是指优化施工技术方案，应用价值工程方法，结

合施工对设计提出改进意见，以及合理配置施工现场临时设施，控制施工规模，降低固定成本的开支；软手段主要指通过加强管理、克服浪费、提高效率等来降低单位建筑产品物化劳动和活劳动的消耗。

5.4.4.7 开展“三同步”检查，防止成本盈亏异常

项目经济核算的“三同步”，是指统计核算、业务核算和会计核算的同步。统计核算即产值统计；业务核算即人力资源和物质资源的消耗统计；会计核算即成本会计核算。根据项目经济活动的规律，这三者之间有着必然的同步关系。这种规律性的同步关系具体表现为完成多少产值，消耗多少资源，发生多少成本，三者应该同步。否则，项目成本就会出现盈亏异常情况。

5.4.5 项目施工成本控制的步骤

在确定了项目施工成本计划后，必须定期地进行施工成本计划值与实际值的比较，当实际值偏离计划值时，分析产生偏差的原因，采取适当的纠偏措施，以确保施工成本控制目标的实现。其步骤如下：

(1) 比较 按照某种确定的方式将施工成本计划值与实际值逐项进行比较以发现施工成本是否已超支。

(2) 分析 在比较的基础上，对比较的结果进行分析，了解偏差的严重性及产生偏差的原因，从而采取有针对性的措施，减少或避免相同原因的再次发生或减少由此造成的损失。

(3) 预测 根据项目实施情况估算整个项目完成时的施工成本。预测的目的在于为决策提供支持。

(4) 纠偏 当施工项目的实际施工成本出现偏差，应当根据施工项目的具体情况、偏差分析和预测的结果，采取适当的措施，以期达到使施工成本偏差尽可能小的目的。纠偏是施工成本控制中最具实质性的一步。只有通过纠偏，才能最终达到有效控制施工成本的目的。

(5) 检查 它是指对工程的进展进行跟踪和检查，及时了解工程进展状况以及纠偏措施的执行情况和效果，为今后的工作积累经验。

5.4.6 项目施工成本分析的依据

项目施工成本分析，就是根据会计核算、业务核算和统计核算提供的资料，对项目施工成本的形成过程中影响成本升降的因素进行分析，以寻求进一步降低成本的途径。通过成本分析，可从账簿、报表反映的成本现象看清成本的实质，从而增强项目施工成本的透明度和可控性，加强成本控制，为实现项目施工成本目标创造条件。项目经理部应将成本分析的结果形成文件，为成本偏差的纠正和预防、成本控制方法的改进、制定降低成本措施、改进成本控制体系等提供依据。

(1) 会计核算

会计核算主要是价值核算。会计是对一定单位的经济业务进行计量、记录、分析和检查，做出预测，参与决策，实行监督，旨在实现最优经济效益的一种管理活动。它通过设置账户、复式记账、填制和审核凭证、登记账簿、成本计算、财产清查和编制会计报表等一系列有组织、有系统的方法，来记录企业的一切生产经营活动，然后据以提出一些用货币来反映的有关各种综合性的数据。资产、负债、所有者权益、营业收入、成本、利润等会计六要素指标，是项目施工成本分析的重要依据。

(2) 业务核算

业务核算是各业务部门根据业务工作的需要而建立的核算制度,它包括原始记录和计算登记表,如单位工程及分部分项工程进度登记、质量登记、工效、定额计算登记、物资消耗定额记录、测试记录等。业务核算的范围比会计核算、统计核算广,会计核算和统计核算一般是对已经发生的经济活动进行核算,而业务核算不但可以对已经发生的,而且还可以对尚未发生的或正在发生的经济活动进行核算,看是否可以做,是否有经济效果。它的特点是,对个别的经济业务进行单项核算。例如各种技术措施、新工艺等项目,可以核算已经完成的项目是否达到原定的目标,取得预期的效果,也可以对准备采取措施的项目进行核算和审查,看是否有效果,值不值得采纳。业务核算的目的,在于迅速取得资料,在经济活动中及时采取措施进行调整。

(3) 统计核算

统计核算是利用会计核算资料和业务核算资料,把企业生产经营活动客观现状的大量数据,按统计方法加以系统整理,表明其规律性。它的计量尺度比会计宽,可以用货币计算,也可以用实物或劳动量计算。它通过全面调查和抽样调查等特有的方法,不仅能提供绝对数指标,还能提供相对数和平均数指标,可以计算当前的实际水平,确定变动速度,预测发展的趋势。

5.4.7 项目施工成本分析应遵守的原则

(1) 实事求是的原则　成本分析一定要有充分的事实依据,对事物进行实事求是的评价,并要尽可能做到措辞恰当,能为绝大多数人所接受。

(2) 用数据说话的原则　成本分析要充分利用会计核算、业务核算、统计核算和有关台账的数据进行定量分析,尽量避免抽象的定性分析。

(3) 时效性原则　成本分析要做到分析及时,发现问题及时,解决问题及时。

(4) 为生产经营服务的原则　成本分析不仅要揭露矛盾,而且要分析产生矛盾的原因,提出积极有效的解决矛盾的合理化建议。

5.4.8 项目施工成本分析的方法

由于项目施工成本涉及的范围很广,需要分析的内容也很多,应该在不同的情况下采取不同的分析方法。这里我们按成本分析的基本方法、综合成本的分析方法和成本项目的分析方法分述。

5.4.8.1 项目施工成本分析的基本方法

(1) 比较法

比较法又称"指数对比分析法",就是通过技术经济指标的对比,检查目标的完成情况,分析产生差异的原因,进而挖掘内部潜力的方法。这种方法具有通俗易懂、简单易行、便于掌握的特点,因而得到了广泛的应用。

比较法通常有下列形式:

① 将实际指标与目标指标对比;

② 本期实际指标和上期实际指标相比;

③ 与本行业平均水平、先进水平对比。

例如:某项目本年节约"三材"的目标为 100 万元,实际节约 120 万元;上年节约 95 万元;本企业先进水平节约 130 万元。根据上述资料编制分析表 5.1。

表 5.1 实际指标与目标指标、上期指标、先进水平对比表(万元)

指标	本年目标数	上年实际数	企业先进水平	本年实际数	差异数		
					与目标比	与上年比	与先进比
"三材"节约额	100	95	130	120	+20	+25	−10

(2) 因素分析法

因素分析法又称"连环置换法",这种方法可用来分析各种因素对成本的影响程度。在进行分析时,首先要假定众多因素中的一个因素发生了变化,而其他因素则不变,然后逐个替换,分别比较其计算结果,以确定各个因素的变化对成本的影响程度。

具体步骤如下:

① 确定分析对象,并计算出实际数与目标数的差异;

② 确定该指标是由哪几个因素组成的,并按其相互关系进行排序;

③ 以目标数为基础,将各因素的目标数相乘,作为分析替代的基数;

④ 将各个因素的实际数按照上面的排列顺序进行替换计算,并将替换后的实际数保留下来;

⑤ 将每次替换计算所得的结果与前一次的计算结果相比较,两者的差异即为该因素对成本的影响程度;

⑥ 各个因素的影响程度之和,应与分析对象的总差异相等。

必须指出,在应用这种方法时,各个因素的排列顺序应该固定不变,否则,就会得出不同的计算结果,也会产生不同的结论。

例 5.1 某工程浇筑一层结构商品混凝土,目标成本为 378560 元,实际成本为 407880 元,比目标成本增加 29320 元。根据表 5.2 的资料,用"因素分析法"分析其成本增加的原因。

表 5.2 商品混凝土目标成本与实际成本对比表

项目	计划	实际	差额
产量(m^3)	520	550	+30
单价(元)	700	720	+20
损耗率(%)	4	3	−1
成本(元)	378560	407880	+29320

分析 ① 分析对象是浇筑一层结构商品混凝土的成本,实际成本与目标成本的差额为 29320 元。

② 该指标是由产量、单价、损耗率三个因素组成的,其排序见表 5.2。

③ 以目标数 378560(520×700×1.04)为分析替代的基础。

④ 替换。

第一次替换,产量因素:以 550 替代 520,得 550×700×1.04=400400 元。

第二次替换,单价因素:以 720 替代 700,并保留上次替换后的值,得 411840 元,即 550×720×1.04=411840 元。

第三次替换,损耗率因素:以 1.03 替代 1.04,并保留上两次替换后的值,得 407880 元。

⑤ 计算差额。

第一次替换与目标数的差额＝400400－378560 ＝ 21840 元

第二次替换与第一次替换的差额＝411840－400400 ＝ 11440 元

第三次替换与第二次替换的差额＝407880－411840 ＝ －3960 元

产量增加使成本增加了 21840 元，单价提高使成本增加了 11440 元，而损耗率下降使成本降低了 3960 元。

⑥ 各因素的影响程度之和＝21840＋11440－3960＝29320 元，与实际成本和目标的总差额相等。

为了使用方便，企业也可以通过运用因素分析表来求出各因素的变动对实际成本的影响程度，其具体形式见表 5.3。

表 5.3　商品混凝土成本变动因素分析表

顺序	连环替代计算	差异(元)	因素分析
目标数	520×700×1.04＝378560 元		
第一次替代	550×700×1.04＝400400 元	21840	由于用量增加 30 m^3，成本增加 21840 元
第二次替代	550×720×1.04＝411840 元	11440	由于单价提高 20 元，成本增加 11440 元
第三次替代	550×720×1.03＝407880 元	－3960	由于损耗率下降 1％，成本减少 3960 元
合计	21840＋11440－3960＝29320 元	29320	

(3) 差额计算法

差额计算法是因素分析法的一种简化形式，它利用各个因素的目标与实际的差额来计算其对成本的影响程度。

例 5.2　某施工项目某月的实际成本降低额比目标数提高了 2.00 万元，具体形式如表 5.4所示。

表 5.4　降低成本目标与实际对比表

项目	单位	目标	实际	差异
预算成本	万元	310	320	＋10
成本降低率	％	4	4.5	＋0.5
成本降低额	万元	12.4	14.4	＋2.00

分析　① 预算成本增加对成本降低额的影响程度：

(320—310)×4％＝0.40 万元

② 成本降低率提高对成本降低额的影响程度：

(4.5％—4％)×320＝1.60 万元

③ 以上两项合计：

0.40＋1.60＝2.00 万元

(4) 比率法

比率法是指用两个以上的指标的比例进行分析的方法。它的基本特点是：先把对比分析的数值变成相对数，再观察其相互之间的关系。常用的比率法有以下几种：

① 相关比率。由于项目经济活动的各个方面是互相联系，互相依存，又互相影响的，因而将两个性质不同而又相关的指标加以对比，求出比率，并以此来考察经营成果的好坏。例如，产值和工资是两个不同的概念，但它们的关系又是投入与产出的关系。在一般情况下，都希望以最少的人工费支出完成最大的产值。因此，用产值工资率指标来考核人工费的支出水平，就很能说明问题。

② 构成比率，又称比重分析法或结构对比分析法。通过构成比率，可以考察成本总量的构成情况以及各成本项目占成本总量的比重，同时也可看出量、本、利的比例关系（即预算成本、实际成本和降低成本的比例关系），从而为寻求降低成本的途径指明方向（表 5.5）。

（3）动态比率。动态比率法，就是将同类指标在不同时期时的数值进行对比，求出比率，以分析该项指标的发展方向和发展速度。动态比率的计算，通常采用基期指数（或稳定比指数）和环比指数两种方法（表 5.6）。

表 5.5 成本构成比例分析表

成本项目	预算成本		实际成本		降低成本		
	金额（万元）	比重（%）	金额（万元）	比重（%）	金额（万元）	占本项预算成本的比重（%）	占总量（%）
1. 直接成本	1264.06	93.20	1200.31	92.38	63.75	5.04	4.70
（1）人工费	113.63	8.38	119.28	9.18	−5.65	−4.97	−0.42
（2）材料费	1006.56	74.22	939.67	72.32	66.89	6.65	4.93
（3）机械使用费	87.60	6.45	89.65	6.90	−2.05	−2.34	−0.15
（4）其他间接费	56.27	4.15	51.71	3.98	4.56	8.10	0.34
2. 间接成本	92.21	6.80	99.01	7.62	−6.80	−7.37	0.5
成本总量	1356.27	100.00	1299.32	100.00	56.95	4.20	4.20
量、本、利比例（%）	100.00	—	95.80	—	4.20	—	—

表 5.6 指标动态比较表

指　　标	第一季度	第二季度	第三季度	第四季度
降低成本（万元）	45.60	47.80	52.50	64.30
基期指数（%，一季度为 100%）	—	104.82	115.13	141.01
环比指数（%，上一季度为 100%）	—	104.82	109.83	122.48

5.4.8.2 综合成本的分析方法

所谓综合成本，是指涉及多种生产要素，并受多种因素影响的成本费用，如分部分项工程成本，月（季）度成本，年度成本等。由于这些成本都是随着项目施工的进展而逐步形成的，与生产经营有着密切的关系。因此，做好上述成本的分析工作，无疑将促进项目的生产经营管理，提高项目的经济效益。

（1）分部分项工程成本分析

分部分项工程成本分析是项目施工成本分析的基础。分部分项工程成本分析的对象为已完成分部分项工程。分析的方法是：进行预算成本、目标成本和实际成本的“三算”对比，分别计算实际偏差；分析偏差产生的原因，为今后的分部分项工程成本寻求节约途径。

分部分项工程成本分析的资料来源是：预算成本来自投标报价成本，目标成本来自施工预算，实际成本来自施工任务单的实际工程量、实耗人工和限额领料单的实耗材料。

由于施工项目包括很多分部分项工程，不可能也没有必要对每一个分部分项工程都进行成本分析，特别是一些工程量小、成本费用微不足道的零星工程。但是，对于那些主要分部分项工程则必须进行成本分析，而且从开工到竣工都要进行系统的成本分析，这是一项很有意义的工作。因为通过主要分部分项工程成本的系统分析，可以基本上了解项目成本形成的全过程，为竣工成本分析和今后的项目成本管理提供一份宝贵的参考资料。

(2) 月(季)度成本分析

月(季)度成本分析，是施工项目定期的、经常性的中间成本分析。对于具有一次性特点的施工项目来说，有着特别重要的意义。因为通过月(季)成本分析，可以及时发现问题，以便按照成本目标指定的方向进行监督和控制，保证项目成本目标的实现。月(季)度成本分析的依据是当月(季)的成本报表。通常从以下方面进行分析。

① 通过实际成本与预算成本的对比，分析当月(季)的成本降低水平；通过累计实际成本与累计预算成本对比，分析累计的成本降低水平，预测实际项目成本目标的前景。

② 通过实际成本与目标成本的对比，分析目标成本的落实情况，以及目标管理中的问题和不足，进而采取措施，加强成本管理，保证成本目标的落实。

③ 通过对各成本项目的成本分析，可以了解成本总量的构成比例和成本管理的薄弱环节。例如：在成本分析中，发现人工费、机械费和间接费等项目大幅度超支，就应该对这些项目费用的收支关系认真研究，并采取对应的增收支措施，防止今后再超支。如果属于规定的“政策性”亏损，则应从控制支出着手，把超支额压缩到最低限度。

④ 通过主要技术经济指标的实现情况与目标对比，分析产量、工期、质量、“三材”(水泥、钢材、木材)节约率、机械利用率等对成本的影响。

⑤ 通过对技术组织措施执行效果的分析，寻求更加有效的节约途径。

⑥ 分析其他有利条件和不利条件对成本的影响。

(3) 年度成本分析

企业成本要求一年结算一次，不得将本年成本转入下一年度。而项目成本则以项目的寿命周期为结算期，要求从开工到竣工到保修结束连续计算，最后结算出成本总量及其盈亏。由于项目的施工周期一般较长，除进行月(季)度成本核算和分析外，还要进行年度成本的核算和分析。这不仅仅是为了满足企业汇编年度成本报表的需要，同时更是项目成本管理的需要。因为通过年度成本的综合分析，可以总结一年来成本管理的成绩和不足，为今后的成本管理提供经验和教训，从而可对项目成本进行更有效的管理。

年度成本分析的依据是年度成本报表。年度成本分析的内容，除了月(季)度成本分析的六个方面以外，重点是针对下一年度的施工进展情况规划切实可行的成本管理措施，以保证施工项目成本目标的实现。

(4) 竣工成本的综合分析

凡是有几个单位工程而且是单独进行成本核算(即成本核算对象)的施工项目，其竣工成本分析应以各单位工程竣工成本分析资料为基础，再加上项目经理部的经营效益(如资金调度、对外分包等所产生的效益)进行综合分析。如果施工项目只有一个成本核算对象(单位工程)，就以该成本核算对象的竣工成本资料作为成本分析的依据。

单位工程竣工成本分析，应包括以下三方面内容：① 竣工成本分析；② 主要资源节超对比分析；③ 主要技术节约措施及经济效果分析。

5.4.8.3 成本项目的分析方法

(1) 人工费分析

在实行管理层和作业层分离的情况下，项目施工所需要的人工和人工费，由项目经理部与劳务分包企业签订劳务承包合同，明确承包范围、承包金额和双方的权利、义务。对项目经理部来说，除了按合同规定支付劳务费以外，还可能发生一些其他人工费支出，如工程量增减而调整的人工和人工费，定额以外的估点工工资，对班组或个人的奖励费用等。项目经理部应根据具体情况，结合劳务合同的管理进行分析。

(2) 材料费分析

材料费分析包括主要材料费用、周转材料使用费的分析以及材料储备的分析。

① 主要材料费用的高低主要受价格和消耗数量的影响。而材料价格的变动，又要受采购价格、运输费用、路途损耗等因素的影响。材料消耗数量的变动，也要受操作损耗、管理损耗和返工损失等因素的影响，可在价格变动较大和数量超用异常的时候再做深入分析。为了分析材料价格和消耗数量的变化对材料费用的影响程度，可按下列公式计算：

因材料价格变动对材料费的影响＝(预算单价－实际单位)×消耗数量

因消耗数量变动对材料费的影响＝(预算用量－实际用量)×预算价格

② 对于周转材料使用费，主要是分析其利用率和损耗率。实际计算中可采用"差额分析法"来计算周转率对周转材料使用费的影响程度。

③ 材料储备分析主要是对采保费用和材料储备资金占用的分析。具体可用因素分析法来进行。

(3) 机械使用费分析

影响机械使用费的因素主要是机械利用率。造成机械利用率不高的因素，是机械调度不当和机械完好率不高。因此在机械设备使用中，必须充分发挥机械的效用，加强机械设备的平衡调度，做好机械设备平时的维修保养工作，提高机械的完好率，保证机械的正常运转。

(4) 施工间接费分析

施工间接费就是施工项目经理部为管理施工而发生的现场经费。因此，进行施工间接费分析，需要运用计划与实际对比的方法。施工间接费实际发生数的资料来源为工程项目的施工间接费明细账。通过以上分析，可以全面了解单位工程的成本构成和降低成本的来源，对今后同类工程的成本管理很有参考价值。

复习思考题

1. 简答题

(1) 什么是项目施工成本，其构成内容是什么？

(2) 影响建设工程项目施工成本的因素有哪些？

(3) 项目施工成本管理有哪些工作内容？

(4) 项目施工成本计划编制的依据是什么？

(5) 简述项目施工成本控制的原则。

(6) 项目施工成本控制的基本方法有哪些？

(7) 项目施工成本控制的步骤是什么？

(8) 项目施工成本分析的基本方法有哪些？

2. 案例分析

(1) 背景资料:某工程单位建筑面积材料费见表5.7。

表5.7 建筑面积材料费

材料名称	每 m^2 建筑面积材料的用量		材料单价	
	计划	实际	计划	实际
A	0.60 m^3	0.55 m^3	410元/m^3	400元/m^3
B	0.40 m^3	0.45 m^3	200元/m^3	210元/m^3
C	3.50 kg	3.20 kg	15元/kg	16元/kg

(2) 问题:试对材料费项目进行成本分析。

6 建设工程项目进度管理

本 章 提 要

本章主要介绍了建设工程项目进度管理的概念、管理目标的确定、建设工程项目进度计划的表示方式，建设工程项目进度计划的审核与实施的内容，并进一步介绍了建设工程项目进度计划比较的方法。

6.1 建设工程项目进度管理概述

6.1.1 建设工程项目进度管理的概念

6.1.1.1 建设工程项目进度管理的定义

建设工程项目进度管理是指建设工程项目组织为实现预定的进度目标而进行的计划、组织、指挥、协调和控制等的活动。建设工程项目组织应建立项目进度管理体系，制定进度管理目标。建设工程项目进度管理体系是企业管理体系的一部分，以工程管理部门为主管部门，物资管理部门、人力资源管理部门及其他相应业务部门为相关部门，通过任务分工表和职能分工表明确各自的责任。建设工程项目管理组织应建立以项目经理为首的进度管理体系，各子项目负责人、计划人员、调度人员、作业队长和班组长都是该进度管理体系的成员，各承担工程任务者和生产管理者都应承担进度管理目标，对进度管理负责。建设工程项目，特别是大型重点建设项目，工期要求十分紧迫，施工方的工程进度压力非常大。非正常有效地施工，盲目赶工，难免会导致施工质量问题、安全问题的出现以及施工成本的增加，因此，要使工程项目保质、保量、按期完成，我们就应进行科学的进度管理。

6.1.1.2 建设工程项目进度的概念

建设工程项目进度通常是指建设工程项目实施结果的进展情况。而在建设工程项目实施过程中需要消耗时间(工期)、劳动力、材料、成本等才能完成建设工程项目的任务，所以建设工程项目进度可用持续时间、工程活动完成可交付成果数量、已完成工程的价值、资源消耗指标等进度指标来表示。

(1) 按持续时间计算。持续时间是建设工程项目进度的重要指标。人们常用已经使用的工期与计划工期相比较，以描述工程的完成程度。例如：某工程计划工期 2 年，现已经进行了半年，则说明工程进度已达 25％。

(2) 按工程活动完成的可交付成果数量描述。这主要针对专门的领域，即生产对象简单、工程活动简单的项目。例如，某工程基础共有混凝土 1000 m^3，现已浇筑完成 600 m^3，则说明混凝土基础的施工进度已经完成 60％。

(3) 按已完成工程的价值量即已经完成的工作量与相应的合同价格(单价)或预算价格计

算。它将不同种类的分项工程统一起来，能够较好地反映工程的进度状况。这是常用的进度指标。例如，某工程合同价1000万元，现已经完成300万元，则说明进度已达30%。

(4) 资源消耗指标最常用的有劳动工时、机械台班、成本的消耗等。它们有统一性和较好的可比性，即从各个工程活动直到整个项目都可用它们作为指标来统一分析尺度。例如，某工程外墙抹灰工程计划用工300工日，现已用工150工日，则进度已经完成50%。

在现代工程项目管理中，人们已赋予进度以综合的含义，它与实物工程量、成本、劳动消耗、资源等有机地结合起来，形成一个综合的指标，能较全面地反映项目的实施状况。

6.1.2 建设工程项目进度管理的措施

建设工程项目进度管理的措施主要有组织措施、管理措施、经济措施和技术措施。

(1) 组织措施

组织是目标能否实现的决定性因素，为实现项目的进度目标，应健全项目管理的组织体系；在项目组织结构中应由专门的工作部门和符合进度管理岗位资格的专人负责进度管理工作；进度管理的工作任务和相应的管理职能应在项目管理组织设计的任务分工表和管理职能分工表中标示并落实；应编制施工进度的工作流程，如确定施工进度计划系统的组成，各类进度计划的编制程序、审批程序和计划调整程序等；应进行有关进度管理会议的组织设计，以明确会议的类型，各类会议的主持人和参加单位及人员，各类会议的召开时间，各类会议文件的整理、分发和确认等。

(2) 管理措施

管理措施涉及管理的思想、管理的方法、承发包模式、合同管理和风险管理等。树立正确的管理观念，包括进度计划系统观念、动态管理的观念、进度计划多方案比较和选优的观念；运用科学的管理方法，如工程网络计划的方法有利于实现进度管理的科学化；选择合适的承发包模式；重视合同管理在进度管理中的应用；采取风险管理措施等。

(3) 经济措施

经济措施涉及编制与进度计划相适应的资源需求计划和采取加快施工进度的经济激励措施。

(4) 技术措施

技术措施涉及对实现施工进度目标有利的设计技术和施工技术的选用。

6.1.3 建设工程项目进度管理目标的确定

建设工程项目进度管理目标随组织任务的不同而不同。建设工程项目进度管理目标分解方法有很多种，一般可按项目实施过程、专业、阶段或实施周期进行分解。

(1) 按项目实施过程可将建设工程项目进度管理目标分解为单项工程进度目标、单位工程进度目标、分部工程进度目标和分项工程进度目标，如图6.1所示。

(2) 按项目专业性质可将建设工程项目进度管理目标分解为建筑、结构、设备、市政、园林绿化等专业进度目标，如图6.2所示。

(3) 按项目实施阶段可将建设工程项目进度管理目标分解为项目建议书、可行性研究、设计、建设准备、施工、竣工验收、交付使用等阶段进度目标，如图6.3所示。

(4) 按项目实施周期的长短可将建设工程项目进度管理目标分解为年度、季度、月度、旬度、周度等进度目标，如图 6.4 所示。

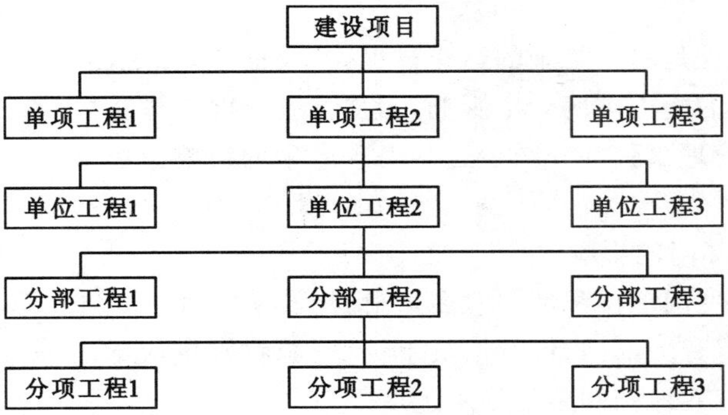

图 6.1　按项目实施过程分解进度目标

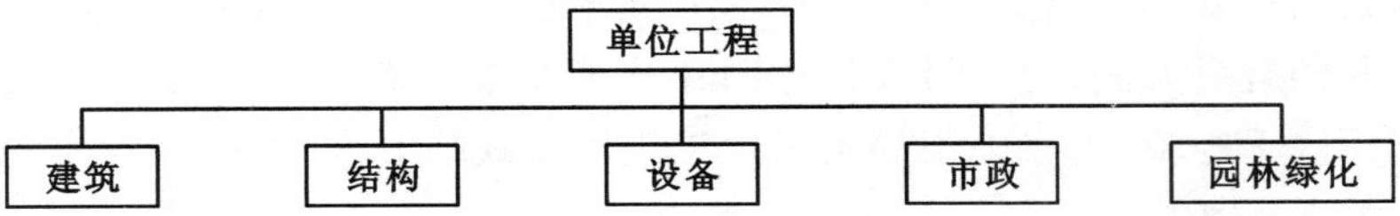

图 6.2　按专业分解进度目标

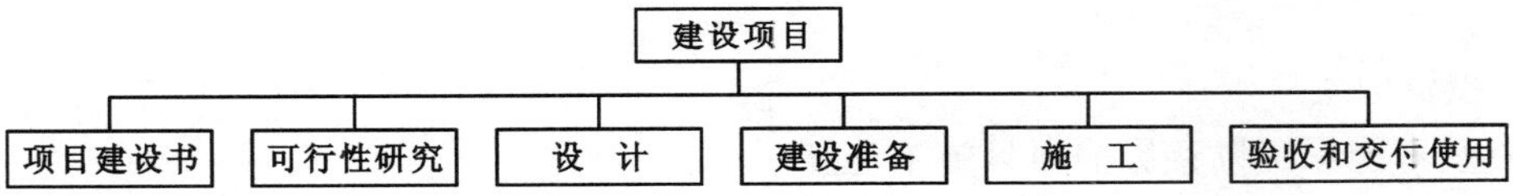

图 6.3　按阶段分解项目进度目标

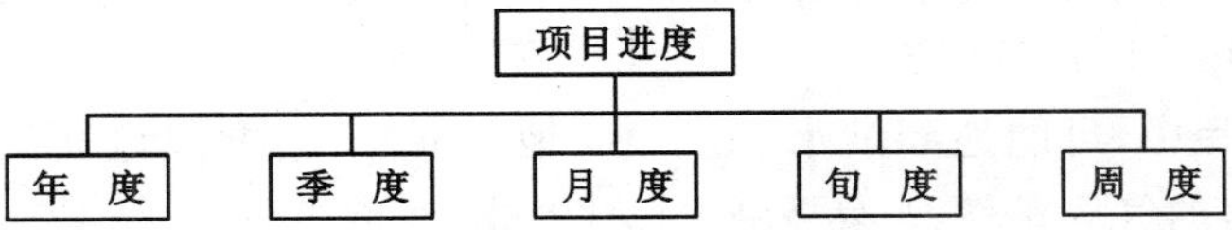

图 6.4　按周期分解的项目进度目标

6.1.4　建设工程项目进度管理的程序

《建设工程项目管理规范》(GB/T 50326—2006)规定：建设工程项目组织在确定项目进度管理目标后，应遵循下列程序进行进度管理，以便达成进度管理目标。

(1) 制订进度计划。

(2) 经过批准的进度计划应向实施者进行交底并落实责任。

(3) 实施进度计划，在实施中进行跟踪检查，对存在问题分析原因并纠正偏差，必要时对进度计划进行调整。

(4) 编制进度报告，报送有关管理部门。

这个程序实际上就是通常所说的 PDCA 管理循环过程。P 就是编制计划，D 就是执行计划，C 就是检查，A 就是处置。在进行管理的时候，每一步都是必不可少的。因此，项目进度管理的程序，与所有管理的程序基本上都是一样的。通过 PDCA 循环，可不断提高进度管理水平，确保最终目标实现。

6.1.5 影响进度的因素

工程项目实施过程是一个复杂的运作过程，涉及面广，影响因素多，任何一个方面出现问题都可能对工程项目的施工进度产生影响。为此，应分析了解这些影响因素，并尽可能加以控制，通过有效的进度管理来弥补和减少这些因素产生的影响。影响工程项目进度的主要因素有以下方面：

（1）参与单位和部门的影响

影响项目施工进度的单位和部门众多，包括建设单位、设计单位、总承包单位，以及施工单位上级主管部门、政府有关部门、银行信贷单位、资源物资供应部门等。只有做好有关单位的组织协调工作，才能有效地控制项目施工进度。

（2）施工技术因素

施工技术因素主要有：低估项目施工技术上的难度；采取的技术措施不当；没有考虑某些设计或施工问题的解决方法；对项目设计意图和技术要求没有全部领会；在应用新技术、新材料或新结构方面缺乏经验，盲目施工导致出现工程质量缺陷等。

（3）施工组织管理因素

施工组织管理因素主要有：施工平面布置不合理；劳动力和机械设备选配不当；流水施工组织不合理等。

（4）投资因素

因资金不能保证以致影响项目施工进度。

（5）设计变更因素

设计变更因素主要有：建设单位改变项目设计功能；项目设计图样错误或变更等。

（6）不利条件和不可预见因素

在项目实施过程中，可能遇到洪水、地下水、地下断层、溶洞或地面深陷等不利的地质条件；也可能出现恶劣的气候条件、自然灾害、工程事故、政治事件、工人罢工或战争等不可预见的事件，这些因素都将影响项目进度。

6.2 施工项目进度计划的编制和实施

6.2.1 建设工程项目进度计划的表示方法

建设工程项目进度计划的编制有多种表示方法，可以使用文字说明、里程碑表、工作量表、横道图计划，也可以使用网络计划等方法。

6.2.1.1 里程碑表

里程碑表也可称为里程碑计划，是以建设工程项目中某些关键事件的开始或完成时间点作为基准所形成的计划，是一种战略计划或建设工程项目进度框架。它规定了建设工程项目的可实现的中间结果，是根据项目要达到的最终目标所必须经历的工作环节而确定的重大且关键的工作序列。每个里程碑代表一个关键事件，并表明其必须完成的时间界限，如表6.1所示，里程碑计划一般适用于工期较长、较为复杂的大型建设项目。

表 6.1 某工程里程碑计划

序号	工序名称	进度(月)														
		1	2	3	4	5	6	7	8	9	10	11	12	13	14	15
1	基础开挖	★														
2	基础完成			★												
3	主体封顶									★						
4	屋面防水完成										★					
5	室内装饰完成												★			
6	水、暖、电、智能完成													★		
7	室外工程完成														★	
8	验收交付使用															★

(1) 里程碑进度的关键性重要事件

① 主要工作环节的完成时间。

② 保证建设工程项目完成的关键性决策工作的日期。

③ 建设工程项目的结束日期。

关键事件可能在关键线路上，也可能不在关键线路上。

(2) 里程碑进度计划的特点

把关键工作的完成时间截止在里程碑计划的关键事件处，不允许有任何推迟，也就是要采取一切措施确保在里程碑计划所表示的时间内完成各项预定的关键环节的任务。

(3) 里程碑计划的编制

① 对于工期长、技术复杂的大型建设项目，在确定建设工程项目目标时就明确了有关的里程碑进度，编制总进度计划时必须以里程碑计划为依据，并在总进度计划上保证里程碑计划的实现。

② 从建设工程项目目标要求的最后一个里程碑，即建设工程项目的最终目标开始反方向进行。

③ 在建设工程项目中有许多阶段，还有许多事件，要根据事件在项目建设进行中的位置及其对前后事件的作用和影响，参照同类建设项目的实施经验加以确定。

6.2.1.2 横道图

横道图是结合时间坐标线，用一系列水平线段来分别表示各施工过程的施工起止时间和先后顺序的图表。这种表达方式简单明了、直观易懂，但是也存在一些问题，如：工序(工作)之间的逻辑关系不易表达清楚；适用于手工编制计划；没有通过严谨的时间参数计算，不能确定关键线路与时差；计划调整只能用手工方式进行，其工作量较大；难以适应大的进度计划系统。

6.2.1.3 网络图

网络图是指由箭线和节点组成，用来表示工作流程的有向、有序的网状图形。这种表达方式具有以下优点：能正确地反映工序(工作)之间的逻辑关系；进行各种时间参数计算，确定关键工作、关键线路与时差；可以用电子计算机对复杂的计划进行计算、调整与优化。网络图的种类很多，较常用的是双代号网络图。双代号网络图是以箭线及其两端节点的编号表示工作的网络图。

6.2.2 建设项目控制性进度计划

建设单位应编制建设工程项目前期工作计划、总进度计划和年度计划等控制性进度计划。

6.2.2.1 前期工作计划

前期工作计划包括项目建议书、可行性研究两个阶段的工作。建设单位应编制进度控制计划，确定里程碑事件日期和工作持续时间，以有利于项目的时间决策。

6.2.2.2 建设项目总进度计划

建设项目总进度计划是指初步设计被批准后，在编报建设项目年度计划之前，根据初步设计，对建设工程项目从开始(设计、施工准备)至竣工投产(动用)全过程的统一部署。其主要目的是安排各单位工程的建设进度，合理分配年度投资，组织各方面的协作，保证初步设计所确定的各项建设任务的完成。建设项目总进度计划对于保证工程项目建设的连续性，增强工程建设的预见性，确保建设工程项目按期动工，都具有十分重要的作用。

建设项目总进度计划是编制建设项目年度计划的依据，其主要内容包括文字和表格两部分。

(1) 文字说明

文字说明包括建设工程项目的概况和特点，安排建设总进度的原则和依据，投资来源和资金年度安排情况，技术设计、施工图设计、设备交付和施工力量进场等里程碑事件的安排，道路、供电、供水等方面分工协作配合及进度的衔接，计划中存在的主要问题及采取的措施，需要上级及有关部门解决的重大问题等。

(2) 工程项目一览表

工程项目一览表将初步设计中确定的建设内容，按照单位工程归类并编号，明确其建设内容和投资额，以便各部门按统一的口径确定工程项目投资额，并以此为依据对其进行管理。其表式见表6.2。

表6.2 工程项目一览表

单位工程名称	工程编码	工程内容		概算额(万元)					
		单位	数量	合计	建筑	安装	设备	工器具	其他

(3) 建设项目总进度表

建设项目总进度计划根据初步设计确定的建设工期和工艺流程，具体安排单位工程的开工日期和竣工日期。其表式见表6.3。

(4) 投资计划按年度分配表

投资计划年度分配表是根据建设项目总进度计划安排各个年度的投资，以便预测各个年度的投资规模，为筹集建设资金与银行签订借款合同及制订分年用款计划提供依据。其表式见表6.4。

表 6.3　建设项目总进度计划

单位工程名称	工程编码	工程量		××年				××年				…
		单位	数量	1 季	2 季	3 季	4 季	1 季	2 季	3 季	4 季	…

表 6.4　投资计划按年度分配表

单位工程名称	工程编码	投资总额(万元)	投资分配(万元)				
			××年	××年	××年	××年	…

(5) 建设项目进度平衡表

建设项目进度平衡表用来明确各种设计文件交付日期、主要设备交货日期、施工单位进场日期、水电及道路接通日期等,以保证工程建设过程中各个环节相互衔接,确保建设工程项目按期投产或交付使用。其表式见表 6.5。

表 6.5　建设项目进度平衡表

工程编码	单位工程名称	开工日期	竣工日期	设计进度			设备进度		施工进度		道路进度		电气进度		给排水进度	
				初步设计	技术设计	施工图设计	数量	交货日期	进场日期	竣工日期	开工日期	通行日期	开工日期	运行日期	开工日期	运行日期

6.2.2.3　建设项目年度计划

建设项目年度计划是依据建设项目总进度计划和批准的设计文件进行编制的。该计划既要满足建设项目总进度计划的要求,又要与当年可能获得的资金、设备、材料、施工力量相适应。应根据分批配套投产或交付使用的要求,合理安排本年度建设的工程项目。建设项目年度计划包括文字部分和表格部分。文字部分包括年度计划编制依据和原则,进度指标,设备、材料、资金、技术、组织等技术经济条件落实情况,各项措施等。表格部分包括年度计划项目表,竣工投产交付使用计划表,年度建设资金平衡表,年度设备平衡表。表 6.6 为年度计划项目表的表式。

表 6.6 年度计划项目表

工程编码	单位工程名称	开工日期	竣工日期	投资额	投资来源	年初已完成			本年计划							建设条件落实情况			
									投资			建筑面积			年末形象	施工图	设备	材料	施工方案
						合计	建安	设备	合计	建安	设备	新开工	续建	竣工					

6.2.3 设计及采购控制性进度计划的编制

6.2.3.1 设计控制性进度计划的编制

(1) 设计控制性进度计划的内容

建设单位应当在建设项目总进度计划中明确设计进度控制性目标。设计单位中标后应编制设计总进度计划表，见表 6.7。还应该对设计准备工作及各阶段设计编制进度控制计划。施工图设计工作进度计划表见表 6.8。

表 6.7 设计总进度计划

设计阶段名称	进　　度(月)									
	1	2	3	4	5	6	7	8	9	10
设计准备										
方案设计										
初步设计										
技术设计										
施工图设计										

表 6.8 ××工程施工图设计工作进度计划

工程名称	建设规模	合同时间	设计人数	进　　度(天或周)						

除了设计总进度计划表、设计准备工作计划、初步设计(技术设计、施工图设计)工作进度计划表格以外，还应通过计划说明书明确设计依据，设计范围，设计原则和要求，组织机构及职

责分工，设计标准，质量保证程序及要求，进度计划的主要控制点，技术经济要求，安全、职业健康及环境保护要求，与采购、施工和试运行的接口关系及要求，外部约束条件及风险等。

(2) 设计控制性计划的编制依据

设计控制性计划的编制依据主要有：合同文件，项目的有关批准文件，项目进度计划，项目特征及规模，设计法规及政策，企业的管理体系等。

6.2.3.2 采购控制性进度计划的编制

(1) 采购控制性进度计划的内容

采购方应编制采购控制性进度计划，其主要内容是采购进度的主要控制目标和要求，长周期设备和特殊材料采购计划安排。同时还应编制计划说明书说明编制依据，项目概况，采购原则，采购范围和内容，采购组织，市场的工序、价格与竞争情况，风险预测等内容。

(2) 采购控制性进度计划的编制依据

采购控制性进度计划的编制依据主要有：项目合同，项目进度计划，采购法规、程序和制度，市场信息和采购网络等。

6.2.4 建设工程项目施工控制性进度计划的编制

建设工程项目施工控制性进度计划主要有施工总进度计划和单位工程施工进度计划两种。

6.2.4.1 施工总进度计划的编写

施工总进度计划一般是建设工程项目的施工进度计划。它是用来确定建设工程项目中所包含的各单位工程的施工顺序、施工时间及相互衔接关系的计划。

(1) 施工总进度计划的作用

① 确定总进度目标。实现策划工期或合同约定的竣工工期是施工总进度计划的目标。这个目标由企业管理层承担。

② 进行总进度目标分解，确定里程碑事件的进度目标。一般来说，通过使用工作分解结构(WBS)可将总进度目标依次分解为单项工程进度目标、单位工程进度目标、分部工程进度目标。它们的开始日期或竣工日期就是里程碑事件的进度目标。

③ 形成建设工程项目的进度计划体系。按分解的进度目标确定总进度计划的系统，它们是由粗到细的相互关联的计划体系。

④ 作为编制单体工程进度计划编制的依据。

⑤ 作为编制各种支持性计划的依据。这些计划包括：人力资源计划，物资供应计划，施工机械设备计划，预制加工品计划，资金供应计划等。

(2) 施工总进度计划的编制依据

施工总进度计划的编制依据包括项目范围说明书，施工合同，施工部署与主要工程施工方案，进度控制目标，工期定额，有关技术经济资料，同类工程的资料等。

(3) 施工总进度计划的内容

施工组织总设计中的施工总进度计划和大型工程的单体施工进度计划都是控制性的进度计划。它们的重点在于组织关系、进度目标和里程碑事件的确定，为项目总体组织和管理服务。

施工总进度计划的内容包括编制说明，施工总进度计划表，分期分批施工工程的开工日期、完工日期，工期一览表，资源需要量及供应平衡表。

（4）施工总进度计划的编制步骤和方法

施工总进度计划是根据施工部署的要求，合理确定各建设工程项目施工的先后顺序、开工和竣工日期、施工期限和它们之间的搭接关系，其编制方法如下。

① 列出工程项目一览表并估算实物工程量

根据批准的工程项目一览表，按单位工程分别计算其主要实物工程量。计算工程量可按照初步（或扩大初步）设计图纸并根据各种定额手册、资料粗略进行。常用的定额资料包括：万元、10 万元工作量的劳动力及材料消耗指标；概算指标或扩大结构定额；标准设计或类似工程的资料。计算工程量除房屋外，还需确定主要的全工地性工程的工程量，如铁路、道路、地下管线的长度等，这些都可以从建筑总平面图上量得。

② 确定各单位工程的施工工期

各单位工程的施工期限应根据合同工期确定，同时考虑建筑类型、结构特征、施工方法、施工管理水平、施工机械化程度及施工现场的地形、地质条件等因素。此外还应参考有关的工期定额或类似建筑的施工经验数据等予以确定。如果在编制施工总进度计划时没有合同工期，则应保证计划工期不超过工期定额。

③ 确定各单位工程的开、竣工时间和相互搭接关系

确定各单位工程的开竣工时间和相互搭接关系主要考虑以下几点：

a. 同一时期施工的项目不宜过多，以避免人力、物力过于分散。

b. 尽量做到均衡施工，以使劳动力、施工机械和主要材料的供应在整个工期范围内达到均衡。

c. 尽量提前建设可供工程施工使用的永久性工程，以节省临时工程费用。

d. 急需和关键的工程先施工，以保证工程项目如期交工。对于某些技术复杂、施工周期较长、施工困难较多的工程，也应安排提前施工，以利于整个工程项目按期交付使用。

e. 施工顺序必须与主要生产系统投入生产的先后次序相吻合。同时还要安排好配套工程的施工时间，以保证建成的工程能迅速投入生产或交付使用。

f. 应注意季节对施工顺序的影响，使施工季节不导致工期拖延，不影响工程质量。

g. 安排一部分附属工程或零星项目作为后备项目，用以调整主要项目的施工进度。

h. 注意主要工种和主要施工机械能连续施工。

④ 编制初步施工总进度计划

初步施工总进度计划应安排全工地性的流水作业。全工地性的流水作业安排应以工程量大、工期长的单位工程为主导，组织若干条流水线，并以此带动其他工程。施工总进度计划既可用横道图表示，也可以用网络图表示。

⑤ 编制正式施工总进度计划

初步施工总进度计划编制完成后，要对其进行检查。主要检查总工期是否符合要求，资源使用是否均衡且其供应能否得到保证。如果出现问题，则应进行调整。调整的主要方法是改变某些工程的起止时间或调整主导工程的工期。如果是网络计划，则可以利用电子计算机分别进行工期优化、费用优化及资源优化。当初步施工总进度计划经过调整符合要求后，即可编制正式的施工总进度计划。

6.2.4.2　单位工程施工进度计划的编制

编制施工项目施工进度计划是在满足合同工期要求的情况下，对选定的施工方案、资源的

供应情况、协作单位配合施工情况等所作的综合研究和周密部署。具体的编制步骤如下：

（1）划分施工过程；

（2）计算工程量；

（3）套用施工定额；

（4）劳动量和机械台班量的确定；

（5）计算施工过程的持续时间；

（6）初排施工进度；

（7）编制正式的施工进度计划。

6.2.5 施工项目进度计划的审核

在施工项目进度计划的实施之前，为了保证进度计划的科学合理性，必须对施工项目进度计划进行审核。

施工进度计划审核的内容主要有：

（1）进度安排是否与施工合同相符，是否符合施工合同中开工、竣工日期的规定。

（2）施工进度计划中的项目是否有遗漏，内容是否全面，分期施工的是否满足分期交工要求和配套交工要求。

（3）施工顺序的安排是否符合施工工艺、施工程序的要求。

（4）资源供应计划是否均衡并满足进度要求。劳动力、材料、构配件、设备及施工机具、水电等生产要素的供应计划是否能保证施工进度的实现，供应是否均衡，需求高峰期是否有足够能力实现计划供应。

（5）总包、分包间的计划是否协调、统一。总包、分包单位分别编制的各项施工进度计划之间是否相协调，专业分工与计划衔接是否明确合理。

（6）对实施进度计划的风险是否分析清楚并有相应的对策。

（7）各项保证进度计划实现的措施是否周到、可行、有效。

6.2.6 施工项目进度计划的实施

施工项目进度计划的实施就是落实施工进度计划，按施工进度计划开展施工活动并完成施工项目进度计划。施工项目进度计划逐步实施的过程就是项目施工逐步完成的过程。为保证项目各项施工活动按施工进度计划所确定的顺序和时间进行，以及保证各阶段进度目标和总进度目标的实现，应做好下面的工作：

（1）检查各层次的计划，并进一步编制月（旬）作业计划

施工项目的施工总进度计划、单位工程施工进度计划、分部分项工程施工进度计划都是为了实现项目总目标而编制的，其中高层次计划是低层次计划编制和控制的依据，低层次计划是高层次计划的深入和具体化。在贯彻执行时，要检查各层次计划间是否紧密配合、协调一致，计划目标是否层层分解、互相衔接，检查在施工顺序、空间及时间安排、资源供应等方面有无矛盾，以组成一个可靠的计划体系。

为实施施工进度计划，项目经理部将规定的任务与现场实际施工条件和施工的实际进度相结合，在施工开始前和实施中不断编制本月（旬）的作业计划，从而使施工进度计划更具体、更切合实际、更适应不断变化的现场情况和更可行。在月（旬）计划中要明确本月（旬）应完成

的施工任务、完成计划所需的各种资源量，提高劳动生产率，保证质量和节约的措施。

作业计划的编制，要进行不同项目间同时施工的平衡协调；确定对施工项目进度计划分期实施的方案；施工项目要分解为工序，以满足指导作业的要求，并明确进度日程。

(2) 综合平衡，做好主要资源的优化配置

施工项目不是孤立完成的，它必须由人、财、物(材料、机具、设备等)诸资源在特定地点有机结合才能完成。同时，项目对诸资源的需要又是错落起伏的，因此，施工企业应在各项目进度计划的基础上进行综合平衡，编制企业的年度、季度、月(旬)计划，将各项资源在项目间动态组合，优化配置，以保证满足项目在不同时间对诸资源的需求，从而保证施工项目进度计划的顺利实施。

(3) 层层签订承包合同，并签发施工任务书

按前面已检查过的各层次计划，以承包合同和施工任务书的形式，分别向分包单位、承包队和施工班组下达施工进度任务，其中，总承包单位与分包单位、施工企业与项目经理部、项目经理部与各承包队和职能部门、承包队与各作业班组间应分别签订承包合同，按计划目标明确规定合同工期、相互承担的经济责任、权限和利益。

另外，要将月(旬)作业计划中的每项具体任务通过签发施工任务书的方式向班组下达。施工任务书是一份计划文件，也是一份核算文件，又是原始记录。它把作业计划下达到班组，并将计划执行与技术管理、质量管理、成本核算、原始记录、资源管理等融合为一体。施工任务书一般由工长根据计划要求、工程数量、定额标准、工艺标准、技术要求、质量标准、节约措施、安全措施等为依据进行编制。任务书下达给班组时，由工长进行交底。交底内容为交任务、交操作规程、交施工方法、交质量、交安全、交定额、交节约措施、交材料使用、交施工计划、交奖罚要求等，做到任务明确，报酬预知，责任到人。施工班组接到任务书后，应做好分工，安排完成，执行中要保质量、保进度、保安全、保节约、保工效提高。任务完成后，班组自检，在确认已经完成后，向工长报请验收。工长验收时查数量、查质量、查安全、查用工、查节约，然后回收任务书，交施工队登记结算。

(4) 全面实行层层计划交底，保证全体人员共同参与计划实施

在施工进度计划实施前，必须根据任务进度文件的要求进行层层交底落实，使有关人员都明确各项计划的目标、任务、实施方案、预控措施、开始日期、结束日期、有关保证条件、协作配合要求等，使项目管理层和作业层能协调一致工作，从而保证施工生产按计划、有步骤、连续均衡地进行。

(5) 做好施工记录，掌握现场实际情况

在计划任务完成的过程中，各级施工进度计划的执行者都要跟踪做好施工记录。在施工中，如实记载每项工作的开始日期、工作进程和完成日期，记录每日完成数量、施工现场发生的情况和干扰因素的排除情况，可为施工项目进度计划实施的检查、分析、调整、总结提供真实、准确的原始资料。

(6) 做好施工中的调度工作

施工中的调度即在施工过程中针对出现的不平衡和不协调进行调整，以不断组织新的平衡，建立和维护正常的施工秩序。它是组织施工中各阶段、各环节、各专业和各工种的互相配合，进度协调的指挥核心，也是保证施工进度计划顺利实施的重要手段。其主要任务是监督和检查计划实施情况，定期组织调度会，协调各方协作配合关系，采取措施，消除施工中出现的各

种矛盾，加强薄弱环节，实现动态平衡，保证作业计划及进度控制目标的实现。

调度工作必须以作业计划与现场实际情况为依据，从施工全局出发，按规章制度办事，必须做到及时、准确、果断灵活。

(7) 预测干扰因素，采取预控措施

在项目实施前和实施过程中，应经常根据所掌握的各种数据资料，对可能致使项目实施结果偏离进度计划的各种干扰因素进行预测，并分析这些干扰因素所带来的风险程度的大小，预先采取一些有效的控制措施，将可能出现的偏离尽可能消灭于萌芽状态。

6.3 施工项目进度计划的检查

6.3.1 施工进度计划的检查

在施工项目的实施过程中，为了进行施工进度管理，进度管理人员应经常、定期地跟踪检查施工实际进度情况，主要是收集施工项目进度材料进行统计整理和对比分析，确定实际进度与计划进度之间的关系。其主要工作包括：

(1) 跟踪检查施工实际进度

跟踪检查施工实际进度是分析施工进度、调整施工进度的前提。其目的是收集实际施工进度的有关数据。跟踪检查的时间、方式、内容和所收集数据的质量，将直接影响控制工作的质量和效果。

进度计划检查应按统计周期的规定进行定期检查，并应根据需要进行不定期检查。进度计划的定期检查包括规定的年、季、月、旬、周、日检查，不定期检查指根据需要由检查人(或组织)确定的专题(项)检查。检查应包括的内容：工程量的完成情况，工作时间的执行情况，资源使用及与进度的匹配情况，上次检查提出问题的整改情况，检查者确定的其他检查内容。检查和收集资料的方式一般采用经常、定期地收集进度报表方式，定期召开进度工作汇报会，或派驻现场代表检查进度的实际执行情况等方式进行。

(2) 整理统计检查数据

收集到的施工项目实际进度数据，要进行必要的整理，按施工进度计划管理的工作项目内容进行统计整理，形成与计划进度具有可比性的数据。一般可以按实物工程量、工作量和劳动消耗量以及累计百分比整理和统计实际检查的数据，以便与相应的计划完成量对比。

(3) 将实际进度与计划进度进行对比分析

将收集的资料整理和统计成与计划进度具有可比的数据后，用施工项目实际进度与计划进度的比较方法进行比较。通常采用的比较方法有横道图比较法、S形曲线比较法、香蕉形曲线比较法、前锋线比较法等。通过比较得出实际进度与计划进度相一致、超前和拖后等三种情况。

(4) 施工项目进度检查结果的处理

对施工进度检查的结果要形成进度报告，把检查比较的结果及有关施工进度现状和发展趋势提供给项目经理及各级业务职能负责人。进度控制报告一般由计划负责人或进度管理人员与其他项目管理人员协作编写。报告时间一般与进度检查时间相协调，也可按月、旬、周等间隔时间进行编写上报。进度报告的内容包括：进度执行情况的综合描述，实际进度与计划进度的对比资料，进度计划的实施问题及原因分析，进度执行情况对质量、安全和成本等的影响情况，采取的措施和对未来计划进度的预测。进度报告可以单独编制，也可以根据需要与质量、成本、安全和其他报告合并编制，提出综合进展报告。

6.3.2 横道图比较法

横道图比较法是把项目施工中检查实际进度收集的信息经整理后，直接用横道线并列标于原计划的横道线处进行直观比较的一种方法。这种方法简明直观，编制方法简单，使用方便，是人们常用的方法。例如，某钢筋混凝土基础工程分三段组织流水施工时，其施工的实际进度与计划进度比较，如图 6.5 所示。

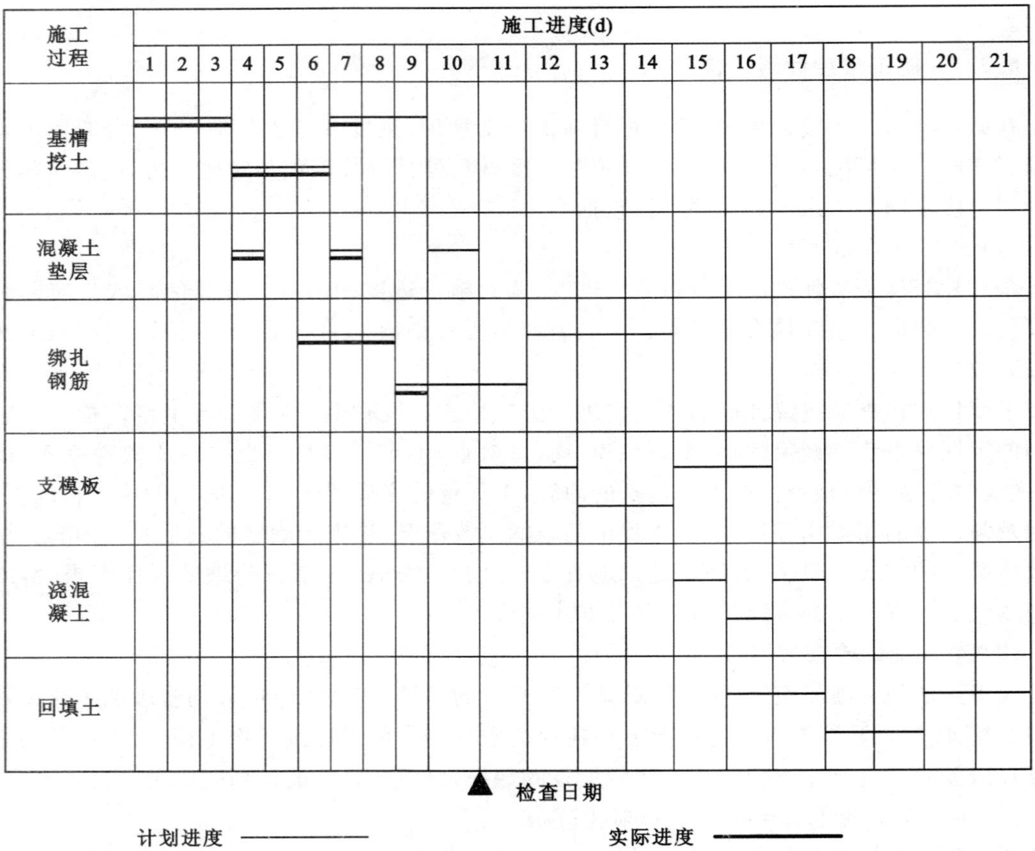

图 6.5 横道图比较法

从比较中可以看出，第 10 d 末进行施工进度检查时，基槽挖土施工应在检查的前一天全部完成，但实际进度仅完成了 7 d 的工程量，约占计划总工程量的 77.8%，尚未完成而拖后的工程量约占计划总工程量的 22.2%；混凝土垫层施工也应全部完成，但实际进度仅完成了 2 d 的工程量，约占计划总工程量的 66.7%，尚未完成而拖后的工程量约占计划总工程量的 33.3%；绑扎钢筋施工按计划进度要求应完成 5 d 的工程量，但实际进度仅完成了 4 d 的工程量，约占计划完成量的 80%（约为绑扎钢筋总工程量的 44.4%），尚未完成而拖后的工程量约占计划完成量的 20%（约为绑扎钢筋总工程量的 11.1%）。

6.3.2.1　匀速进展横道图比较法

匀速进展是指在工程项目中，每项工作的进展速度都是匀速的，即在单位时间内完成的任务量都是相等的。此时，每项工作累计完成的任务量与时间成直线变化，如图 6.6 所示。完成任务量可以用实物工程量、劳动消耗量和工作量等三种物理量表示，为了方便比较，一般用它们实际完成量的累计百分比与计划应完成量的累计百分比进行比较。

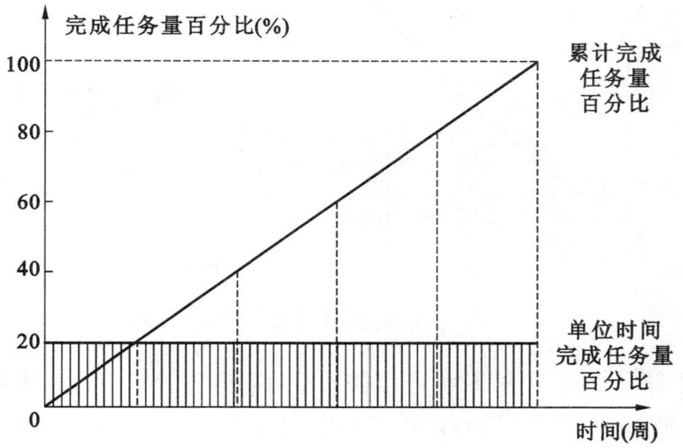

图 6.6　工作匀速进展时任务量与时间关系曲线

用匀速进展横道图比较方法时，其步骤如下：

(1) 编制横道图进度计划。

(2) 在进度计划上标出检查日期。

(3) 将检查收集的实际进度数据加工整理后，按比例用涂黑的粗线标于计划进度线的下方。如图 6.7 所示。

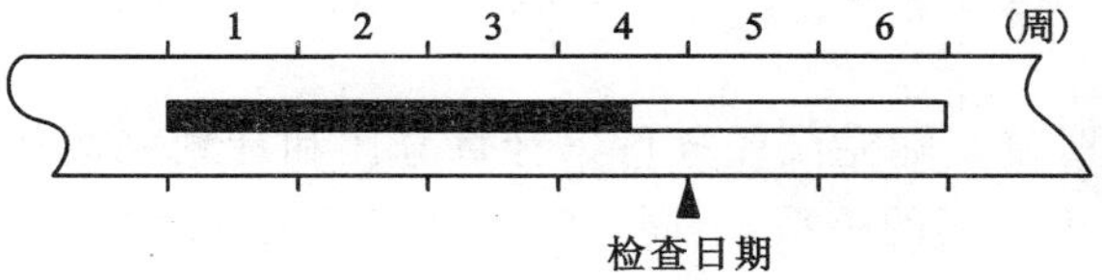

图 6.7　匀速进展横道图比较图

(4) 比较分析实际进度与计划进度

涂黑的粗线右端与检查日期相重合，表明实际进度与计划进度相一致。

涂黑的粗线右端在检查日期左侧，表明实际进度拖后。

涂黑的粗线右端在检查日期的右侧，表明实际进度超前。

必须指出：该方法只适用于工作从开始到完成的整个过程中，其进展速度是不变的，累计完成的任务量与时间成正比。若工作的进展速度是变化的，则不能用这个方法进行工作的实际进度与计划进度之间的比较。

6.3.2.2　非匀速进展横道图比较法

当工作在不同的单位时间里的进展速度不同时，累计完成的任务量与时间的关系不是成直线变化的。如图 6.8 所示。按匀速进展横道图比较法绘制的实际进度涂黑粗线，不能反映实际进度与计划进度完成任务量的比较情况。这种情况的进度比较可以采用非匀速进展横道图比较法。

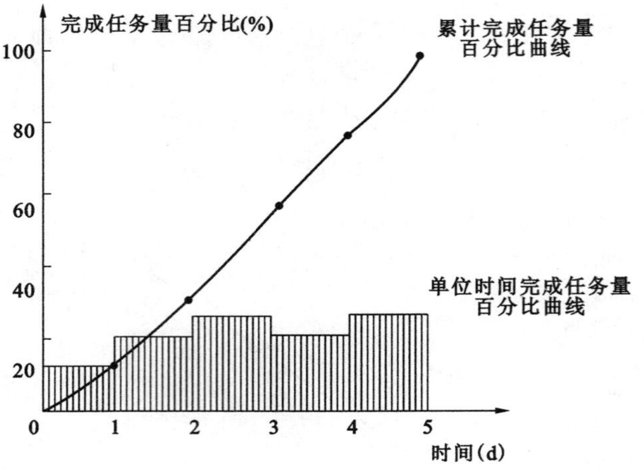

图 6.8　非匀速进展时任务量与时间关系曲线

非匀速进展横道图比较法是在工作进度按非匀速进展的情况下，比较工作实际进度与计划进度的一种方法。它是在用涂黑粗线表示工作实际进度的同时，还要标出其对应时刻完成任务的累计百分比，将该百分比与其同时刻计划完成任务累计百分比相比较，从而判断工作的实际进度与计划进度之间关系的一种方法。

采用非匀速进展横道图比较法时，其步骤如下：

(1) 编制横道图进度计划。

(2) 在横道线上方标出各工作主要时间的计划完成任务累计百分比。

(3) 在计划横道线的下方标出工作的相应日期实际完成的任务累计百分比。

(4) 用涂黑粗线标出实际进度，并从开工日标起，同时反映出该工作在实施过程中工作的连续与间断情况。

(5) 通过比较同一时刻实际完成任务量累计百分比和计划完成任务量累计百分比，判断工作实际进度与计划进度之间的关系：当同一时刻横道线上下两个累计百分比相等时，表明实际进度与计划进度一致；当同一时刻横道线上面的累计百分比大于横道线下面的累计百分比时，表明该时刻实际进度拖后，拖后的量为两者之差；当同一时刻横道线上面的累计百分比小于横道线下面的累计百分比时，表明该时刻实际进度超前，超前的量为两者之差。

值得指出的是：横道图中进度横道线，不管计划的还是实际的，都只表示工作的开始时间、持续天数和完成的时间，并不表示计划完成任务量和实际完成任务量，这两个量分别通过标注在横道线上方及下方的累计百分比数量表示。实际进度的涂黑粗线是从工程的实际开始日期画起，若工作实际进展间断，也可在图中将涂黑粗线作相应的空白。

此外，采用非匀速进展横道图比较法，不仅可以进行某一时刻(如检查日期)实际进度与计划进度的比较，而且还能进行某一时间段实际进度与计划进度的比较。当然，这要求实施部门按规定的时间记录当时的完成情况。

例 6.1　某工程项目的基础钢筋绑扎工作按施工计划安排需要 8 周完成，每周计划完成任务量百分比见表 6.9。

表 6.9 每周计划完成任务量(%)

时间(周)	1	2	3	4	5	6	7	8
计划完成任务(%)	5	5	10	20	20	15	15	10

用横道图法进行实际进度与计划进度的比较。

解 ① 编制横道图进度计划。

② 在横道线上方标出钢筋工程每周计划完成任务的累计百分比分别为 5%、10%、20%、40%、60%、75%、90%、100%。

③ 在横道线的下方标出工作 1 周、2 周、3 周末和检查日期(第 4 周)的实际累计完成任务的百分比,分别为 4%、12%、22%、40%。

④ 用涂黑粗线标出实际投入的时间,如图 6.9 所示,该工作实际开始时间晚于计划开始时间,在开始后连续工作,没有中断。

⑤ 比较实际进度与计划进度。从图 6.9 中可以看出,该工作在第 1 周末实际进度比计划进度拖后 1%,在第 2、3 周末实际进度均比计划进度累计超前 2%,在第 4 周末实际进度与计划进度一致。

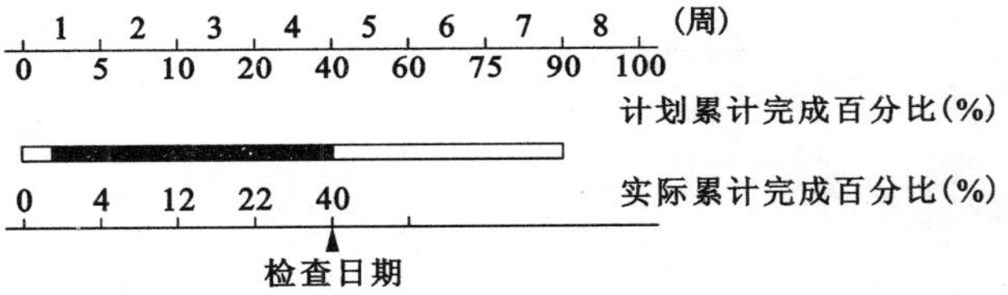

图 6.9 非匀速进展横道图比较图

综上所述,横道图记录比较法具有以下优点:记录、比较方法简单,形象直观,容易掌握,应用方便,被广泛地采用于简单的进度监测工作中。但是,由于它以横道图进度计划为基础,因此,带有其不可克服的局限性,如各工作之间的逻辑关系不明显,关键工作和关键线路无法确定,当某些工作进度产生偏差时,难以预测其对后续工作和整个工期的影响及确定调整方法。

6.3.3 S 形曲线比较法

S 形曲线比较法是在一个以横坐标表示进度时间,纵坐标表示累计完成任务量的坐标体系上,首先按计划时间和任务量绘制一条累计完成任务量的曲线(即 S 形曲线),然后将施工进度中各检查时间的实际完成任务量也绘在此坐标上,并与 S 形曲线进行比较的一种方法。

对于大多数工程项目来说,从整个施工全过程来看,其单位时间消耗的资源量通常是中间多而两头少,即资源的投入开始阶段较少,随着时间的增加而逐渐增多,在某一时期达到高峰后又逐渐减少直至项目完成,其变化过程可用图 6.10(a)表示。而随着时间进展累计完成的任务量便形成一条中间陡而两头平缓的 S 形变化曲线,故称 S 形曲线,如图 6.10(b)所示。

S 形曲线比较法是在图上直观地进行施工项目实际进度与计划进度相比较。一般情况下,计划进度控制人员在计划实施前绘制出计划 S 形曲线。在项目施工过程中,按规定时间将检查的实际完成情况绘制在与计划 S 形曲线同一张图上,可得出实际进度 S 形曲线,比较两条 S 形曲线可以得到如下信息:

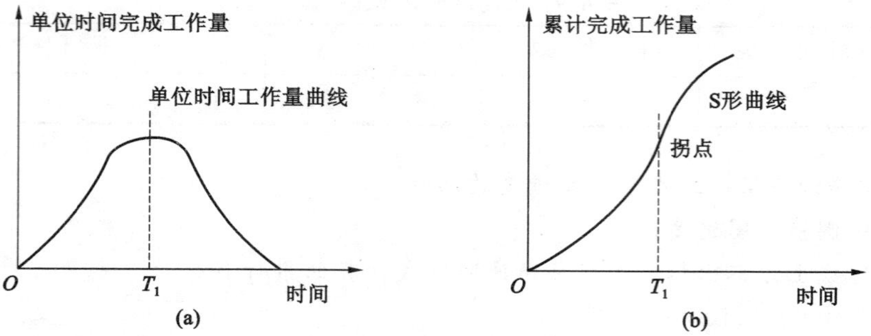

图 6.10　时间与完成任务量关系曲线

(1) 项目实际进度与计划进度比较，当实际工程进展点落在计划 S 形曲线左侧，则表示此时实际进度比计划进度超前；若落在其右侧，则表示拖后；若刚好落在其上，则表示两者一致。

(2) 项目实际进度比计划进度超前或拖后的时间如图 6.11 所示，ΔT_a 表示 T_a 时刻实际进度超前的时间；ΔT_b 表示 T_b 时刻实际进度拖后的时间。

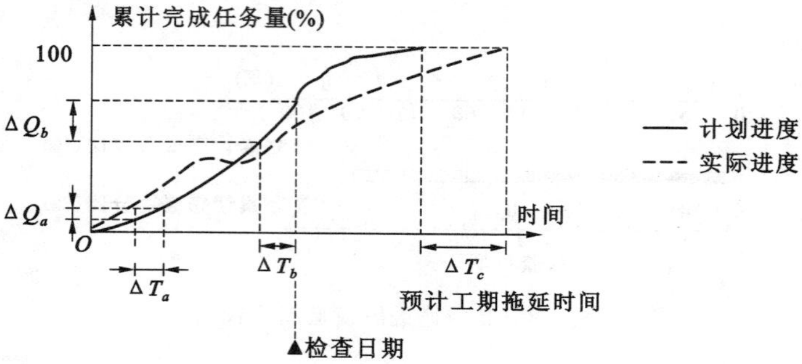

图 6.11　S 形曲线比较图

(3) 项目实际进度比计划进度超额或拖欠的任务量如图 6.11 所示，ΔQ_a 表示 T_a 时刻超额完成的任务量；ΔQ_b 表示在 T_b 时刻拖欠的任务量。

(4) 预测工程进度。后期工程按原计划速度进行，则工期拖延预测值为 ΔT_c。

6.3.4　香蕉形曲线比较法

香蕉形曲线实际上是两条 S 形曲线组合成的闭合曲线，如图 6.12 所示。一般情况下，任何一个施工项目的网络计划，都可以绘制出两条具有同一开始时间和同一结束时间的 S 形曲线：其一是计划以各项工作的最早开始时间安排进度所绘制的 S 形曲线，简称 ES 曲线；其二是计划以各项工作的最迟开始时间安排进度所绘制的 S 形曲线，简称 LS 曲线。由于两条 S 形曲线都是相同的开始点和结束点，因此两条曲线是封闭的。除此之外，ES 曲线上各点均落在 LS 曲线相应时间对应点的左侧，由于这两条曲线形成一个形如香蕉的曲线，故称此为香蕉形曲线。只要实际完成量曲线在两条曲线之间，则不影响总的进度。

在项目实施中，进度控制的理想状况是任一时刻按实际进度描绘的点落在该香蕉曲线的区域内。

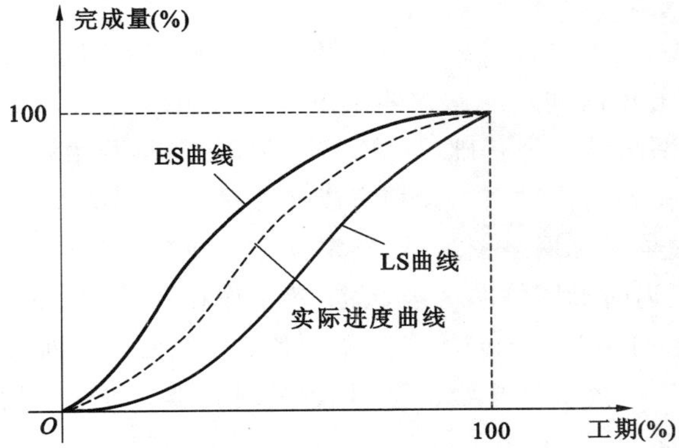

图 6.12　香蕉形曲线比较图

6.3.4.1　香蕉曲线比较法的作用

香蕉曲线比较法能直观地反映工程项目的实际进展情况，并可以获得比 S 形曲线更多的信息。其主要作用如下。

(1) 利用香蕉曲线进行进度的合理安排

如果工程项目中的各项工作均按其最早开始时间安排进度，将导致项目的投资加大；而如果各项工作均按其最迟开始时间安排进度，则一旦受到进度影响因素的干扰，又将导致工期拖延，使工程进度风险加大。因此，一个科学合理的进度计划优化曲线应处于香蕉曲线所包围的区域之内。

(2) 定期进行工程项目实际进度与计划进度比较

在工程项目的实施过程中，根据每次检查收集到的实际完成任务量绘制出实际进度 S 形曲线，便可以与计划进度进行比较。工程项目实际进度的理想状态是任意时刻工程实际进展点落在香蕉曲线图的范围内。如果工程实际进展点落在 ES 曲线的左侧，表明此刻实际进度比各项工作按其最早开始时间安排的计划超前；如果工程实际进展点落在 LS 曲线的右侧，则表明此刻实际进度比各项工作按其最迟开始时间安排的计划进度拖后。

(3) 预测后期工程进展趋势

利用香蕉曲线可以对后期工程的进展情况进行预测。例如在图 6.13 中，该工程项目检查日实际进度超前。检查日期之后的后期工程进度安排如图中点画线所示，预计该工程将提前完成。

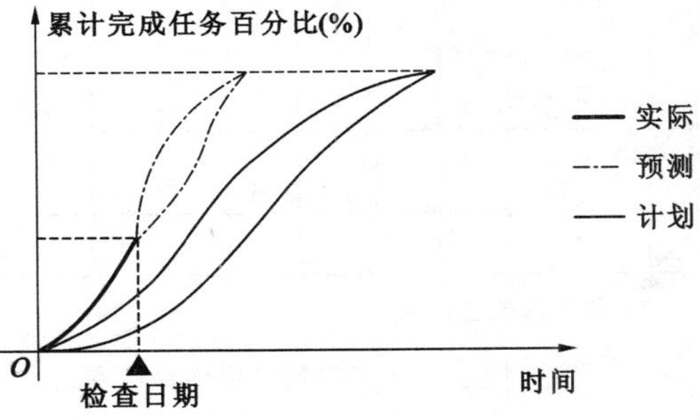

图 6.13　工程进展趋势预测图

6.3.4.2 香蕉曲线的作图方法

香蕉曲线的绘制方法与S形曲线的绘制方法基本一致，所不同之处在于，它是分别以工作的最早开始时间和最迟开始时间而绘制的两条S形曲线组合而成。其具体步骤如下。

(1) 以工程项目的网络计划为基础，计算各项工作的最早开始和最迟开始时间。

(2) 确定各项工作在各单位时间的计划完成任务量。分别按以下两种情况考虑：

① 以工程项目的最早时标网络图为准，确定各工作在各单位时间的计划完成任务量；

② 以工程项目的最迟时标网络图为准，确定各工作在各单位时间的计划完成任务量。

(3) 计算工程项目总任务量。即对所有工作在各单位时间内计划完成的任务量累加求和。

(4) 分别根据各项工作按最早开始、最迟开始时间安排的进度计划，确定工程项目在各单位时间计划完成的任务量，即对各项工作在某一单位时间内计划完成的任务量求和。

(5) 分别根据各项工作按最早开始、最迟开始时间安排的进度计划，确定不同时间累计完成的任务量或任务量的百分比。

(6) 绘制香蕉曲线。分别根据各项工作按最早开始、最迟开始安排的进度计划而确定的累计完成任务量或任务量的百分比描绘各点，并连接各点得到ES曲线和LS曲线，由ES曲线和LS曲线组成香蕉曲线。

在工程项目实施过程中，根据检查得到的实际累计完成任务量，按同样的方法在原计划香蕉曲线图上绘出实际进度曲线，便可以进行实际进度与计划进度的比较。

6.3.5 前锋线比较法

前锋线比较法是通过某检查时刻施工项目实际进度前锋线，进行施工项目实际进度与计划进度比较的方法，它主要适用于时标网络计划。所谓前锋线是指在原时标网络计划上，从检查时刻的时标点出发，依次将各项工作实际进展位置点连接而成的折线，如图6.14所示。前锋线比较法就是按前锋线与工作箭线交点的位置判定施工实际进度与计划进度的偏差。凡前锋线与工作箭线的交点在检查日期的右方，表示提前完成计划进度；若其点在检查日期的左方，表示进度拖后；若其点与检查日期重合，表明该工作实际进度与计划进度一致。

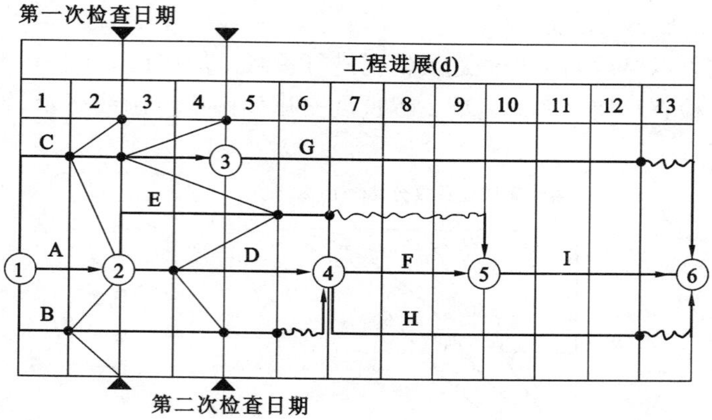

图6.14 某施工项目进度前锋线图

6.3.6 列表比较法

当采用无时间坐标网络计划时，也可以采用列表比较法，该方法是记录检查时正在进行的工作名称和已进行的天数并列于表内，然后在表上计算有关参数，再依据原有总时差和尚有总时差判断实际进度与计划进度的差别，以及分析对后期工作及总工期的影响程度(表6.10)。

表6.10 列表比较法

工作代号 ①	工作名称 ②	检查计划时 尚需作业天数③	到计划最迟完成 时尚有天数④	原有总时差 ⑤	尚有总时差 ⑥	情况判断 ⑦

6.4 建设工程项目进度计划的调整

6.4.1 分析进度偏差对后续工作及总工期的影响

当实际进度与计划进度进行比较，判断出现偏差时，首先应分析该偏差对后续工作和对总工期的影响程度，然后才能决定是否调整以及调整的方法与措施。

具体分析步骤如下所述：

(1) 分析出现进度偏差的工作是否为关键工作。若出现偏差的工作为关键工作，则无论偏差大小，都将影响后续工作按计划施工，并使工程总工期拖后，必须采取相应措施调整后期施工计划，以便确保计划工期；若出现偏差的工作为非关键工作，则需要进一步根据偏差值与总时差和自由时差进行比较分析，才能确定对后续工作和总工期的影响程度。

(2) 分析进度偏差时间是否大于总时差。若某项工作的进度偏差时间大于该工作的总时差，则将影响后续工作和总工期，必须采取措施进行调整；若进度偏差时间小于或等于该工作的总时差，则不会影响工程总工期，但是否影响后续工作，尚需分析此偏差与自由时差的大小关系才能确定。

(3) 分析进度偏差时间是否大于自由时差。若某项工作的进度偏差时间大于该工作的自由时差，说明此偏差必然对后续工作产生影响，应该如何调整，应根据后续工作的允许影响程度而定；若进度偏差时间小于或等于该工作的自由时差，则对后续工作毫无影响，不必调整。分析偏差主要是利用网络计划中总时差和自由时差的概念进行判断。由时差概念可知：当偏差大于该工作的自由时差，而小于总时差时，对后续工作的最早开始时间有影响，对总工期无影响；当偏差大于总时差时，对后续工作和总工期都有影响。

6.4.2 进度计划的调整方法

在对实施的进度计划分析的基础上，应确定调整原计划的方法，一般主要有以下几种：

(1) 改变某些工作间的逻辑关系

若检查的实际施工进度产生的偏差影响了总工期，在工作之间的逻辑关系允许改变的条件下，可改变关键线路和超过计划工期的非关键线路上的有关工作之间的逻辑关系，达到缩短工期的目的。用这种方法调整的效果是很显著的。例如，可以把依次进行的有关工作改成平行的或相互搭接的，以及分成几个施工段进行流水施工等，都可以达到缩短工期的目的。

(2) 缩短某些工作的持续时间

这种方法是不改变工作之间的逻辑关系，而是缩短某些工作的持续时间，使施工进度加快，并保证实现计划工期的方法。那些被压缩持续时间的工作是位于由于实际施工进度的拖延而引起总工期增长的关键线路和某些非关键线路上的工作，同时又是可压缩持续时间的工作。这种方法实际上就是采用网络计划优化的方法，不再赘述。

(3) 资源供应的调整

如果资源供应发生异常(供应满足不了需要)，应采用资源优化方法对计划进行调整，或采取应急措施，使其对工期影响最小化。

(4) 增减工程量

增减工程量主要是指改变施工方案、施工方法，从而导致工程量的增加或减少。

(5) 起止时间的改变

起止时间的改变应在相应工作时差范围内进行。每次调整必须重新计算时间参数，观察该项调整对整个施工计划的影响。调整时可采用下列方法：将工作在其最早开始时间和其最迟完成时间范围内移动；延长工作的持续时间；缩短工作的持续时间。

6.4.3 进度计划的调整措施

进度计划调整的具体措施包括：

6.4.3.1 组织措施

(1) 增加工作面，组织更多的施工队伍；

(2) 增加每天的施工时间(如采用三班制等)；

(3) 增加劳动力和施工机械的数量；

(4) 将依次施工关系改为平行施工关系；

(5) 将依次施工关系改为流水施工关系；

(6) 将流水施工关系改为平行施工关系。

6.4.3.2 技术措施

(1) 改进施工工艺和施工技术，缩短工艺技术间歇时间；

(2) 采用更先进的施工方法，以减少施工过程的数量(如将现浇框架方案改为预制装配方案)；

(3) 采用更先进的施工机械。

6.4.3.3 经济措施

(1) 实行包干奖励；

(2) 提高奖金数额；

(3) 对所采取的技术措施给予相应的经济补偿。

6.4.3.4 其他配套措施

(1) 改善外部配合条件；

(2) 改善劳动条件；

(3) 实施强有力的调度等。

复习思考题

1. 简答题

(1) 影响进度的因素有哪些?

(2) 如何实施施工项目进度计划?

(3) 如何检查施工项目进度计划?

(4) 利用S形曲线比较法可以获得哪些信息?

(5) 香蕉曲线是如何形成的?其作用有哪些?

(6) 施工项目进度计划的调整方法包括哪些?如何进行调整?

(7) 如何分析进度偏差对后续工作及总工期的影响?

2. 案例分析

(1) 背景资料:某施工项目的网络计划见图6.15,图中箭线之下括弧外的数字为正常持续时间,括弧内的数字是最短持续时间,箭线之上是每天的费用(万元)。当工程进行到第95天进行检查时,节点⑤之前的工作全部完成,工程延误了15 d。

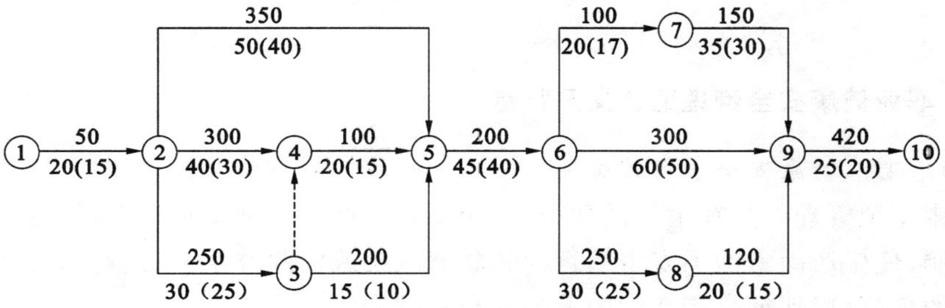

图6.15 待调整的网络计划

(2) 问题:要在以后的时间进行赶工,确保按原工期目标完成,使工期不拖延。问怎样赶工才能使增加的费用最少?

7 建设工程项目职业健康安全管理

本章提要

本章主要介绍了建设工程项目职业健康安全管理的含义和特点、职业健康安全管理的方针、安全生产的管理体制、安全生产的法律法规和管理制度等相关知识。

7.1 职业健康安全管理概述

7.1.1 职业健康安全管理的含义及特点

7.1.1.1 职业健康安全管理的含义

职业健康安全管理就是在生产活动中，组织安全生产的全部管理活动，通过对生产因素具体的状态控制，使生产因素的不安全的行为和状态减少或消除并不引发事件，尤其是不引发使人受到伤害的事故，以保证生产活动中人的安全和健康。

7.1.1.2 建设工程施工项目职业健康安全管理的特点

(1) 复杂性

建筑产品生产的长期性、固定性以及涉及主体很多，而且受到外界环境的影响，决定了施工项目职业健康安全管理的复杂性。

(2) 多样性

建筑产品的多样性和生产的单件性决定了施工项目职业健康安全管理的多样性。

(3) 协调性

建筑产品生产的连续性和专业分工决定了施工项目职业健康安全管理的协调性。

(4) 不符合性

市场竞争条件下，业主对投标报价的压低与施工企业加大施工项目职业健康安全管理投入之间的矛盾，决定了施工项目职业健康安全管理的不符合性。

(5) 持续性

建设工程项目建设程序从立项到投产使用，每一阶段都涉及职业健康安全管理的问题，这就决定了施工项目职业健康安全与环境管理的持续性。

(6) 经济性

施工项目职业健康安全管理工作的开展都离不开建造成本的消耗，这就决定了施工项目职业健康安全管理的经济性。

7.1.2 职业健康安全体系的基本框架

7.1.2.1 职业健康安全管理体系发展历史

(1) 国际发展状况

早在20世纪80年代末90年代初，一些跨国公司和大型的现代化联合企业为强化自己的社会关注力和控制损失的需要，开始建立自律性的职业安全健康与环境保护的管理制度，并逐步形成了比较完善的体系。1996年，国际标准化组织(ISO)组织召开了职业安全健康管理体系(OSHMS)标准国际研讨会。在跨入新世纪之际，职业安全健康管理体系引起国际上更广泛的注意。国际劳工组织(ILO)从1998年开始制定国际化的职业安全健康管理体系文件，2001年6月，ILO理事会审议、批准印发职业安全健康管理体系导则(ILO-OSH 2001)，使得职业安全健康管理体系的实施成为今后安全生产领域最主要的工作内容之一。该导则中推荐的职业安全健康管理体系国家框架如图7.1所示。

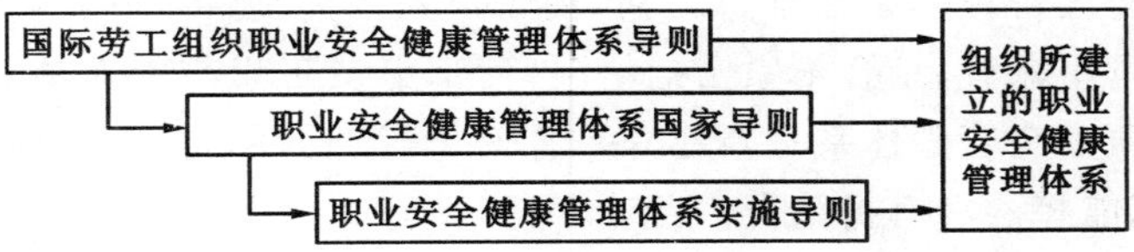

图7.1 职业安全健康管理体系

(2) 国内发展状况

我国在职业安全健康标准化问题提出之初就十分重视。1996年，我国成立了"职业安全健康管理标准化协调小组"。1998年中国劳动保护科学技术学会发布了《职业安全健康管理体系规范及使用指南》(CSSTLP 1001:1998)。

1999年10月，国家经贸委颁布了《职业安全卫生管理体系试行标准》和下发了在国内开展OSHMS试点工作的通知。在我国开展职业安全健康管理体系认证试点工作以来，很多企业对建立和实施职业安全健康管理体系表现出很高的热情，工作进展之快，社会反响之大，是许多人事先没有预料到的。

7.1.2.2 职业健康安全问题产生的原因

(1) 人的不安全行为。

(2) 物的不安全状态。

(3) 组织管理不力。

7.1.2.3 实施和认证职业健康安全体系的意义

(1) 全面规范、改进企业职业安全与卫生管理，保障企业员工的职业健康与生命安全，保障企业的财产安全，提高工作效率。

(2) 改善与政府、员工、社区的公共关系，提高企业声誉。

(3) 提供持续满足法律法规要求的机制，降低企业风险，预防事故发生。

(4) 克服产品及服务在国内外贸易活动中的非关税贸易壁垒，取得进入国际市场的通行证。

(5) 提高金融信贷信用等级，降低保险成本。

(6) 提高企业的综合竞争力等。

7.2 职业健康安全管理的方针

建筑施工企业必须坚持“安全第一、预防为主”的安全生产方针，完善安全生产组织管理体系、检查评价体系，制订安全措施计划，加强施工安全管理，实施综合治理。

7.2.1 职业健康安全管理体系运作的现状和存在的问题

自国内安全管理引入职业健康安全管理体系以来，各施工企业都开始积极地进行职业健康安全管理体系的建立并先后取得体系认证，在施工生产中将原有的安全管理模式规范化、文件化、系统化地结合到职业健康安全管理体系中，使安全管理工作成为循序渐进、有章可循、自觉执行的管理行为。经过几年的推行和在体系的运作过程中，总结出有各自体系特色的成功经验和办法，但也不同程度的存在如下问题和误区：

(1) 职业健康安全管理体系在推行之初，由于体系未能良性运作，未能发挥正常作用，出现了与现场安全管理不兼容、结合不紧密的情况，使部分员工思想上对体系存有质疑态度，认为企业推行职业健康安全管理体系是新建立一套安全管理体制，摒弃了原有行之有效的安全管理制度，认识上未能将两者有机结合。

(2) 在施工生产管理中部分员工的职业健康安全管理体系的意识还比较淡薄，对体系的管理在相当程度上仍停留在应付记录文件的填写、内审检查的准备方面，对建立和实施体系管理体系的意义和作用理解不够。

(3) 没有真正掌握风险管理的内涵，存在危害识别和风险评价工作重点不清，风险级别把握不全的情况，危害识别和风险评价的结果不能及时更新，没有根据施工现场的情况、施工条件发生的变化开展动态危害识别和风险评价工作，使现场作业人员不明确必须控制的真正危险点，控制措施得不到有效落实。

(4) 未与企业现有的质量、环境管理体系记录文件有效结合，形成统一的管理记录模式。体系的记录文件与各职能部门一些管理性的记录表格(施工作业表、检查整改反馈表、施工交底记录等)产生冲突，造成重复性的工作，增大了执行层的工作分量和压力，对各职能部门正常工作造成一定影响。

(5) 职业健康安全管理体系管理手册中，各职能部门沟通欠缺，职责划分不清，程序文件接口不明确，体系运作中易出现推卸责任和扯皮现象，形成体系管理的真空地带，给体系实施带来一定的工作难度。

(6) 针对风险识别和风险评估确定的重大危害因素，制定的管理方案在实施和落实方面仍存在一定差距。对管理方案中确定的项目内容和完成时间不能及时与企业年度计划相结合，不能保证足够的资金投入和物资材料投入来实施定期检查和跟踪，以及对完成情况进行评价，对整体效果进行验证。

(7) 企业内部职业健康安全管理体系的内审员组成较为薄弱，未经过严格的培训考核，在理论水平、专业素质等方面仍有欠缺，不能及时发现和总结体系运行过程中存在的问题和差距，甚至产生误导作用，给体系有效运行带来不利因素。

7.2.2 解决问题应注意的方面

有针对性地解决职业健康安全管理体系实施过程中出现的各类问题，要注意做好以下方面的工作：

（1）建立适合企业自身实际的职业健康安全管理体系标准的构架

建立好的职业健康安全管理体系结构，对以后体系的运作起到决定性的作用。首先要结合自己企业的实际情况，对施工组织模式、施工场所、技术工艺、职工素质做科学细致的分析，建立企业自己的易于操作执行、简洁高效的管理手册、程序文件及体系支撑性文件。

（2）重视职业健康安全管理体系的宣传工作

职业健康安全管理体系面对的对象是企业的各级员工，也靠基层的员工来执行，体系的宣传不能仅局限于管理层、高层的宣传，要普及到基层的员工，尤其在体系完成的试运行阶段，通过集中办班，印制通俗易懂的小宣传册，企业的传媒宣传报道，在施工生产现场、班组工作间广泛宣传危害辨识卡等形式多样的培训宣传、普及体系知识，使职工在体系贯彻伊始就有个好的体系习惯。同时培训出一批合格的体系内审员，做好体系的正常良性运作，能够及时找出体系的误差，不至于偏离方向。

（3）把握好职业健康安全管理体系在施工管理的重点控制环节

职业健康安全管理体系作为企业安全管理的载体，最终实现各项安全目标的控制还需要到施工过程中得以落实和实现，也是在基层得以检验效果。体系执行的是否到位是安全目标得以实现的关键，为此须在关键环节上有的放矢、重点突破，解决好执行过程中的难点需要把握住体系的几个重点控制环节。

① 做好做实危险点的辨识和控制

危险点的辨识和控制是体系的核心。施工企业安全事故的性质和危害程度的差异性，要求危险点的辨识和控制工作要分清轻重缓急，重点突出。确定危险点辨识包括两方面的内容：一是识别系统中可能存在的危险、有害因素的种类，这是因素识别工作的首要任务；二是在此基础上进一步识别各种危险、有害因素的危害程度。这要求编制人员在施工前熟知作业现场环境，明确具体工作任务、工作方法和把握作业人员的思想意识、技能水平、人员组合、工具机械装备的状态，分析透彻施工中的可能影响因素，善于找出关键、抓住重点，根据危害发生的可能性和危害造成的后果判定出危害程度的风险等级并加以有效控制。

② 做好基层班组对体系的执行和落实工作

班组是危险点的辨识和控制的基础层。从危险点的查找到具体工作中的督促实施、记录跟踪，大量的工作都要落实到班组。这首先要求班长带头接受危险点的辨识和控制这种安全管理的科学方法，使危险点分析预控工作能够结合本班实际有效开展，在新开项目施工交底中，将施工作业指导书中的危险点及控制措施交代清楚，进行确认签证，落实到人。在工作过程中，严格监督，保证各项控制措施的严格执行。对现场环境、作业条件、人员变化等引发的新的危险点，要及时采取补充措施，落实到位。若在现场落实这个关键环节不到位，则易造成事故的发生，从而功亏一篑。

③ 合理整合企业现有管理体系资源

目前大多数施工企业都具有质量管理体系和环境管理体系的认证，这些都是企业的管理性标准，有相同的管理理论和思想，在不同的技术标准支撑下以不同的运行控制进行着同样的管理循环。记录控制、内审与管理评审等基本程序在结构和内容上相似，具备了体系一体化运行的理论基础。体系一体化运行具有很大的优势，可以统一调配、使用资源，共享文件和记录，减少管理环节，降低了管理和体系运行的成本，避免了不同体系之间的矛盾，解决体系运行相互之间衔接不良的问题，有利于提高各管理体系的效率和企业的整体管理水平。

④ 重视企业内审

职业健康安全管理体系是一个动态性很强的体系，它要求企业在实施职业健康安全管理体系时始终保持持续改进意识，对体系进行不断修订和完善，使其功能不断加强。通过内审这个自我检查过程，对于修正体系的偏差及加强体系的适应性，找出管理的弱点，具有自我调节、自我完善的重要作用。内审范围应全面、详细，对各职业健康安全目标的记录都应进行全面评估，全面覆盖职业健康安全管理体系标准的17个要素和初始评审中辨识的重大危害和风险因素。内审的结果，将直接对体系是否符合标准、是否完成了企业的职业健康安全目标和指标做出判断，并使它能够与企业的其他管理活动进行有效的融合，达到企业不断提高检查、纠错、验证、评审和改进职业健康安全工作能力的目的。

7.2.3 建设工程项目职业健康安全技术措施计划

(1) 职业健康安全技术措施计划的主要内容包括：工程概况，管理目标，组织机构与职责权限，规章制度，风险分析与控制措施，安全专项施工方案，应急准备与响应，资源配置与费用投入计划，教育培训，检查评价、验证与持续改进。

(2) 编制施工项目职业健康安全技术措施计划时，对于某些特殊情况应考虑：

① 对结构复杂、施工难度大、专业性较强的工程项目，除制定项目总体安全保证计划外，还必须制定单位工程或分部分项工程的专项安全技术措施。

② 对高处作业、井下作业等专业性强的作业，电气、压力容器等特殊工种作业，应制定专项安全技术规程，并应对管理人员和操作人员的安全作业资格和身体状况进行合格检查。

③ 制定和完善施工安全操作规程，编制各施工工种特别是危险性较大工种的安全施工操作要求，作为规范和检查考核员工安全生产行为的依据。

④ 施工安全技术措施包括安全防护设施的设置和安全预防措施，主要有17个方面的内容，如防火、防毒、防爆、防洪、防尘、防雷击、防触电、防坍塌、防物体打击、防机械伤害、防起重设备滑落、防高空坠落、防交通事故、防寒、防暑、防疫、防环境污染等方面措施。

7.3 安全生产的管理体制

加强工程项目的安全生产，制定进行切实可行的安全管理制度和措施是十分重要的。它是管理的方法和手段，对生产各因素状态进行约束和控制，安全管理也具有明显的行业特色。建筑施工企业要落实安全责任，实施责任管理，加强安全教育，例行安全检查。

7.3.1 建立职业健康安全生产责任制

建立职业健康安全生产责任制是做好安全管理工作的重要保证。在工程实施以前，由项目经理部对各级负责人、各职能部门以及各类施工人员在管理和施工过程中应当承担的责任做出明确规定。也就是把安全生产责任分解到岗，落实到人。具体表现在以下方面：

(1) 在工程项目施工过程中，必须有符合项目特点的安全生产制度，它要符合国家和地方，以及本企业的有关安全生产政策、法规、条例、规范和标准。参加施工的所有管理人员和工人都必须认真执行并遵守制度的规定和要求。

(2) 建立健全安全管理责任制，明确各级人员的安全责任，这是搞好安全管理的基础。从项目经理到一线工人，安全管理做到纵向到底，一环不漏；从专门管理机构到生产班组，安全生产做到横向到边，层层有责。

(3) 施工项目应通过监察部门的安全生产资质审查，并得到认可。其目的是为了严格规范安全生产条件，进一步加强安全生产的监督管理，防止和减少安全事故的发生。

(4) 一切从事生产管理与操作的人员，应当依照其从事的生产内容和工种，分别通过企业、施工项目的安全审查，取得安全操作许可证，进行持证上岗。特种工种的作业人员，除必须经企业的安全审查外，还需按规定参加安全操作考核，取得监察部门核发的安全操作合格证。

7.3.2 进行职业健康安全教育培训制度

认真搞好职业健康安全教育是职业健康安全管理工作的重要环节，是提高全员职业健康安全素质、职业健康安全管理水平，防止事故，实现职业健康安全生产的重要手段。

(1) 项目经理部的安全教育内容

它包括：国家和当地政府的安全生产方针、政策，安全生产法律、法规，部门规章、制度，安全纪律、安全事故分析和处理案例。

(2) 作业队安全教育培训内容

它包括：本作业队承担施工任务的特点、施工安全基本知识、安全生产制度；相关工种的安全技术操作规程；机械设备、电气、高空作业等安全基本知识；防火、防毒、防爆、防洪、防雷击、防触电、防高空坠落、防物体打击、防坍塌、防机械车辆伤害等知识及紧急安全处理知识；安全防护用品发放标准；防护用具、用品使用基本知识。

(3) 班组安全教育培训内容

它包括：本班组作业特点及安全操作规程；班组安全生产制度及纪律；爱护和正确使用安全防护装置（设施）及个人劳动防护用品知识；本岗位的不安全因素及防范对策；本岗位的作业环境，使用机具的安全要求。

(4) 特殊工种的安全培训

对从事电工、压力容器操作、爆破作业、金属焊接、井下检验、机动车驾驶、机动船舶驾驶、高空作业等特殊工种的作业人员，必须到经国家认可的具有资质的单位进行安全技术培训，考试合格并取得上岗证书后方可上岗作业。

7.3.3 职业健康安全技术交底制度

职业健康安全技术交底是指导工人安全施工的技术措施，是项目职业健康安全技术方案的具体落实。职业健康安全技术交底一般由技术管理人员根据分部分项工程的具体要求、特点和危险因素编写，是操作者的指令性文件，因而，要求其具体、明确、针对性强，不得用施工现场的职业健康安全纪律、职业健康安全检查等制度代替，在进行工程技术交底的同时进行职业健康安全技术交底。

(1) 交底组织

设计图技术交底由公司工程部负责，向项目经理、技术负责人、施工队长等有关部门及人员交底。各工序、工种由项目责任工长负责向各班组长交底。

(2) 安全技术交底的基本要求

安全技术交底的基本要求包括：项目经理部必须实行逐级安全技术交底制度，纵向延伸到班组全体作业人员；技术交底必须具体、明确，针对性强；技术交底的内容应针对分部分项工程施工中给作业人员带来的潜在危害和存在问题；应优先采用新的安全技术措施；应将工程概况、施工方法、施工程序、安全技术措施等向工长、班组长进行详细交底；定期向由两个以上作业队和多工种进行交叉施工的作业队伍进行书面交底；保持书面安全技术交底签字记录。

(3) 项目经理部技术交底重点

① 图纸中各分部分项工程的部位及标高，轴线尺寸，预留洞、预埋件的位置，结构设计意图等有关说明。

② 施工操作方法，对不同工种要分别交底，施工顺序和工序间的穿插、衔接要详细说明。

③ 新结构、新材料、新工艺的操作工艺。

④ 冬雨季施工措施及在特殊施工中的操作方法与注意事项、要点等。

⑤ 对原材料的规格、型号、标准和质量要求。

⑥ 各种混合材料的配合比、添加剂要求详细交底，必要时，对第一使用者负责示范。

⑦ 各工种、各工序穿插交接时可能发生的技术问题预测。

⑧ 凡发现未进行技术交底而施工者，处一定的罚款。

(4) 交底方法

技术交底可以采用会议口头形式，文字图表形式，甚至示范操作形式，视工程施工复杂程度和具体交底内容而定。各级技术交底应有文字记录。关键项目、新技术项目应作文字交底。

7.3.4 职业健康安全检查制度

职业健康安全检查是消除安全隐患、防止事故、改善劳动条件及提高员工安全生产意识的重要手段，是进行职业健康安全管理措施中的一项重要内容。通过安全检查可以发现工程中的危险因素，以便有计划地采取措施，保证安全生产。施工项目的安全检查应由项目经理组织，且定期进行。

(1) 职业健康安全检查的主要内容

① 查思想。主要检查企业的领导和职工对安全生产工作的认识。

② 查管理。主要检查工程的安全生产管理是否有效，主要内容包括安全生产责任制、安全技术措施计划、安全组织机构、安全保证措施、安全技术交底、安全教育、持证上岗、安全设施、安全标识、操作规程、违规行为、安全记录等。

③ 查隐患。主要检查作业现场是否符合安全生产、文明生产的要求。

④ 查整改。主要检查过去提出问题的整改情况。

⑤ 查事故处理。对安全事故的处理应查明事故原因、明确责任并对责任者作出处理、明确和落实整改措施等。同时还应检查对伤亡事故是否及时报告、认真调查、严肃处理。

(2) 职业健康安全检查的方法

随着职业健康安全管理科学化、标准化、规范化的发展，目前职业健康安全检查基本上都采用职业健康安全检查表和一般检查方法，进行定性或定量的职业健康安全评价。

① 职业健康安全检查表是一种初步的定性分析方法，它通过事先拟定的职业健康安全检查明细表或清单，对职业健康安全生产进行初步的诊断和控制。

② 职业健康安全检查一般方法主要是通过看、量、测、现场操作等手段进行检查。看：主要查看管理资料、持证上岗、现场标志、交接验收资料，检查"安全三宝"使用情况、"洞口"防护情况、"临边"防护情况、设备防护装置等。量：主要是用尺实测实量。测：用仪器、仪表实地进行测量。现场操作：由工作人员对各种限位装置进行实际运作，检验其灵敏程度。

7.3.5 事故处理"四不放过"制度

坚持控制人的不安全行为与物的不安全状态，分析事故的成因。人、物和环境因素的作用是事故的根本原因，从对人和物的管理方面去分析事故，人的不安全行为和物的不安全状态都是酿成事故的直接原因。发生安全事故，必须严格查处。做到事故原因不明、责任不清、责任者未受到教育、没有预防措施或措施不力不得放过。

7.3.6 安全管理、兼容文明施工的原则

坚持安全管理原则即坚持安全与生产同步，管生产必须抓安全，安全寓于生产之中，并对生产发挥促进与保证作用。坚持"四全"动态管理，安全工作不是少数人和安全机构的事，而是一切与生产有关的人的共同事情；缺乏全员的参与，安全管理不会有生机，效果也不会明显。生产组织者在安全管理中的作用固然重要，全员性参与安全管理同样十分重要。因此，生产活动中对安全工作必须是全员、全过程、全方位、全天候的动态管理。

7.4 安全生产的法律法规和管理制度

7.4.1 建筑安全生产责任制

建设单位、勘察单位、设计单位、施工单位、工程监理单位及其他与建设工程安全生产有关的单位，必须遵守我国《建筑法》、《安全生产法》、《建设工程安全生产管理条例》中对建筑安全生产责任的规定。保证建设工程安全生产，依法承担建设工程安全生产责任。

7.4.1.1 建设单位的安全生产责任

建设单位应向施工单位提供施工现场及毗邻区域内供水、排水、供电、供气、供热、通信、广播电视等地下管线资料，气象和水文观测资料，相邻建筑物和构筑物、地下工程的有关资料，并保证资料的真实、准确、完整。

建设单位不得对勘察、设计、施工、工程监理等单位提出不符合建设工程安全生产法律、法规和强制性标准规定的要求，不得压缩合同规定的工期。

建设单位在编制工程概算时，应当确定建设工程安全作业环境及安全施工措施所需的费用。

建设单位不得明示或者暗示施工单位购买、租赁、使用不符合安全施工要求的安全防护用具、机械设备、施工机具及配件、消防设施和器材。

建设单位在申请领取施工许可证时，应当提供建设工程有关安全施工措施的资料。

建设单位应当将拆除工程发包给具有相应资质等级的施工单位。

依法批准开工报告的建设工程，建设单位应当自开工报告批准之日起15日内，将保证安全施工的措施报送建设工程所在地的县级以上地方人民政府建设行政主管部门或者其他有关部门备案。

7.4.1.2 施工单位的安全生产责任

施工单位从事建设工程的新建、扩建、改建和拆除等活动，应当具备国家规定的注册资本、专业技术人员、技术装备和安全生产等条件，依法取得相应等级的资质证书，并在其资质等级许可的范围内承揽工程。

施工单位的主要负责人、项目负责人、专职安全生产管理人员应当经建设行政主管部门或者其他有关部门考核合格后方可任职。

施工单位主要负责人依法对本单位的安全生产工作全面负责。施工单位应当建立健全安全生产责任制度和安全生产教育培训制度，制定安全生产规章制度和操作规程，保证本单位安全生产条件所需资金的投入，对所承担的建设工程进行定期和专项安全检查，并做好安全检查记录。

施工单位的项目负责人应当由取得相应执业资格的人员担任，对建设工程项目的安全施工负责，落实安全生产责任制度、安全生产规章制度和操作规程，确保安全生产费用的有效使用，并根据工程的特点组织制定安全施工措施，消除安全事故隐患，及时、如实报告生产安全事故。

施工单位对列入建设工程概预算的安全作业环境及安全施工措施所需费用，应当用于施工安全防护用具及设施的采购和更新、安全施工措施的落实、安全生产条件的改善，不得挪作他用。

建设工程实行施工总承包的，由总承包单位对施工现场的安全生产负总责。

总承包单位依法将建设工程分包给其他单位，分包合同中应当明确各自的安全生产方面的权利、义务。总承包单位和分包单位对分包工程的安全生产承担连带责任。

分包单位应当服从总承包单位的安全生产管理，分包单位不服从管理导致生产安全事故的，由分包单位承担主要责任。

垂直运输机械作业人员、安装拆卸工、爆破作业人员、起重信号工、登高架设作业人员等特种作业人员，必须按照国家有关规定经过专门的安全作业培训，并取得特种作业操作资格证书后，方可上岗作业。

施工单位应当设立安全生产管理机构，配备专职安全生产管理人员。

建筑施工企业必须为从事危险作业的职工办理意外伤害保险，支付保险费。

施工单位应当向作业人员提供安全防护用具和安全防护服装，并书面告知危险岗位的操作规程和违章操作的危害。

施工中发生事故时，建筑施工企业应当采取紧急措施减少人员伤亡和事故损失，并按照国家有关规定及时向有关部门报告。

施工单位应当将施工现场的办公、生活区和作业区分开设置，并保持安全距离；职工的膳食、饮水、休息场所等应当符合卫生标准；施工单位不得在尚未竣工的建筑物内设置员工集体宿舍。

施工单位对因建设工程施工可能造成损害的毗邻建筑物、构筑物和地下管线等，应当采取专项防护措施。

施工单位应当遵守有关环境保护法律、法律的规定，在施工现场采取措施，防止或者减少粉尘、废气、废水、固体废物、噪声、振动和施工照明对人体和环境的危害和污染。

建设工程施工前，施工单位负责项目管理的技术人员应当对有关安全施工的技术要求向施工作业班组、作业人员作出详细说明，并由双方签字确认。

施工单位应当在施工现场各种出入口、洞口、施工起重机械、临时用电设施、脚手架、基坑边沿、爆破物及有害危险气体和液体存放等危险处，设置明显的安全警示标志。安全警示标志必须符合国家标准。

7.4.2 工程建设重大事故发生后的报告和调查程序

工程建设重大事故发生后的报告和调查程序请参照国务院颁布的《生产安全事故报告和调查处理条例》执行，以下内容仅供参考。

7.4.2.1 工程建设重大事故的概念

工程建设重大事故，是指在工程建设过程中由于责任过失造成工程倒塌或报废、机械设备毁坏和安全设施失当造成人身伤亡或者重大经济损失的事故。

工程建设重大事故分为四个等级：

(1) 具备下列条件之一者为一级重大事故：

① 死亡 30 人以上；

② 直接经济损失 300 万元以上。

(2) 具备下列条件之一者为二级重大事故：

① 死亡 10 人以上，29 人以下；

② 直接经济损失 100 万元以上，不满 300 万元。

(3) 具备下列条件之一者为三级重大事故：

① 死亡 3 人以上，9 人以下；

② 重伤 20 人以上；

③ 直接经济损失 30 万元以上，不满 100 万元。

(4) 具备下列条件之一者为四级重大事故：

① 死亡 2 人以下；

② 重伤 3 人以上，19 人以下；

③ 直接经济损失 10 万元以上，不满 30 万元。

7.4.2.2 重大事故的报告和现场保护

(1) 简要报告

重大事故发生后，事故发生单位必须以最快方式，将事故的简要情况向上级主管部门和事故发生地的市、县级建设行政主管部门及检察、安全生产监督(如有人身伤亡)部门报告；事故发生单位属于国务院部委的，应同时向国务院有关主管部门报告。

事故发生地的市、县级建设行政主管部门接到报告后，应当立即向人民政府和省、自治区、直辖市建设行政主管部门报告；省、自治区、直辖市建设行政主管部门接到报告后，应当立即向人民政府和建设部报告。

(2) 保护现场和书面报告

事故发生后，事故发生单位和事故发生地的建设行政主管部门应当严格保护事故现场，采取有效措施抢救人员和财产，防止事故扩大。

因抢救人员、疏导交通等原因，需要移动现场物件时，应当做出标志，绘制现场简图并做出书面记录，妥善保存现场重要痕迹、物证，有条件的可以拍照或录像。

重大事故发生后，事故发生单位应当在 24 h 内写出书面报告，按上述程序和部门逐级上报。

重大事故书面报告应当包括以下内容：

① 事故发生的时间、地点、工程项目、企业名称；

② 事故发生的简要经过、伤亡人数和直接经济损失的初步估计；

③ 事故发生原因的初步判断；

④ 事故发生后采取的措施及事故控制情况；

⑤ 事故报告单位。

7.4.2.3 重大事故调查

重大事故调查，根据事故的等级情况，一、二级重大事故由省、自治区、直辖市建设行政主管部门提出调查组组成意见，报请人民政府批准；三、四级重大事故由事故发生地的市、县级建设行政主管部门提出调查组组成意见，报请人民政府批准。事故发生单位属于国务院部委的，按相关规定，由国务院有关主管部门或其授权部门会同当地建设行政主管部门提出调查组组成意见。

(1) 事故调查组的组成

事故调查组由建设行政主管部门、事故发生单位的主管部门和劳动等有关部门的人员组成，并应邀请人民检察机关和工会派员参加。

必要时，调查组可以聘请有关方面的专家协助进行技术鉴定、事故分析和财产损失的评估工作。

(2) 事故调查组的权力

事故调查组有权向事故发生单位、各有关单位和个人了解事故的有关情况，索取有关资料，任何单位和个人不得拒绝和隐瞒。

任何单位和个人不得以任何方式阻碍、干扰调查组的正常工作。

(3) 事故调查组的职责

① 组织技术鉴定；

② 查明事故发生的原因、过程、人员伤亡及财产损失情况；

③ 查明事故的性质、责任单位和主要责任者；

④ 提出事故处理意见及防止类似事故再次发生所应采取措施的建议；

⑤ 提出对事故责任者的处理建议；

⑥ 写出事故调查报告。

(4) 事故调查工作的结束

调查组在调查工作结束后 10 日内，应当将调查报告报送批准组成调查组的人民政府和建设行政主管部门以及调查组其他成员部门。经组织调查的部门同意，调查工作即告结束。

复习思考题

1. 简答题

(1) 职业健康安全管理的含义是什么?

(2) 职业健康安全问题产生的原因有哪些?

(3) 建设工程项目职业健康安全技术措施计划的主要内容有哪些?

(4) 安全技术交底的基本要求有哪些?

2. 案例分析

背景资料:某综合楼为四层砖混结构。该工程施工时,在安装第三层预制楼板时,发生墙体倒塌,先后砸断部分第三层和第二层楼板共12块,造成第三层楼面上的一名工人随倒塌物一起坠落而死亡,直接经济损失1.2万元。经调查,该工程设计没有问题。施工时按正常施工顺序,即先浇筑现浇梁,安装楼板后再砌第三层的砖墙。实际施工中由于现浇梁未能及时完成,施工中先砌了第三层的砖墙,然后预留楼板槽,槽内放立砖,待浇筑承重梁后,再嵌装楼板,在嵌装楼板时,先撬掉槽内立砖,边安装楼板、边塞缝。在实际操作中,工人以预留槽太小,楼板不好安装为理由,把部分预留槽加大,并且也未按边装板、边塞缝的要求施工。

问题:

(1) 简要分析这起事故发生的原因。

(2) 这起事故可认定为哪种等级的重大事故?依据是什么?

(3) 若需要对该事故进行事故现场勘察,应勘察哪些内容?

8 建设工程项目环境管理

本章提要

本章主要介绍了环境管理的相关概念、建设工程项目环境管理的目的和任务，以及建设工程项目环境管理的法律法规，进一步阐述了建设工程项目环境管理体系的建立和文明施工的有关内容。

8.1 建设工程项目环境管理概述

8.1.1 环境管理相关概念

8.1.1.1 环境的概念

环境是指组织运行活动的外部存在，包括空气、水、土地、自然资源、植物、动物、人，以及它们之间的相互关系。

8.1.1.2 环境管理的概念

环境管理就是在生产活动中，通过对环境因素的管理活动，使环境不受到污染，使资源得到节约。

8.1.2 环境管理体系的概念

环境管理体系是建设工程项目管理体系的一个组成部分，它包括制定、实施、实现、评审和保持环境方针所需的组织结构、计划活动、职责、惯例、程序、过程和资源。

8.1.3 建设工程项目环境管理的目的和任务

8.1.3.1 建设工程项目环境管理的目的

建设工程项目环境管理的目的是保护生态环境，使社会的经济发展与人类的生存环境相协调；控制作业现场的各种粉尘、废水、废气、固体废弃物以及噪声、振动对环境的污染和危害，考虑能源节约和避免资源的浪费。

8.1.3.2 建设工程项目环境管理的任务

建设工程项目环境管理的任务是建筑生产组织（企业）为达到建设工程项目环境管理的目的而进行的组织、计划、控制、领导和协调活动，并为此建立环境管理体系。

8.2 建设工程项目环境管理的法律法规

《中华人民共和国环境保护法》(以下简称《环境保护法》)于1989年12月26日颁布实施。依据《环境保护法》,我国相继颁布实施了一系列有关环境保护的法律。如《中华人民共和国水污染防治法》、《中华人民共和国固体废物污染环境防治法》、《中华人民共和国噪声污染防治法》、《中华人民共和国大气污染防治法》以及2003年9月1日起施行的《中华人民共和国环境影响评价法》。

8.2.1 建设工程项目环境影响评价制度

环境影响评价,是指"对规划和建设项目实施后可能造成的环境影响进行分析、预测和评估,提出预防或者减轻不良环境影响的对策和措施,进行跟踪监测的方法与制度"。

根据《环境影响评价法》第十六条规定,我国根据建设项目对环境的影响程度,对建设项目的环境影响评价实行分类管理,建设单位应当依法组织编写相应的环境评价文件。对可能造成重大环境影响的,应当编制环境影响报告书,对产生的环境影响进行全面评价。其中,根据《环境影响评价法》第十七条规定,建设工程项目的环境影响报告书应当包括下列内容:

(1) 建设项目概况;

(2) 建设项目周围环境现状;

(3) 建设项目对环境可能造成影响的分析、预测和评估;

(4) 建设项目环境保护措施及其技术、经济论证;

(5) 建设项目对环境影响的经济损益分析;

(6) 对建设项目环境监测的建议;

(7) 环境影响评价的结论。

涉及水土保持的建设项目,还必须有经水行政主管部门审查同意的水土保持方案。

8.2.2 环境保护"三同时"制度

环境保护"三同时"制度,即"建设项目需要配套建设的环境保护设施,必须与主体工程同时设计、同时施工、同时投产使用"。

8.2.3 大气、水、噪声和固体废物的环境污染防治

8.2.3.1 防治大气污染的具体规定

《大气污染防治法》中与工程建设相关的规定如下:

(1) 向大气排放粉尘的排污单位,必须采取除尘措施;

(2) 严格限制向大气排放含有毒物质的废气和粉尘;确需排放的,必须经过净化处理,不超过规定的排放标准;

(3) 在人口集中地区和其他依法需要特殊保护的区域内,禁止焚烧沥青、油毡、橡胶、塑料、皮革、垃圾以及其他产生有毒有害烟尘和恶臭气体的物质;

(4) 运输、装卸、储存能够散发有毒有害气体或者粉尘物质的,必须采取密闭措施或者其他防护措施;

(5) 在城市市区进行建设施工或者从事其他产生扬尘污染活动的单位，必须按照当地环境保护的规定，采取防治扬尘污染的措施。

8.2.3.2　防治水污染的具体规定

(1) 防治地表水污染的规定

① 在生活饮用水源地、风景名胜区水体、重要渔业水体和其他有特殊经济文化价值的水体保护区内，不得新建排污口。在保护区附近新建排污口，必须保证保护区水体不受污染。《水污染防治法》公布前已有的排污口，排放污染物超过国家或地方标准的，应当治理；危害饮用水源的排污口，应当搬迁。

② 排污单位发生事故或者其他突然性事件，排放污染物超过正常排放量，造成或者可能造成水污染事故的，必须立即采取应急措施，通报可能受到水污染危害和损害的单位，并向当地环境保护部门报告。

③ 禁止向水体排放油类、酸液、碱液或者剧毒废液。

④ 禁止在水体清洗装储过油类或者有毒污染物的车辆和容器。

⑤ 禁止将含有汞、镉、砷、铬、铅、氯化物、黄磷等的可溶性剧毒废渣向水体排放、倾倒或者直接埋入地下。存放可溶性剧毒废渣的场所，必须采取防水、防渗漏、防流失的措施。

⑥ 禁止向水体排放、倾倒工业废渣、城市垃圾和其他废弃物。

⑦ 禁止在江河、湖泊、运河、渠道、水库最高水位线以下的滩地和岸坡堆放、存储固体废弃物和其他污染物。

⑧ 禁止向水体排放或者倾倒放射性固体废弃物或者含有高放射性和中放射性物质的废水。向水体排放含低放射性物质的废水，必须符合国家有关放射防护的规定和标准。

⑨ 向水体排放含热废水，应当采取措施保证水体的水温符合水环境质量标准，防治热污染危害。

⑩ 排放含病原体的污水，必须经过消毒处理，符合国家有关标准后，方准排放。

(2) 防治地下水污染的具体规定

① 禁止企事业单位利用渗井、渗坑、裂隙和溶洞排放、倾倒含有毒污染物的废水、含病原体的污水和其他废弃物。

② 在无良好隔渗地层，禁止企事业单位使用无防止渗漏措施的沟渠、坑塘等输送或者存储含有毒污染物的废水、含病原体的污水和其他废弃物。

③ 在开采多层地下水的时候，如果各含水层的水质差异大，应当分层开采；对已受污染的潜水和承压水，不得混合开采。

④ 兴建地下工程设施或者进行地下勘探、采矿等活动，应当采取防护性措施，防止地下水污染。

⑤ 人工回灌补给地下水，不得恶化地下水质。

8.2.3.3　防治噪声污染的规定

《噪声污染防治法》中对噪声控制的具体规定如下：

(1) 在城市市区范围内向周围生活环境排放建筑施工噪声时，应当符合国家规定的建筑施工场界环境排放标准。

(2) 在城市市区范围内，建筑施工过程中使用机械设备可能产生环境噪声污染的，施工单位必须在工程开工 15 日以前向工程所在地县级以上地方人民政府环境保护行政主管部门申报该工程的项目名称、施工场所和期限、可能产生的环境噪声值以及所采取的环境噪声污染防治措施的情况。

(3) 在城市市区噪声敏感建筑物集中区域内,禁止夜间进行产生环境噪声污染的建筑施工作业,但抢修、抢险作业和因生产工艺上要求或者特殊需要必须连续作业的除外。

因特殊需要必须连续作业的,必须有县级以上人民政府或者其有关主管部门的证明。上述连续作业的夜间作业,必须公告附近居民。

(4) 建设经过已有的噪声敏感建筑物集中区域的高速公路和城市高架、轻轨道路,有可能造成环境噪声污染的,应当设置声屏障或者采取其他有效的控制环境噪声污染的措施。

(5) 在已有的城市交通干线的两侧建设噪声敏感建筑物的,建设单位应按照国家规定间隔一定距离,并采取减轻、避免交通噪声影响的措施。

8.2.3.4 固体废物污染环境的规定

固体废物,是指生产建设、日常生活和其他活动中产生的污染环境的固态、半固态废弃物质。《固体废物污染环境防治法》中有关工程建设的规定如下:

(1) 产生固体废物的单位和个人,应当采取措施,防止或者减少固体废物对环境的污染。

(2) 收集、储存、运输、利用、处置固体废物的单位和个人,必须采取防扬散、防流失、防渗漏或者其他防止污染环境的措施。不得在运输过程中沿途丢弃、遗撒固体废物。

(3) 在国务院和国务院有关主管部门及省、自治区、直辖市人民政府划定的自然保护区、风景名胜区、生活饮用水源地和其他需要特别保护的区域内,禁止建设工业固体废物集中储存、处置的设施、场所和生活垃圾填埋场。

(4) 转移固体废物出省、自治区、直辖市行政区域储存、处置的,应当向固体废物移出地的省级人民政府环境保护行政主管部门报告,并经固体废物接受地的省级人民政府环境保护行政主管部门许可。

(5) 禁止中国境外的固体废物进境倾倒、堆放、处置。

(6) 国家禁止进口不能用作原料的固体废物;限制进口可以用作原料的固体废物。

(7) 露天储存冶炼渣、化工渣、燃煤灰渣、废矿石、尾矿和其他工业固体废物,应当设置专用的储存设施、场所。

(8) 施工单位应当及时清运、处置建筑施工过程中产生的垃圾,并采取措施,防止污染环境。

8.3 建设工程项目环境管理体系的建立

8.3.1 建设工程项目环境管理体系产生的背景

环境管理体系是在遵守法规的框架下,使组织能持续改进环境表现的标准。环境管理是随着科学技术的发展而产生的,科学技术的发展既带来了繁荣,也带来了环境保护问题。1993年6月国际化标准组织(ISO)正式成立了环境管理技术委员会(ISO/TC 207),开始了对环境管理体系的国际通用标准的制定工作。其遵照的宗旨是:“通过制定和实施一套环境管理的国际标准,规范企业和社会团体等所有组织的环境表现,使之与社会经济发展相适应,改善生态环境质量,减少人类各项活动造成的环境污染,节约能源,促进经济的可持续发展。”

经过 3 年的努力，1996 年公布了《环境管理体系　规范及使用指南》（ISO 14001），2004 年又推出了 ISO 14001:2004。我国从 1996 年开始就以等同的方式颁布了《环境管理体系　规范及使用指南》（GB/T 24001—1996），此后又陆续颁布了其他有关标准，均作为我国的推荐性标准，便于与国际接轨。

8.3.2　建设工程项目环境管理体系的作用

建设工程项目环境管理体系提供了组织运作更为有效、全面的环境管理框架。更重要的是使组织更有效率和竞争力。贯彻实施该标准的作用和意义如下：

（1）保护人类生存和国民经济可持续发展。通过环境管理体系标准的贯彻实施，可以提高全民族的环保意识，树立科学发展观，有利于实现经济发展与人类生存环境相协调，保持经济的可持续发展。

（2）促进市场经济体制和国内外贸易的发展。通过实行国际化标准，可以实现各国环境认证的双边和多边互认，有利于消除贸易壁垒，实现市场全球化和自由贸易。

（3）提高企业管理水平，树立企业的良好形象。企业通过环境管理体系认证，不仅可以促进企业内部实行科学管理、依法管理和系统管理，还可以向外部公布企业的管理方针和改善环境的承诺，达到树立企业的良好形象、提高企业的信誉和知名度的目的。

8.3.3　我国建设工程项目环境管理体系的运行模式

为了适应现代环境管理的需要，达到保护环境的目的，我国建设工程项目环境管理体系的运行模式采用了一个动态循环并螺旋上升的系统化管理模式，该模式的规定为环境管理体系提供了一套系统化的方法，指导其组织合理有效地推行其环境管理工作。该模式分为五个过程，即制定环境方针、策划、实施与运行、检查和纠正措施以及管理评审等五大过程。这五个基本部分包含了环境管理体系的建立过程和建立后有计划地评审及持续改进的循环，以保证组织内部环境管理体系的不断完善和提高。

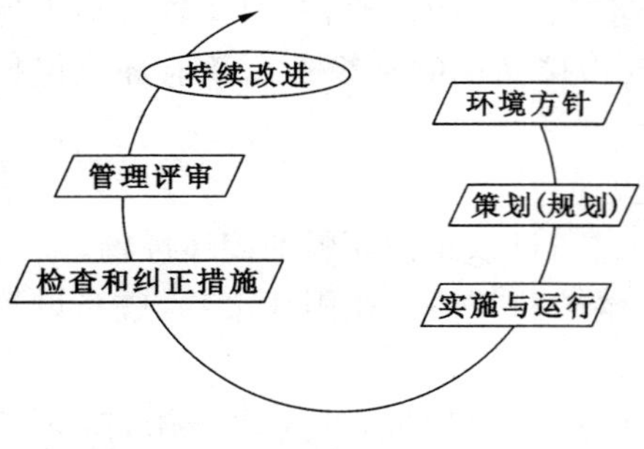

图 8.1　我国建设工程项目环境管理体系的运行模式

其具体的运行模式如图 8.1 所示。

8.3.4　建立建设工程项目环境管理体系的步骤

（1）领导决策。建立环境管理体系需要最高管理者决策，以便获得各方面的支持和保证建立体系所需资源。

（2）成立工作组。最高管理者或授权管理者代表成立工作小组负责建立环境管理体系。工作小组的成员要覆盖组织的主要职能部门，组长最好由管理者代表担任，以保证工作小组对人力、资金和信息的获取。

（3）人员培训。人员培训的目的是使有关人员了解建立环境管理体系的重要性，了解标准的主要思想和内容。根据对不同人员的培训要求，可将参加培训的人员分为 4 个层次，即最高管理者、中层领导及技术负责人、具体负责建立体系的骨干人员、普通员工。

(4) 初始状态评审。初始状态评审是对组织过去和现在的环境的信息及状态进行收集、调查分析，识别和获取现有的适用于组织的环境方面的法律法规和其他要求，并进行环境因素识别和重要环境因素评价。

(5) 制度方针、目标、指标和管理方案。

(6) 管理体系策划与设计。

(7) 体系文件的编写。体系文件包括管理手册、程序文件、作业文件，在编写中要根据文件的特点考虑编写的原则和方法。

(8) 文件的审查、审批和发布。文件编写完成后应进行审查，经审查、修改、汇总后进行审批，然后发布。

8.4 文明施工

8.4.1 文明施工的概念

文明施工就是保持施工现场良好的作业环境、卫生环境和工作秩序。文明施工主要包括以下方面的工作：

(1) 规范施工现场的场容，保持作业环境的整洁卫生。

(2) 科学组织施工，使生产有序进行。

(3) 减少施工对周围居民和环境的影响。

(4) 保证职工的安全和身体健康。

8.4.2 文明施工的意义

建设工程项目文明施工对企业改变经营管理状况、树立企业良好的形象、求得企业长远发展具有十分重要的意义和巨大的推动作用。

(1) 有利于改变企业管理现状，提高管理水平。开展文明工地建设活动，必须调动企业管理层和劳务层以及各方面的积极性，促进全方位的管理规范、制度的建立、健全与完善，彻底改变工地的管理面貌，养成良好的文明施工的习惯。保持良好的作业环境和秩序，对促进安全生产、加快施工进度、保证工程质量、降低工程成本、提高经济和社会效益有较大作用。文明施工涉及人、财、物各个方面，贯穿于施工全过程之中，体现了企业在工程项目施工现场的综合管理水平。

(2) 有利于促进爱岗敬业为基本内容的职业道德建设。文明施工涉及参加工程建设项目的不同方面、不同职能人员，对管理层和劳务层都有具体要求和规范，因此必须发挥项目管理人员的积极性和创造性，增加工作责任心，学习掌握各方面的标准和规范，使其具有良好的业务素质。发挥项目上包括劳务层人员的作用，真正做到视工地为家，从基础上和意识上树立起“做文明建筑工人，创文明建筑工地”的理念。

(3) 文明施工是适应现代化施工的客观要求。现代化施工更需要采用先进的技术、工艺、材料、设备和科学的施工方案，需要严密组织、严格要求、标准化管理和较好的职工素质等。文明施工能适应现代化施工的要求，是实现优质、高效、低耗、安全、清洁、卫生的有效手段。

(4) 有利于树立企业良好的形象，为企业积累良好的业绩。良好的施工环境与施工秩序，可以得到社会的支持和信赖，提高企业的知名度和市场竞争力。项目实行了文明施工管理，员工的精神面貌和工程的施工环境必将大大改观。同时，建设文明工地，必须在项目上进行人力、物力、财力的优化配置，某种程度上要稍加大投入，但其效果则是必将促进施工生产向着高速、安全、优质的轨道发展，使企业在社会上树立起良好的信誉和形象，为企业增加业绩，为企业承揽到更多的项目打下基础。

8.4.3 施工项目文明施工的基本要求

8.4.3.1 一般规定

(1) 有整套的施工组织设计或施工方案。

(2) 有健全的施工指挥系统和岗位责任制度，工序的衔接和交叉合理，交接责任明确。

(3) 有严格的成品保护措施和制度，大小临时设施和各种材料、构件、半成品按平面布置堆放整齐。

(4) 施工场地平整，道路畅通，排水设施得当，水电线路整齐，机具设备状况良好，使用合理。施工作业符合消防和安全要求。

(5) 实现文明施工，不仅要抓好现场的场容管理工作，而且还要做好现场材料、机械、安全、技术、保卫、消防和生活卫生等方面的工作。一个工地的文明施工水平是该工地乃至所在企业各项管理工作水平的综合体现。

8.4.3.2 现场场容管理

(1) 工地主要入口要设置简朴规整的大门，门边设立明显的标牌，标明工程名称、施工单位和工程负责人姓名等内容。

(2) 建立文明施工责任制划分区域。明确管理负责人，实行挂牌作业，做到现场清洁整齐。

(3) 施工现场场地平整、道路畅通，有排水措施，基础、地下管道施工完后要及时回填平整，清除积土。

(4) 现场施工临时水、电要有专人管理，不得有长流水、长明灯。

(5) 施工现场的临时设施，包括生产、办公、生活用房，仓库，料场，临时上下水管道以及照明、动力线路，要严格按施工组织设计确定的施工平面图布置、搭设或埋设整齐。

(6) 施工现场清洁整齐，做到活完料清，工完场地清，及时消除在楼梯、楼板上的砂浆、混凝土。

(7) 砂浆、混凝土在搅拌、运输、使用过程中要做到不洒、不漏、不剩。盛放砂浆、混凝土应有容器或垫板。

(8) 要有严格的成品保护措施，严禁损坏污染成品、堵塞管道。高层建筑要设置临时便桶，严禁随地大小便。

(9) 建筑物内清除的垃圾渣土要通过临时搭设的竖井或利用电梯等措施稳妥下卸；严禁从门窗口向外抛掷。

(10) 施工现场不准乱堆垃圾及余物。应在适当地点设置临时堆放点，并定期外运。清运渣土、垃圾及流体物品，要采取遮盖防漏措施，运输途中不得遗撒。

(11) 根据工程性质和所在地区的不同情况，采取必要的围护和遮挡措施，保持外观整洁。

(12) 针对施工现场情况设置宣传标语和黑板报，并适时更换内容，切实起到表扬先进、促进后进的作用。

(13) 施工现场严禁居住家属，严禁居民、家属、小孩在施工现场穿行、玩耍。

8.4.3.3 现场机械管理

(1) 现场使用的机械设备，要按平面布置规划固定点存放，遵守机械安全规程，经常保持机身及周围环境的清洁，机械的标识、编号明显，安全装置可靠。

(2) 清洗机械排出的污水要有排放措施，不得随地流淌。

(3) 在用的搅拌机、砂浆机旁应设沉淀池，不得将浆水直接排放入下水道及河流等处。

(4) 塔吊轨道按规定铺设整齐稳固，塔边要封闭，道砟不外溢，路基内外排水畅通。

8.4.3.4 实施工程项目文明施工，创建文明工地应做的工作

(1) 提高认识，目标明确，增强全公司文明施工和创建文明工地的自觉性，充分发挥项目经理部的主观能动作用。

(2) 文明工地建设要按照程序化的管理来进行工作，要进行目标管理、过程监控，从而实现管理目标。

(3) 开展创建"安全文明型、卫生环保型"工地，提高新时期建筑安全、文明施工管理水平的要求。

复习思考题

1. 简答题

(1) 什么是环境？

(2) 建设工程项目环境管理的目的和任务分别是什么？

(3) 建设工程项目的环境影响报告书应当包括的内容有哪些？

(4) 简述建立建设工程项目环境管理体系的步骤。

2. 填空题

(1) 环境保护"三同时"制度，即"建设项目需要配套建设的环境保护设施，必须与主体工程__________、__________、__________"。

(2) 严格限制向大气排放含有毒物质的废气和粉尘；确需排放的，必须__________，不超过规定的排放标准。

(3) 在城市市区进行建设施工或者从事其他产生扬尘污染活动的单位，必须按照当地环境保护的规定，采取__________的措施。

(4) 排污单位发生事故或者其他突然性事件，排放污染物超过正常排放量，造成或者可能造成水污染事故的，必须__________，通报可能受到水污染危害和损害的单位，并向__________报告。

(5) 兴建地下工程设施或者进行地下勘探、采矿等活动，应当__________，防止地下水污染。

(6) 建设经过已有的噪声敏感建筑物集中区域的高速公路和城市高架、轻轨道路，有可能造成环境噪声污染的，应当__________或者采取其他有效的控制环境噪声污染的措施。

(7) 施工单位应当及时________、________建筑施工过程中产生的垃圾，并采取措施，防止污染环境。

(8) 文明施工是保持施工现场良好的________、________和________。

(9) 施工现场的临时设施，包括生产、办公、生活用房，仓库，料场，临时上下水管道以及照明、动力线路，要严格按施工组织设计确定的__________布置、搭设或埋设整齐。

(10) 在用的搅拌机、砂浆机旁应设沉淀池，不得__________及河流等处。

9 建设工程项目资源管理

本章提要

本章主要介绍了建设工程项目资源管理的基本概念，以及人力资源管理、材料管理、机械设备管理、资金管理的基本内容。

9.1 建设工程项目资源管理概述

9.1.1 项目资源管理的概念

建设工程项目资源作为建设工程项目管理过程的重中之重，是完成建设工程任务的重要手段，也是建设工程项目目标得以实现的重要保证。

项目资源是指对项目实施中使用的人力资源、材料、机械设备、技术、资金等的总称。资源是人们创造出产品(即形成生产力)所需要的各种要素，亦称生产要素。

项目资源管理是指对项目所需的各种资源所进行的计划、组织、指挥、协调和控制等系统活动。项目资源管理极其复杂，主要表现是：工程项目实施所需资源的种类多、需用量大；建设过程对资源的消耗极不均衡；资源供应受外界影响太大，具有一定的复杂性和不确定性，且资源经常需要在多个项目间进行调配；资源对项目成本的影响最大。

加强项目管理，必须对投入项目的资源进行市场调查与研究，做到合理配置，并在生产中强化管理，以尽量少的消耗获得产出。如果资源管理工作做得好，会对整个工程有很大的促进作用。相反，如果没有做好资源管理工作，则会对工程管理产生很大的负面影响。

9.1.2 项目资源管理的作用

项目资源管理的目的就是节约活劳动和物化劳动。

项目资源管理的作用，可以从四个方面来表达：

(1) 进行资源的优化配置，即适时、适量、比例适当、位置适宜地组织并投入资源，以满足需要。

(2) 进行资源的优化组合，即资源投入搭配适当、协调，有效地形成生产力，适时、合格地实施理想工程。

(3) 在项目运行过程中，实现资源的动态管理。动态管理的基本内容就是按照项目的内在规律，有效计划、组织、协调、控制各种资源，使之在项目实施过程中合理流动，在动态中寻求平衡。

(4) 在项目运行过程中，合理、节约地使用资源，提高资源的使用效率，以控制项目成本。

项目资源管理对整个施工过程来说都具有重要意义，一个优质工程的诞生离不开施工项目资源管理。在施工项目的全过程——招标签约、施工准备、施工实施、竣工验收、用户服务等五个阶段中，项目资源管理主要体现在施工实施阶段，但在其他几个阶段也不同程度地有所涉及，如投标阶段进行方案策划、编制施工组织设计时，要考虑恰当配置劳动力、设备。此外，材料选择、资金筹措都离不开资源管理，而到了施工过程就更体现出资源管理的重要性。

9.1.3 项目资源管理的主要内容

资源作为工程项目实施的基本要素，通常包括人力资源、材料、机械设备、技术、资金等。

(1) 人力资源管理

人力资源泛指能够从事生产活动的体力和脑力劳动者，在项目管理中包括不同层次的管理人员和参加作业的各种工人。人是生产力中最活跃的因素，人具有能动性、再生性和社会性等。项目人力资源管理的任务是根据项目目标，不断获取项目所需人员，并将其整合到项目组织之中，使之与项目团队融为一体。项目中人力资源的使用，关键在明确责任、调动职工的劳动积极性、提高工作效率。从劳动者个人的需要和行为科学的观点出发，责权利相结合，采取激励措施，并在使用中重视对他们的培训，提高他们的综合素质。

(2) 材料管理

建筑材料主要分为主要材料、辅助材料和周转材料等。主要材料指在施工中被直接加工，构成工程实体的各种材料，如钢材、水泥、砂子、石子等。辅助材料在施工中有助于产品的形成，但不构成工程实体的材料，如外加剂、脱模剂等。周转材料指不构成工程实体，但在施工中反复周转使用的材料，如模板、架管等。建筑材料还可以按其自然属性分类，包括金属材料、硅酸盐材料、电气材料、化工材料等。一般工程中，建筑材料占工程造价的70%左右，加强材料管理对于保证工程质量、降低工程成本都将起到积极的作用。项目材料管理的重点在现场，在使用过程中，在节约和核算，尤其是节约，其潜力巨大。

(3) 机械设备管理

机械设备主要指作为大中型工具使用的各类型施工机械。机械设备管理往往实行集中管理与分散管理相结合的办法，主要任务在于正确选择机械设备，保证机械设备在使用中处于良好状态，减少机械设备闲置、损坏，提高施工机械化水平，提高使用效率。提高机械使用效率必须提高利用率和完好率，利用率的提高靠人，完好率的提高在于保养和维修。

(4) 技术管理

技术是指人们在改造自然、改造社会的生产和科学实践中积累的知识、技能、经验及体现它们的劳动资料。技术包括操作技能、劳动手段、生产工艺、检验试验、管理程序和方法等。随着生产的发展，技术水平也在不断提高，由于施工的单件性、复杂性、受自然条件的影响等，决定了技术管理在工程项目管理中的作用更加重要。工程项目技术管理是对各项技术工作要素和技术活动过程的管理。技术作用的发挥，除决定于技术本身的水平外，极大程度上还依赖于技术管理水平。没有完善的技术管理，先进的技术是难以发挥其作用的。

(5) 资金管理

工程项目的资金从流动过程来讲，首先是投入，即将筹集到的资金投入到工程项目的实施上；其次是使用，也就是支出。资金管理应以保证收入、节约支出、防范风险为目的，重点是收入与支出问题，收支之差涉及核算、筹资、利息、利润、税收等问题。

9.1.4 项目资源管理的原则

在项目实施过程中，对资源的管理应该着重坚持以下四项原则：

(1) 编制管理计划的原则。编制项目资源管理计划的目的，是对资源投入量、投入时间和投入步骤做出一个合理的安排，以满足施工项目实施的需要，对施工过程中所涉及的资源都必须按照施工准备计划、施工进度总计划和主要分项进度计划，根据工程的工作量编制出详尽的需用计划表。

(2) 资源供应的原则。按照编制的各种资源计划进行优化组合，并实施到项目施工中去，保证项目施工的需要。

(3) 节约使用的原则。这是资源管理中最为重要的一环，其根本意义在于节约活劳动及物化劳动，根据每种资源的特性，制定出科学的措施，进行动态配置和组合，不断地纠正偏差，以尽可能少的资源满足项目的使用。

(4) 使用核算的原则。进行资源投入、使用与产生的核算，是资源管理的一个重要环节，完成了这个程序，便可以使管理者心中有数。通过对资源使用效果的分析，一方面是对管理效果的总结，另一方面又为管理提供储备与反馈信息，以指导以后的管理工作。

9.2 建设工程项目人力资源管理

9.2.1 项目人力资源管理的概念

人力资源一般是指能够从事生产活动的体力和脑力劳动者。人力资源是一种特殊的资源，人力资源的基本特点有：人力资源以人的身体和劳动为载体，是一种"活"的资源；人力资源具有再生性；人力资源在经济活动中是居于主导地位的能动性资源；人力资源是具有时效性的资源。

项目人力资源管理是指项目组织对该项目的人力资源进行的科学的计划、适当的培训教育、合理的配置、有效的约束和激励、准确的评价等方面的一系列管理工作。具体来讲，就是通过不断地获得人力资源，把得到的人力资源整合到项目中并融为一体，保持和激励他们对项目的忠诚与积极性，控制他们的工作绩效并做相应的调整，尽量开发他们的潜能，以支持项目目标的实现。其管理工作的主要内容包括：项目人力资源管理体制，劳动力使用过程中的优化配置与动态管理，项目实施过程中的人员培训和持证上岗，劳动绩效评价与激励等。

9.2.2 项目人力资源管理计划

项目人力资源管理计划是为了实现项目目标而对所需人力资源进行预测，并为满足这些需要而预先进行系统安排的过程。应遵守有关法规，结合项目规模、建筑特点、人员素质与劳动效率要求、组织机构设置、生产管理制度等进行计划编制。

9.2.2.1 项目管理人员、专业技术人员的确定

应根据岗位编制计划，参考类似工程经验进行管理人员、技术人员需求预测。在人员需求中应明确需求的职务名称、人员需求数量、知识技能等方面的要求，以及招聘的途径，选择的方法和程序，希望到岗的时间等，最终形成一个有员工数量、招聘成本、技能要求、工作类别以及

为满足管理需要的人员数量和层次的分列表。

管理人员需求计划编制的前提是一定要做好工作分析。工作分析是指通过观察和研究，对特定的工作职务作出明确的规定，并规定这一职务的人员应具备什么素质的过程。具体包括工作内容、责任者、工作岗位、工作时间、如何操作、为何要做。根据工作分析的结果，编制工作说明书，制定工作规范。

9.2.2.2 劳动力需求计划的确定

劳动力需求计划是依据施工进度计划、工程量和劳动生产率，将施工进度计划表内所列各施工过程每天(或旬、月)所需工人人数按工种汇总而得，其表格形式如表9.1所示。

表9.1 劳动力需要量计划表

序号	工种名称	人数	××月			××月			备注
			上旬	中旬	下旬	上旬	中旬	下旬	

劳动生产率反映生产中的劳动消耗，提高劳动生产率意味着以较小的劳动消耗能生产出相等数量的产品，或者用同等量的消耗能生产出更多数量的产品。不断完善劳动组织、建立严格的岗位责任制，提高职工科学文化水平和技术熟练程度，贯彻按劳分配原则，调动职工的积极性都是提高劳动生产率的主要途径。应详细考虑近期劳动生产率实际达到的水平，分析劳动定额完成情况，总结经验教训，提出改革措施，充分挖掘潜力，科学地预计劳动生产率增长的速度。首先实事求是地编制劳动生产率计划，再以之为依据确定各施工过程所需劳动力人数。

9.2.2.3 劳动力的配置

劳动力配置的依据是劳动力需要量计划，劳动力配置的数量和种类是依据项目的进度计划和在某个时间段需要什么样的劳动力而配置的。劳动力优化配置是在此基础上进行劳动力资源的平衡和优化。具体做法应考虑以下方面：

(1) 在劳动力需用量计划的基础上再具体化，防止漏配。必要时，根据实际情况对劳动力计划进行调整。配置劳动力时应掌握劳动生产率水平，使劳动力有超额完成的可能性，以获得奖励，进而激发出工人的劳动热情。

(2) 如果现有的劳动力能满足要求，配置时必须依据节约原则。如果现有劳动力不能满足要求，项目经理部可考虑劳动力加配，也可把任务转包出去。

(3) 如果在专业技术或其他素质上，现有人员不能满足工作要求，应提前进行培训，然后再上岗作业。

(4) 尽量使作业层正在使用的劳动力和劳动组织保持稳定，防止频繁调动。当目前使用的劳动组织不适应任务要求时，应进行劳动组织调整，并敢于打乱原建制进行优化组合。

(5) 为保证作业需要，工种的组合、技术工种与一般工种的比例要适当、配套，尽量使劳动力均衡配置，便于管理，使劳动资源强度适当，达到节约的目的。

9.2.3 项目人力资源控制

9.2.3.1 人力资源的动态管理

人力资源动态管理指的是根据生产任务和施工条件的变化对人力资源进行跟踪平衡、协调，以解决劳务失衡、劳务与生产要求脱节的动态过程。其目的是实现人力资源动态的优化组合。劳动管理部门对人力资源的动态管理起主导作用。项目经理部是项目施工范围内人力资源动态管理的直接责任者。

（1）人力资源动态管理的原则：动态管理应以进度计划与劳务合同为依据；动态管理应始终以企业内部市场为依托，允许人力资源在市场内作充分合理的流动；动态管理应以动态平衡和日常调度为手段；动态管理应以达到人力资源优化组合和充分调动作业人员的积极性为目的。

（2）人力资源动态管理应包括下列内容：按计划要求向企业劳务管理部门申请派遣劳务人员，并签订劳务合同；在项目中按计划分配劳务人员，并下达施工任务单或承包责任书；在施工中不断进行人力资源平衡、调整，解决施工要求与人力资源数量、工种、技术能力相互配合中存在的矛盾，在此过程中按合同与企业劳务部门保持信息沟通，人员使用和管理的协调；按合同支付劳务报酬；解除劳务合同后，将人员遣归内部劳务市场；项目经理部应加强对人力资源的教育培训和思想管理，加强对劳务人员作业质量和效率的检查。

9.2.3.2 人力资源的培训

劳动者的素质、劳动技能不同，在现场施工中所起的作用和获得的劳动成果也不相同。目前施工现场缺少的不是劳动力，而是缺少有知识、有技能、适应现代建筑业发展要求的新型劳动者和经营管理者。而使现有劳动力具有这样的文化水平和技术熟练程度的唯一途径是：采取有效措施全面开展培训，通过培训达到预定的目标和水平，并经过一定考核取得相应的技术熟练程度和文化水平的合格证，才能上岗。

（1）培训内容

① 现代现场管理理论的培训。任何实践活动都离不开理论的指导，现场施工也是这样，如果管理者与被管理者不掌握现场管理理论，就无法做到协调高效，容易造成窝工浪费；同时管理不能跟上，现场施工水平就要落后，不能参与市场竞争，企业就要被淘汰。所以，现场管理理论要加强培训。

② 文化知识的培训。文化知识是进行业务学习、提高操作水平的基础，要掌握、运用一定的施工技术，必须有相应的文化知识作保证。文化知识就是工具，进行岗位培训必须使职工掌握这个工具。

③ 操作技术的培训。职工进行培训的目的是为了能上岗胜任工作，所以一切培训内容都要围绕这一点进行。结合现场技能、技术及协作的要求，围绕施工工艺进行培训，做到有的放矢，学以致用，使职工的技术水平达到岗位或工人工资级别相应的水平。

④ 做好考核发证工作。凡是上岗人员都要统一考核，获得相应的岗位证书，保证培训的系统性、有效性。对那些一次培训不能合格的人员不能发证上岗，要么离岗，要么继续进行培训，直到取得合格的岗位证书，保证培训的质量。

⑤ 培训计划和管理。培训工作要有计划、有步骤地进行，做到与需求同步，避免影响正常工作或造成培训滞后，因此需要进行培训计划的编制。

同时还应对培训工作进行有效的档案管理，以利于专业知识和技能的提高和普及，也有利于优化劳动力组合。

（2）培训方法

培训应因地制宜，因人而异，不拘形式，讲求实效，根据各企业自身的不同特点和现场实际情况，以及不同工种、不同业务的工作需要，采取多种形式。

① 按办学方式分为企业自办、单位联合办学或委托培训等形式。

② 按脱产程度不同分为业余培训、半脱产培训和全脱产培训，还可采取岗位练兵、师带徒等形式。

③ 按培训时间分为长期培训和短期培训。

9.2.3.3 人员激励

项目管理组织的有效运作需要每一个组织成员都能够有效地发挥作用。组织内的管理人员，应该注重研究和掌握员工的需要结构，把握其个性和共性，了解员工和员工之间需要的差异。在此基础上，根据掌握的资源进行有的放矢的激励。

组织管理人员如何看待其员工决定着他们采用何种管理方式。因此，管理者对人的本性的假设控制着他们对员工的激励行为，决定着组织所采用的激励方法。组织中常用的激励方法有三类，即物质激励、精神激励和生涯发展激励。物质激励的手段有薪金、奖励、红利、股权、奖品等，这是一种正面激励的手段，目的是肯定员工的某些行为，以调动员工的积极性。精神激励是从创造良好的工作氛围和人际环境、提高员工觉悟的角度去激发员工的动机，从而引导其行为。生涯发展激励就是通过帮助员工规划个人的职业生涯计划，并为其提供成才的机会，以此提高员工的忠诚度、工作的积极性和创造性。生涯发展激励侧重于通过员工个人成长，促使其努力工作，以便在实现个人目标的同时，完成组织目标。

9.3 建设工程项目材料管理

9.3.1 项目材料管理的概念和目的

一个建设项目的构成离不开各种各样的建筑材料，而且建筑材料与项目质量、成本、进度都有密切的联系，所以，对材料的管理是建设工程项目管理中一个重要的内容。建设工程项目材料管理就是按照客观经济规律的要求，依据一定的原则、程序和方法，搞好材料的供需平衡，合理进行材料的运输与保管工作，保证施工生产的顺利进行。材料管理的目的是贯彻节约原则，节约材料费用，降低工程成本。由于材料费在流动资金中占工程成本的比重最大，并且工程项目的材料对工程质量的影响起主要的作用，故加强项目材料管理是提高工程质量和经济效益的主要途径。

项目材料管理的目的是贯彻节约原则，降低工程成本。材料供应是材料管理的首要环节，与材料供应市场关系极大。

9.3.2 项目材料管理的要求

建设工程项目材料管理应符合下列要求：

(1) 建设工程项目所需的主要材料和大宗材料(A 类材料)应由企业物资部门订货或市场采购，按计划供应给项目经理部。企业物资部门应制订采购计划，审定供应人，建立合格供应人目录，对供应方进行考核，签订供货合同，确保供应工作质量和材料质量。项目经理部应及时向企业物资部门提供材料需要计划。远离企业本部的项目经理部，可在法定代表人授权下就地采购。

(2) 建设工程项目所需的特殊材料和零星材料(B类和C类材料)应按承包人授权由项目经理部采购。项目经理部应编制采购计划,报企业材料主管部门批准,按计划采购。特殊材料和零星材料的品种,在"项目管理目标责任书"中约定。

(3) 项目经理部的材料管理应满足下列要求:

① 按计划保质、保量、及时供应材料。

② 材料需用量计划应包括材料需用量总计划、年计划、季计划、月计划、日计划。

③ 材料仓库的选址应有利于材料的进出和存放,符合防水、防雨、防盗、防风、防变质的要求。

④ 进场的材料应进行数量验收和质量确认,做好相应的验收记录和标识。不合格的材料应更换、退货或让步接收(降级使用),严禁使用不合格的材料。

⑤ 材料的计量设备必须经具有资格的机构定期检验,确保计量所需要的精确度。检验不合格的设备不允许使用。

⑥ 进入现场的材料应有生产厂家的材质证明(包括厂名、品种、出厂日期、出厂编号、试验数据)和出厂合格证。要求复检的材料要有取样送检证明报告。新材料未经试验鉴定,不得用于工程中。现场配制的材料应经试配,使用前应经认证。

⑦ 材料储存应满足下列要求:

a. 入库的材料应按型号、品种分区堆放,并分别编号、标识;

b. 易燃易爆的材料应专门存放、专人负责保管,并有严格的防火、防爆措施;

c. 有防湿、防潮要求的材料,应采取防湿、防潮措施,并做好标识;

d. 有保质期的库存材料应定期检查,防止过期,并做好标识;

e. 易损坏的材料应保护好外包装,防止损坏。

⑧ 应建立材料使用限额领料制度。超限额的用料,用料前应办理手续,填写领料单,注明超耗原因,由项目经理部材料管理人员审批。

⑨ 建立材料使用台账,记录使用和节超状况。

⑩ 应实施材料使用监督制度。材料管理人员应对材料使用情况进行监督,做到工完、料净、场清,对存在的问题应及时分析和处理。

⑪ 班组应办理剩余材料退料手续。设施用料、包装物及容器应回收,并建立回收台账。

⑫ 制定周转材料保管、使用制度。

9.3.3 施工项目材料管理的主要内容

施工项目材料管理主要包括以下内容:

9.3.3.1 材料计划管理

材料的计划管理是对施工项目所需要材料的预测、部署和安排,是指导与组织施工项目材料的订货、采购、加工、储备和供应的依据。材料计划在材料种类、数量和时间上的准确性,是降低成本、加速资金周转、节约资金以及保证工程进度等的一个重要因素,对促进生产具有十分重要的作用。因此,项目所需的工程用料和临时设施用料,均应纳入需用量计划。

材料计划可根据其内容和作用,分为材料需用计划、供应计划两大类。

需用计划是根据工程项目设计文件及施工组织设计编制的,反映完成施工项目所需各种材料的品种、规格、数量和时间要求,是编制其他各项计划的基础。材料需用计划一般包括整个工程项目的需用计划和各计划期的需用计划，根据工程项目划分，逐级汇总。

供应计划又称材料供应平衡分配计划，是根据需用计划编制的为满足各工程项目材料需用的一种实施性计划，包括平衡计划、储备计划和采购计划。

9.3.3.2　材料进场验收

为把住材料的质量和数量关，进场材料验收应做好以下几项工作。

(1) 做好进场材料验收准备工作。清理存放场地、垛位，校验验收计量器具，调配搬运人力及设备，掌握有关验收标准。

(2) 核查进场材料的凭证、票据、计划、合同等有关资料；核对到货地点、材料品种是否与所需相符；出现问题及时上报，问题未解决前不应卸车或接收。

(3) 目测材料外包装是否完整，若发现材料外表损坏或外包装破损严重的，应做记录并及时上报，问题未解决前不得进行数量和质量验收。

(4) 检验数量及质量。数量验收按照规定分别采取称重、点件、检尺等方法，以确保进场材料数量准确。质量验收，首先检查进场材料的质量保证书或产品合格证，再进行外观质量检测，当无质量缺陷时，要按照规定取样进行材质复验。

(5) 经数量、质量验收合格的材料要及时办理验收手续，入库登账，质量复验资料存档备案。

(6) 对验收中出现的数量和质量问题应做记录，上报有关部门处理，未解决前不应办理验收。

(7) 因某些非主要因素不能验收或对验收中问题供需双方已有解决意见而工程急需时，可做暂估验收，发放使用，待问题正式解决后再办理正式验收手续。

9.3.3.3　材料的储存与保管

材料存储管理应合理确定材料的经济存储量、经济采购批量、安全存储量、订购点等参数。进场的材料应建立台账，记录使用和节超状况；入库的材料应按型号、品种分区堆放，施工现场材料的放置应按总平面布置图实施，做到位置正确、保管处置得当、符合堆放保管制度；现场的材料必须防火，防盗，防雨，防变质，防损坏；要日清、月结、定期盘点，账物相符。

材料储存时还应满足 9.3.2 节中的要求。

9.3.3.4　材料领发

材料领发标志着材料从生产储备转入生产消耗，必须严格执行领发手续，明确领发责任。凡按照项目法施工的工程，都应实行限额领料。限额领料是指生产班组在完成施工生产任务中所使用的材料品种、数量应与所承担的生产任务相符合。限额领料是现场材料管理的中心环节，是合理使用、减少损耗、避免浪费、降低成本的有效措施。

有定额的工程用料，原则上都实行限额领料。限额领料单是施工任务书的组成部分，它是根据材料消耗定额计算班组的用料并核算经济效果，也是班组对现场领用的凭证，应随同施工任务书同时下达和结算。

9.3.3.5　材料使用监督

现场材料管理责任者应对现场材料的使用进行分工监督。监督的内容包括：用料是否合理；领发料手续是否齐全；是否做到工完、料退、场地清；是否按施工平面图的要求码放材料；是否按要求做好材料保护等。检查是监督的手段，检查要做到有记录、有分析，责任明确，处理有结果。

9.3.3.6　材料回收

班组余料必须回收，及时办理退料手续，并在限额领料单中扣除。各种回收材料及用具要建立回收台账，处理好经济关系。

9.3.3.7　周转材料的现场管理

周转材料包括模板，脚手架，扣件、U形卡具、附件等零配件。其特点是价值高，用量大，使用期长，其价值随着周转使用逐步转移到产品成本中，所以，对周转材料管理的要求是在保证施工生产的前提下，减少占用，加速周转，延长寿命，防止损坏。为此，一般周转材料的管理多采取租赁制，对项目实行费用承包，对班组实行实物损耗承包。一般是建立租赁站，统一管理周转材料，规定租赁标准及租用手续，制定承包办法。

项目费用承包是指项目经理在上级核定的费用额度内，组织周转材料的使用，实行节约有奖、超耗受罚的办法。

实物损耗承包是对施工班组考核回收率和损耗率，实行节约有奖、超耗受罚的办法。在实行班组实物损耗承包过程中，要明确施工方法及用料要求，合理确定每次周转损耗率，抓好班组领、退材料的时间点，及时进行结算和奖罚兑现。对工期较短、用量较少的项目，可对班组实行费用承包，在核定费用水平后，由班组向租赁部门办理租用、退租和结算，实行盈亏自负。

以上承包办法，都应建立周转材料核算台账，记录项目租用周转材料的数量、使用时间，费用支出及班组实物损耗承包的结算情况。

9.3.4　项目施工中节约材料的途径

在项目施工中，节约材料的途径主要有：

(1) 用A、B、C分类法（主要材料和大宗材料称为A类材料，特殊材料和零星材料分别称为B类和C类材料）找出材料管理的重点和最具节约潜力的材料。

(2) 学习存储理论，用以指导节约库存费用。由于长期以来，材料供应始终处在卖方市场状态下，采购人员往往不注意存储问题，使得材料使用与采购脱节，材料存储与资金管理脱节，按计划供应和实际供应脱节，供应量与使用时间脱节等。研究和应用存储理论对于科学采购、节约仓库面积、加速资金周转等都具有重要意义。研究存储理论的重点是如何确定经济存储量、经济采购量、安全存储量、订购点等，实际上就是存储优化问题。

(3) 不但要研究材料节约的技术措施，更重要的是研究材料节约的组织措施。组织措施比技术措施见效快、效果大。因此要特别重视施工规划（施工组织设计）对材料节约技术组织措施的设计，特别重视月度技术组织措施计划的编制和贯彻。

(4) 重视价值分析理论在材料管理中的应用。价值分析的目的是以尽可能少的费用支出，可靠地实现必要的功能。由于材料成本降低的潜力最大，故研究价值分析理论在材料管理中起着重要的作用。价值分析的基本公式是：价值＝功能/成本，为了既提高价值又降低成本，可以有三个途径：第一是功能不变，成本降低；第二是在功能不受很大影响的前提下，大大降低成本；第三是既降低成本，又提高功能，如使用大模板时做到以钢代木、代架、代操作平台。

(5) 正确选择降低成本的对象。价值分析的对象，应是价值低的、降低成本潜力大的对象。这也是降低材料成本应选择的对象，应着力“攻关”。

(6) 改进设计，研究材料代用。按价值分析理论，提高价值的最有效途径是改进设计和使用代用材料，它比改进工艺的效果要大得多。因此应大力进行科学研究，开发新技术，以改进设计，寻找代用材料，使材料成本大幅度降低。

9.4 建设工程项目机械设备管理

建设工程项目机械设备主要是指作为大型工具使用的大、中、小型机械。建设工程项目机械设备管理的环节包括选择、使用、保养、维修、改造与更新。建设工程机械设备管理的重点在使用，建设工程使用的关键是提高机械的利用率和完好率，合理科学运营，为企业赢得更高的经济效益。加强建设工程项目机械设备管理，使其处于良好的技术状态，是减轻工人劳动强度，提高劳动生产率，保证建筑施工安全快速地进行，提高企业经济效益的重要环节。

9.4.1 机械设备管理的概述

9.4.1.1 机械设备管理的任务与意义

用机械来代替手工劳动，达到节省人力、减轻劳动强度、提高劳动效率、克服公害、降低材料消耗和施工成本等目的。机械设备管理是对设备进行综合管理，科学地选好、用好、管好、养好、修好机械设备，在设备使用寿命期内，保持设备完好，不断地改善企业的技术装备素质，提高设备利用率和劳动生产率。施工机械设备管理在于按照机械设备运转的客观规律，通过对施工所需要的机械设备进行合理配置，优化组合，严密地组织管理，充分发挥设备的效能，从而达到用少量的机械去完成尽可能多的施工任务，大大地节约资源，提高企业经济效益的目的。

9.4.1.2 机械设备管理的要求

机械设备管理要紧紧围绕企业经营生产中心，建立健全企业机械设备现代化管理体制，运用科学的技术管理手段，走设备专业化配置与一般设备社会化租赁相结合的设备配置使用思路。实行以集中管理为主，集中管理与分散管理相结合的办法，大力发展机械设备社会专业化大协作，充分发挥机械设备利用效率，使设备得到充分利用，提高企业施工机械化水平，使企业在竞争中赢得更大的经济份额。

9.4.2 施工机械设备的选择

施工机械设备的选择是在施工方案编制时进行的。其原则是：切合需要，实际可行，经济合理；减少闲置，立足现有设备，发挥现有机械设备能力；充分利用社会机械设备租赁资源，同时也要将企业自身闲置的机械设备向社会开放，打破封闭自锁的观念，为企业赢得更高的经济效益。

施工机械设备选择的方法有以下几种：

(1) 综合因素评分法

如果有多种机械的技术性能可以满足施工要求，还应对各种机械的下列特性进行综合考虑，包括：工作效率，工作质量，使用费和维修费，能源耗费量，占用的操作人员和辅助工作人员，安全性、稳定性，运输、安装、拆卸及操作的难易程度和灵活性，在同一现场服务项目的数量，机械的完好性和维修的难易程度，对汽修条件的适应性，对环境保护的影响程度等。由于项目较多，在综合考虑时，如果优劣倾向性不明显，则可用合适的方法求出综合指标，再加以比较。评分的方法较多，可以用简单评分法，也可以用加权评分法。

(2) 用单位工程量成本比较优选

在使用机械时，总要消费一定的费用，这些费用可分成两类：一类称为操作费或称为可变费用，它随着机械的工作时间而变化，如操作人员的工资、燃料动力费、小修理费、直接材料费等；另一类费用是按一定施工期限分摊的费用，称为固定费，如折旧费、大修理费、机械管理费、投资应付利息、固定资产占用率等。用这两类费用计算单位工程量成本的公式是：

$$\text{单位工程量成本}=\frac{\text{操作时间固定费用}+\text{操作时间}\times\text{单位时间操作费}}{\text{操作时间}\times\text{单位时间产量}}$$

例 9.1 假如有两种挖土机械均可满足施工需要，预计每月使用时间为 130 h，有关经济资料见表 9.2 所示，试进行设备选型决策。

表 9.2 挖土机的有关经济资料

机种	月固定费用(元)	每小时操作费(元)	每小时产量(m^3)
A	7000	30.8	45
B	8400	28.0	50

解 A 机器的单位工程量成本和 B 机器的单位工程量成本计算如下：

$$\text{A 机器的单位工程量成本}=\frac{7000+30.8\times 130}{130\times 45}=1.88\ \text{元}/\ m^3$$

$$\text{B 机器的单位工程量成本}=\frac{8400+28.0\times 130}{130\times 50}=1.85\ \text{元}/\ m^3$$

显然，B 机器的单位工程量成本低于 A 机器，所以优先选用 B 机器。

(3) 用界限使用时间判断应选用哪种机械

单位工程量成本受使用时间的制约。如果我们能将两种机械单位工程量成本相等时的使用时间计算出来，则决策工作更可靠，我们把这个时间称为“界限使用时间”。

假如 R_a 和 R_b 分别为 A 机器和 B 机器的固定费用；Q_a 和 Q_b 分别为 A 机器和 B 机器的单位时间产量，P_a 和 P_b 分别为 A 机器和 B 机器的每小时操作费；界限使用时间为 X_o，则两机器的单位工程量成本相等时可表示为：

$$\frac{R_a+P_aX_o}{Q_aX_o}=\frac{R_b+P_bX_o}{Q_bX_o}$$

解此式得：

$$X_o=\frac{R_bQ_a-R_aQ_b}{P_aQ_b-P_bQ_a}$$

这就是界限使用时间的计算公式。显然，使用时间高于这个时间或低于这个时间，单位工程量成本的变化会使选用机械的决策得到相反的结果。

为了判断使用时间的变化对决策的影响，我们假设两机器的单位时间产量相等，则上式可以简化成：

$$X_o=\frac{R_b-R_a}{P_a-P_b}$$

这样，欲作决策时首先要计算界限使用时间，然后根据实际工程需要的预计使用时间做出选用机械的决策。

例 9.2 求出例 9.1 的界限使用时间，并计算使用 90 h 和 110 h 的单位工程量成本，以验核上述选用规律。

解 界限使用时间：

$$X_o=\frac{R_bQ_a-R_aQ_b}{P_aQ_b-P_bQ_a}=\frac{8400\times45-7000\times50}{30.8\times50-28\times45}=100\ \text{h}$$

由于分子分母均大于0，故当使用时间低于100 h时，选用A机器；当使用时间高于100 h时，选用B机器。

(4) 用折算费用法进行优选

当机械在一项工程中使用时间较长，甚至涉及购置费时，在选择时往往涉及机械的原值(投资)；利用银行贷款时又涉及利息，甚至复利计息。这时，可采用折算费用法(又称等值成本法)进行计算，低者为优。

折算费用是预计机械使用时间按年或按月摊入成本的机械费用。这项费用涉及机械原值、年使用费、残值和复利利息。计算公式是：

年折算费用＝每年按等值分摊的机械投资＋每年的机械使用费

在考虑复利和残值的情况下：

年折算费用＝(原值－残值)×资金回收系数＋残值×利率＋年度机械使用费

$$资金回收系数=\frac{i(1+i)^n}{(1+i)^{n-1}}$$

式中 i——复利率；

n——计利期。

例9.3 某企业要进行一项大工程的建设，施工组织设计基本完成以后，发现本企业现有的机械均不能满足需要，故需要作出是购买设备还是向机械出租站租赁的决策。经测算，有表9.3的资料可供决策。

表9.3 自购与租赁设备费用资料

方案	一次投资(元)	年使用费(元)	使用年限	残值(元)	年复利率(%)	年租金(元)
自购	200000	40000	10	20000	10	—
租赁	—	20000	—	—	—	40000

解 自购机械的年折算费用计算如下：

$$\begin{aligned}自购机械年折算费用&=(200000-20000)\times[0.10\times(1+0.10)^{10}]/[(1+0.10)^{10-1}]\\&\quad+20000\times0.10+40000\\&=71295\ 元\end{aligned}$$

租凭机械年租金及使用费用＝20000＋40000＝60000元

如此看来，自购机械年折算费用比租赁机械的年支出多11295元(即71295－60000)，故不宜自购，可作出租赁机械的决策。

9.4.3 机械设备控制

9.4.3.1 工程项目机械设备的来源

随着经济的持续发展，建筑施工的装备水平得到了较大的提高，如土石方工程、桩基础工程、结构吊装工程、混凝土及预应力混凝土工程等，许多生产活动都是靠机械设备来完成的。

机械设备的广泛使用对减轻劳动强度、提高劳动生产率、保证工程质量、降低工程成本、缩短工期都很重要。

项目需要的施工机械设备通常从本企业专业机械租赁公司或从社会的建筑机械设备租赁市场租用。分包工程任务的施工可由分包施工队伍自带施工机械设备进场。

项目经理部首先应根据施工要求选择设备技术性能适宜的施工机械，并检查机械设备资料是否齐全。例如选择塔式起重机，如果工作幅度 50 m，臂端起重量 2 t 能满足施工需要，就不要选择更大型号的塔式起重机。同样性能的机械应优先租用性价比较好的设备。租用机械设备，特别是大型起重机和特种设备时，应认真检查出租设备的营业执照、租赁资格、机械设备安装资质及安全使用许可证、设备安全技术定期鉴定证明、机型机种在本地区注册备案资料、机械操作人员作业证等。对资料齐全、质量可靠的施工机械设备，租用双方应签订租赁协议或合同，明确双方对施工机械设备的管理责任和义务。

对于工程分包施工队伍自带设备进入施工现场的，中小型施工机械设备一般视同本企业自有设备管理要求管理。大型起重设备、特种设备一般按外租机械设备管理办法做好机务管理工作。

对根据施工需要新购买的施工机械设备，尤其是大型机械及特殊设备，应在调研的基础上写出经济技术可行性分析报告，报告有关领导和专业管理部门审批后方可购买。

9.4.3.2　机械设备使用管理

(1) 机械设备的操作人员

机械设备实行“三定”制度（定机、定人、定岗位责任），且机械操作人员必须持证上岗。实行“三定”制度，有利于操作人员熟悉机械设备特性，熟练掌握操作技术，合理和正确地使用、维护机械设备，提高机械效率；有利于大型设备的单机经济核算和考核操作人员使用机械设备的经济效果；也有利于定员管理，工资管理。

机械操作人员持证上岗，是指通过专业培训考核合格后，经有关部门注册，操作证年审合格，并且在有效期范围内，所操作的机种与所持操作证上允许操作机种相吻合。此外，机械操作人员还必须明确机组人员责任制，并建立考核制度，奖优罚劣，使机组人员严格按规范作业，并在本岗位上发挥出最优的工作业绩。责任制应对机长、机员分别制订责任内容，对机组人员做到责、权、利三者相结合，定期考核，奖罚明确到位，以激励机组人员努力做好本职工作，使其操作的设备在一定条件下发挥出最大效能。

(2) 机械设备的合理使用

合理使用，就是要正确处理好管、用、养、修四者的关系，遵守机械运转的自然规律，科学地使用机械设备。

① 新购、新制、经改造更新或大修后的机械设备，必须按技术标准进行检查、保养和试运转等技术鉴定，确认合格后方可使用。

② 对选用机械设备的性能、技术状况和使用要求等应作技术交底。要求严格按照使用说明书的具体规定正确操作，严禁超载、超速等违规作业。

③ 任何机械都要按规定执行检查保养。机械设备的安装装置、指示仪表，要确保完好有效，若有故障应立即排除，不得带病运转。

④ 机械设备停用时，应放置在安全位置。设备上的零部件、附件不得任意拆卸，并保证完整配套。

9.4.3.3　施工机械设备的保养与维修

（1）机械设备的磨损

机械设备的磨损可分为以下三个阶段：

① 磨合磨损。包括制造或大修理中的磨损和使用初期的磨合磨损，这段时间较短。此时，只要执行适当的磨合期使用规定就可降低初期磨损，延长机械使用寿命。

② 正常工作磨损。这一阶段，零件经过磨合磨损，表面粗糙度降低了，在较长时间内基本处于稳定的均匀磨损状态。这个阶段后期，条件逐渐变坏，磨损就逐渐加快。

③ 事故性磨损。此时，由于零件配合的间隙扩展而负荷加大，磨损激增，可能很快磨损。如果磨损程度超过了极限而不及时修理，就会引起事故性损坏，造成修理困难和经济损失。

（2）机械设备的保养

机械设备保养目的是为了保持机械设备的良好技术状态，提高设备运转的可靠性和安全性，减少零件的磨损，延长使用寿命，降低消耗，提高机械施工的经济效益。保养分为例行保养和强制保养。

例行保养属于正常使用管理工作，它不占用机械设备的运转时间，由操作人员在机械运转间隙进行。其主要内容包括保持机械的清洁，检查运转情况，防止机械腐蚀，按技术要求润滑等。

强制保养是按一定周期，需要占用机械设备的运转时间而停工进行的保养。强制保养是按照一定周期和内容分级进行的。保养周期根据各类机械设备的磨损规律、作业条件、操作维护水平及经济性四个主要因素确定。

（3）机械设备的修理

机械设备的修理，是指对机械设备的自然损耗进行修复，排除机械运行的故障，对损坏的零部件进行更换、修复。机械设备的预检和修理，可以保证机械的使用效率，延长使用寿命。机械设备的修理可分为大修、中修和零星小修。

大修是对机械设备进行全面的解体检查修理，保证各零部件质量和配合要求，使其达到良好的技术状态，恢复可靠性和精度等工作性能，以延长机械的使用寿命。

中修是大修间隔期间对少数总成进行大修的一次性平衡修理，对其他不进行大修的总成只执行检查保养。中修的目的是对不能继续使用的部分总成进行大修，使整机状态达到运转平衡，以延长机械设备的大修间隔。

零星小修一般是临时安排的修理，其目的是消除操作人员无力排除的突然故障、个别零件损坏或一般事故性损坏等问题，一般都是和保养相结合，不列入修理计划之中。大修、中修需要列入修理计划，并按计划的预检修制度执行。

9.5　建设工程项目资金管理

9.5.1　项目资金管理概述

9.5.1.1　项目资金管理的概念

建设工程项目的资金，从流动过程来讲，首先是投入，即将筹集到的资金投入到项目上；其次是使用，也就是支出。资金管理，也就是财务管理，它主要有以下环节：编制资金计划，筹集资金，投入资金，资金使用(支出)，资金核算与分析。建设工程项目资金管理的重点是收入与支出问题，收支之差涉及核算、筹资、贷款、利息、利润、税收等问题。

9.5.1.2 项目资金运用的影响因素

建设工程项目的资金是项目经理部占用、支配物资、财产的货币表现，是市场流通的手段，是进行生产经营活动的必要条件和物质基础。因此，资金管理直接关系到项目能否顺利进行和项目的经济效益。从管理的角度看，应认识和了解项目资金运用的影响因素。其主要影响因素如下：

(1) 项目的投标报价和合同规定的付款方式，包括要求的工期、预付备料款的比例和金额、工程款的结算方式和期限等。

(2) 市场上各种材料和机械设备的价格，包括价格和租赁费用等变动因素。

(3) 市场条件下，量价分离后，企业内部定额是重要的内部影响因素。

(4) 国家银行的贷存款利率等。

(5) 项目施工方案、技术组织措施等直接影响着资金运用。

9.5.2 项目资金管理的要求

项目资金管理应符合下列要求：

(1) 项目资金管理应保证收入、节约支出、防范风险和提高经济效益。

(2) 承包人应在财务部门设立项目专用账号进行项目资金的收支预测，统一对外收支与结算。项目经理部负责项目资金的使用管理。

(3) 项目经理部应编制年、季、月资金收支计划，上报企业主管部门审批后实施。

(4) 项目经理部应按企业授权配合企业财务部门及时进行资金计收。资金计收应符合下列要求：

① 新开工项目按工程施工合同收取预付款或开办费。

② 根据月度统计报表编制"工程进度款结算单"，在规定日期内报监理工程师审批、结算。如发包人不能按期支付工程进度款且超过合同支付的最后限额，项目经理部应向发包人出具付款违约通知书，并按银行的同期贷款利率计息。

③ 根据工程变更记录和证明发包人违约的材料，及时计算索赔金额，列入工程进度款结算单。

④ 发包人委托代购的工程设备或材料，必须签订代购合同，收取设备订货预付款或代购款。

⑤ 工程材料价差应按规定计算，发包人应及时确认，并与进度款一起收取。

⑥ 工期奖、质量奖、措施奖、不可预见费及索赔款应根据施工合同规定与工程进度款同时收取。

⑦ 工程尾款应根据发包人认可的工程结算金额及时回收。

(5) 项目经理部应按企业下达的用款计划控制资金使用，以收定支，节约开支；应按会计制度规定设立财务台账，记录资金支出情况，加强财务核算，及时盘点盈亏。

(6) 项目经理部应坚持做好项目的资金分析，进行计划收支与实际收支对比，找出差异，分析原因，改进资金管理。项目竣工后，结合成本核算与分析进行资金收支情况和经济效益总分析，上报企业财务主管部门备案。企业应根据项目的资金管理效果对项目经理部进行奖惩。

9.5.3 项目的资金收入与支出的预测与对比

9.5.3.1 资金收入预测

施工项目的资金收入预测，应从按合同规定收取工程预付款(预付款是要在施工后冲抵工程价款方式逐步扣还给业主)开始，每月应按进度收取工程进度款，直到竣工验收合格后办理竣工结算。按时测算出价款数额，做好施工项目的收入预测表，绘出资金按月收入图及施工项目资金按月累加收入图。

资金收入预测工作应注意以下问题：

(1) 在项目经理主持下，由职能部门人员参加，共同分工负责完成。

(2) 加强施工的控制与管理，确保按期实现目标，避免违约罚款，造成自己的经济损失。

(3) 按合同规定的结算办法测算每月实际应收入的工程进度款数额。尚需考虑每月完成的工程量计算应收取的工程进度款不一定能按时全额收取，但应尽力缩短滞后时间。

根据上述要求测算的收入，形成了资金的收入在时间、金额上的总体概念，为管好资金、筹措资金、加快资金周转、合理安排资金使用提供实在的依据。

9.5.3.2 资金支出预测

项目资金的支出主要用于劳动对象和劳动资料的购买或租赁及劳动者工资的支付，再加上现场的管理费用等。资金的支出预测主要依据有：施工项目的责任成本控制计划，施工管理规划以及材料和物资的储备计划。

依据上述规划和计划，测算出工程实施中每月预计的人工费、材料费、机械设备使用费、物资储运费、临时设施费、其他直接费和施工管理费等各项支出。支出预测会给项目经理一个整体施工项目的支出在时间和数量上的总概念，以满足资金运用管理的需要。

9.5.3.3 施工项目资金支出预测应考虑的问题

(1) 从施工项目的运行实际出发，使资金预测支出计划更接近实际。这里的实际是指投标报价已经小于具体的预测支出；另外还要考虑风险及其干扰。对原报价中不确定的因素，通过分析加以调整，这使预测更加接近实际。

(2) 应考虑资金支出的时间价值，测算资金的支出是站在筹措资金和合理安排调度资金的角度考虑的，故应从动态角度考虑资金的时间价值，同时考虑实施合同过程不同阶段的资金需要。

9.5.3.4 项目资金收入与支出的对比

在做出了项目资金收入与资金支出的预测之后，可把两者在坐标图上进行比较。具体做法是：将前述的项目资金累计收入曲线和累计支出曲线绘制在同一坐标系中，如图 9.1 所示。图中曲线 A 是施工计划曲线，曲线 B 是资金预计支出曲线，C 是预计资金收入曲线。B、C 之间的距离是相应时间收入与支出资金数之差，也就是应该筹措的资金数量。筹措资金的最大值是 a、b 之间的距离。保留金利润就是毛利润。

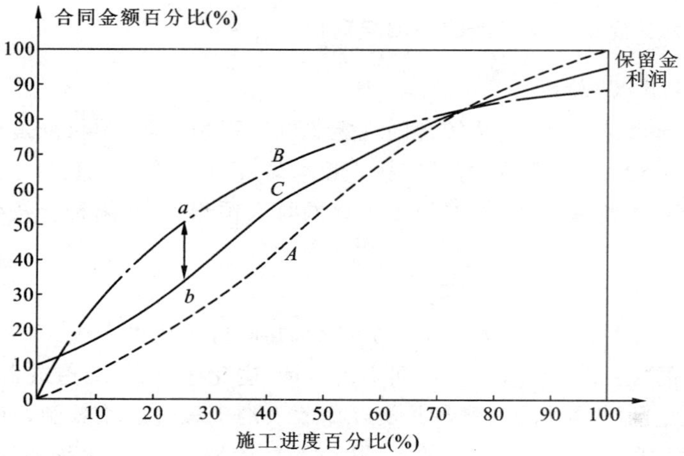

图 9.1　项目资金收支对比图

9.5.4　项目资金的筹措

9.5.4.1　项目资金筹措的主要渠道

(1) 预收工程备料款。

(2) 已完工程的进度价款。

(3) 企业自有资金。

(4) 银行贷款。

(5) 企业内其他施工项目资金的调剂使用。

9.5.4.2　项目资金筹措的原则

(1) 按照收支预测计划对比后的差额筹措资金。

(2) 基本上利用自有资金。自有资金调度灵活,比贷款更有保证性。

(3) 努力争取低息贷款,资金成本应作为资金来源选择的标准。

9.5.5　项目资金的使用管理

(1) 确定施工项目经理当家理财的中心地位。哪个项目的资金由哪个项目支配使用。

(2) 项目经理部应在企业内部的银行中申请开设独立账户,由内部银行办理项目资金的收、支、划、转,由项目经理签字确认。

(3) 内部银行实行"有偿使用"、"存款计息"、"定额考核"、定额内低利率、定额外高利率的内部贷款办法。项目资金不足时,通过内部银行解决,不搞平调。

(4) 项目经理部按月编制资金收支计划,企业工程部签订供款合同,公司总会计师批准,内部银行监督实施,月终提出执行情况分析报告。

(5) 项目经理部应及时向发包方收取工程预付备料款,做好分期结算、预算增减账、竣工结算等工作,定期进行资金使用情况和效果分析,不断提高资金管理水平和效益。

(6) 建设单位所交"三材"和设备,是项目资金的重要组成部分。项目经理部应设置台账,根据收料凭证及时登记入账,按月分析耗用情况,反映"三材"收入及耗用动态。定期与交料单位核对,保证数据资料完整、正确,为及时做好竣工结算创造条件。

(7) 项目经理部每月定期召开业主代表、分包单位、供应单位、加工单位各代表碰头会，协调工程进度、配合关系、资金调度、甲方供料事宜。

复习思考题

1. 简答题

(1) 建设工程项目资源都包括哪些内容？

(2) 为什么要进行员工培训？一般应培训哪些内容？

(3) 人力资源管理的基本特点是什么？

(4) 材料管理包括哪些具体内容？

(5) 如何搞好施工现场的材料管理？

(6) 简述机械设备管理的内容。

(7) 建设工程项目资金运用的影响因素有哪些？

2. 案例分析

(1) 背景资料：某工程的基础施工所需材料数量及单价如表 9.4 所示。

表 9.4 材料消耗量及单价表

材料名称	单位	消耗量	单价(元)	材料名称	单位	消耗量	单价(元)
32.5 水泥	kg	1740	0.25	灰土	m^3	54	25.24
42.5 水泥	kg	18102	0.27	水	m^3	43	1.24
52.5 水泥	kg	8350	0.30	电焊条	kg	13	6.67
净砂	m^3	71	30	草袋子	m^3	25	0.94
碎石	m^3	40	41.20	黏土砖	千块	109	100
钢模	kg	1520	3.95	铁钉	kg	61	5.70
木模	m^3	4	1242.62	ϕ10 以内钢筋	t	1.1	2335.45
镀锌钢丝	kg	147	5.41	ϕ10 以上钢筋	t	1.8	2498.16

(2) 问题：要求计算出合价及总价，分析出主要材料、次要材料和一般材料，并指出管理要点。

10 建设工程项目风险管理

本 章 提 要

本章主要介绍了建设工程项目风险管理的概念、风险管理的重点、风险发生可能性的大小等，并重点介绍了建设工程项目的风险识别、风险评估和风险对策。

10.1 建设工程项目风险管理概述

10.1.1 建设工程项目风险概述

我国古代哲学家老子曾说过："祸兮福之所倚，福兮祸之所伏。"这句话深刻揭示了"福和祸"或者可以理解为"收益与风险"之间的辩证关系。风险潜藏于各种关系、各类事物中，所有的建筑项目都包含风险，风险可以被防范、管理、消减、分担及转移，但不可以被轻视，甚至忽略。

10.1.1.1 风险的定义

风险可以从经济学、保险学、风险管理等不同的角度给出不同的定义，至今尚无统一的定义。其中，为学术界和实务界较为普遍接受的有以下两种定义：

其一，风险就是与出现损失有关的不确定性；

其二，风险就是在给定情况下和特定时间内，可能发生的结果之间的差异(或实际结果与预期结果之间的差异)。

当然，也可以考虑把这两种定义结合起来。

由上述风险的定义可知，所谓风险要具备两方面条件，一是不确定性，二是产生损失后果，否则就不能称为风险。因此，肯定发生损失后果的事件不是风险，没有损失后果的不确定性事件也不是风险。

10.1.1.2 风险的特性

(1) 风险的不确定性

风险事件的发生及其后果都具有不确定性。它表现在：风险事件是否发生，何时发生，发生之后会造成什么样的后果等均是不确定的。

(2) 风险的相对性

风险总是相对于事件的主体而言的。同样的不确定事件对不同的主体有不同的影响。人们对于风险事件都有一定的承受能力，但是这种能力因活动、人、时间而异。

(3) 风险的可变性

一定条件下，任何事物总是会发展变化的。风险事件也不例外，当引起风险的因素发生变化时，必然会导致风险的变化。风险的可变性表现在：

① 风险性质的变化；

② 风险后果的变化；

③ 出现了新的风险或风险因素已经消除。

10.1.1.3　风险的分类

从不同角度，根据不同标准，可将风险分成不同的类型。

(1) 按风险后果划分

按风险所造成的后果不同，可将风险分为纯粹风险和投机风险。

① 纯粹风险。这类风险只会造成损失，而不会带来机会或收益。例如自然灾害，它一旦发生，将会导致重大损失，甚至人员伤亡；如果不发生，只是不造成损失而已，也不会带来额外的收益。

② 投机风险。这类风险可能带来机会，获得利益；但又可能隐含威胁，造成损失。

(2) 按风险来源划分

按风险来源可将其分为自然风险和人为风险。

① 自然风险。由于自然力的作用，造成财产毁损或人员伤亡的风险属于自然风险。如水利工程施工过程中，因发生超标准洪水或地震，造成的工程破坏、材料及器材损失。

② 人为风险。由于人的活动而带来的风险是人为风险。人为风险又可以分为行为风险、经济风险、技术风险、政治风险和组织风险等。

(3) 按风险的对象划分

按风险的对象不同可将风险分为财产风险、人身风险和责任风险。

① 财产风险。指财产所遭受的损害、破坏或贬值的风险。如设备、正在建设中的工程等，因自然灾害而遭到的损失。

② 人身风险。指由于疾病、伤残、死亡所引起的风险。

③ 责任风险。指由于法人或自然人的行为违背了法律、合同或道义上的规定，给他人造成财产损失或人身伤害。

(4) 按风险产生的原因划分

按风险产生的原因不同，可将风险分为政治风险、社会风险、经济风险、自然风险和技术风险。

① 政治风险。主要是指项目所处的宏观环境的局势稳定性，项目建设和运营所受到的法律法规的约束和政策性调控影响，以及有关项目的审核批准过程中存在的各种不确定性问题。

② 社会风险。主要是指项目所在的地区技术经济发展水平，以及对项目的支持配合力度，协作化程度。同时，还有地区的社会治安状况。

③ 经济风险。经济风险在项目的全寿命周期内长期存在，影响频率高，交叉作用多见，原因较为复杂。主要有合同风险、建设成本风险、项目的竣工风险、税收政策的风险。

④ 自然风险。自然界气候的变化、灾害的发生和项目厂址选择经常遇到的不良地质条件等不确定性因素，是每个项目都无法避免的。

⑤ 技术风险。技术风险大多属于人为的风险。受知识水平所限，人们在进行预测、决策、评估和各种技术方案的选择制定时必然产生相应的不确定性。

10.1.2 建设工程项目风险管理的内涵

10.1.2.1 项目风险管理的定义

项目风险管理是为了达到一个组织的既定目标，而对组织所承担的各种风险进行管理的系统过程，其采取的方法应符合公众利益、人身安全、环境保护以及有关法规的要求。风险管理包括策划、组织、领导、协调和控制等方面的工作。

10.1.2.2 项目风险管理的特点

项目风险管理具有以下特点：

(1) 项目风险管理的主体是工程项目的当事人。

(2) 项目风险管理是由工程项目风险的识别、风险的估测、风险的评价、风险的控制和风险的效果评价等环节构成，其核心是优化组合各种工程项目风险管理技术。

(3) 项目风险管理的目标是以最低的成本获得最大的安全保障。

(4) 项目风险管理是一个动态化的过程，必须根据风险状态的变化及时调整风险管理的方案，以获得好的项目风险管理效果。

10.1.2.3 项目风险管理与项目管理的关系

项目风险管理是整个项目管理的一个部分，其目的是保证项目总目标的实现。项目风险管理注重对意外事件、突发事件及容易造成重大损失的事件的预测、防范、应对和控制，而项目管理则是日常的管理，管理范围更大，内容更多，管理内容更为细致，工作风险的不确定性大多程度小。但如果管理不善，则有可能酿成重大风险，导致意外事件、突发事件发生，发生重大损失，最终影响施工项目目标的实现。

10.1.2.4 项目风险管理的工作流程

项目风险管理过程应包括项目实施全过程的风险识别、风险评估、风险响应和风险控制。

(1) 项目风险识别

组织应识别项目实施过程中的各种风险。组织识别项目风险应遵循下列程序：收集与项目风险有关的信息；确定风险因素；编制项目风险识别报告。

(2) 项目风险评估

组织应按下列内容进行风险评估：风险因素发生的概率；风险损失量的估计；风险等级评估。

(3) 项目风险响应

组织应确定针对项目风险的对策进行风险响应，常用的风险对策应包括风险规避、减轻、自留、转移及其组合等策略。

(4) 项目风险控制

在整个项目进程中，组织应收集和分析与项目风险相关的各种信息，获取风险信号，预测未来的风险并提出预警，纳入项目进展报告；组织应对可能出现的风险因素进行监控，根据需要制订应急计划。

10.2　建设工程项目风险识别

10.2.1　风险识别的定义

风险的识别是项目风险管理的第一步，也是项目风险管理的基础。风险识别是指风险管理人员在收集资料和调查研究之后，运用各种方法对尚未发生的潜在风险及客观存在的各种风险进行系统归类和全面识别。风险识别的主要内容是：识别引起风险的主要因素，识别风险的性质，识别风险可能引起的后果。

10.2.2　风险识别的过程

识别风险的过程包括对所有可能的风险事件来源和结果进行客观的调查分析，最后形成项目风险清单，具体可将其分为5个环节，如图10.1所示。

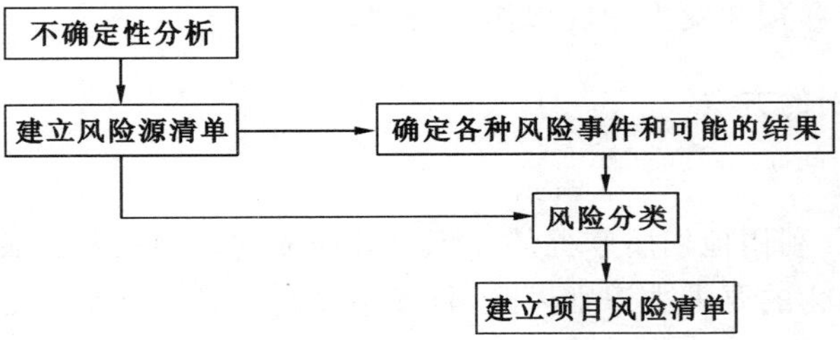

图10.1　工程项目风险识别过程图

10.2.2.1　工程项目不确定性分析

影响工程项目的因素很多，且许多是不确定的。风险管理首先是要对这些不确定因素进行分析，识别其中有哪些不确定因素会使工程项目发生风险，分析潜在损失的类型或危险的类型。

10.2.2.2　建立初步风险源清单

在项目不确定性分析的基础上，将不确定因素及其可能引发的损失类型或危险性类型列入清单，作为进一步分析的基础。对每一种风险来源均要作文字说明。说明中一般要包括：① 风险事件的可能后果；② 风险发生时间的估计；③ 风险事件预期发生次数的估计。

10.2.2.3　确定各种风险事件和潜在结果

根据风险源清单中各风险源，推测可能发生的风险事件以及相应风险事件可能出现的损失。

10.2.2.4　进行风险分类或分组

根据工程项目的特点，按风险的性质和可能的结果及彼此间可能发生的关系对风险进行分类。在工程项目的实施阶段，其风险可作如表10.1的分类。

对风险进行分类的目的在于：一方面是为加深对风险的认识和理解；另一方面是为了进一步识别风险的性质，从而有助于制定风险管理的目标和措施。

表 10.1 施工实施阶段风险分类表

业主风险	承包商风险	业主和承包商共担风险	未定风险
征地;现场条件;及时提供完整的设计文件;现场出入道路;建设许可证和其他有关条例;政府法律规章的变化;建设资金及时到位;工程变更	工人和施工设备的生产率;施工质量;人力、材料和施工设备的及时供应;施工安全;材料质量;技术和管理水平;材料涨价;实际工程量;劳资纠纷	财务收支;变更令谈判;保障对方不承担责任;合同延误	不可抗力;第三方延误

10.2.2.5 建立工程项目风险清单

按工程项目风险的大小或轻重缓急,将风险事件列成清单,不仅给人们展示出工程项目面临总体风险的情况,而且能把全体项目管理人员统一起来,使各人不仅考虑到自己管理范围内所面临的风险,而且也了解到其他管理人员所面临的风险以及风险之间的联系和可能的连锁反应。工程项目风险清单的编制一般应在风险分类分组的基础上进行,并对风险事件的来源、发生时间、发生的后果和预期发生的次数作出说明。

10.2.3 风险识别的方法

10.2.3.1 检查表

检查表是有关人员利用他们所掌握的知识设计而成的。使用检查表的优点是它使风险识别能按照系统化、规范化的要求去识别风险,且简单易行。它的不足之处是专业人员不可能编制一个包罗万象的检查表,因而使检查表具有一定的局限性。检查表应尽可能详细列举项目所有的风险类别,如表 10.2 所示。

表 10.2 工程项目风险检查表

风险因素	检 查 内 容
设计	设计内容是否齐全;有无缺陷、错误、遗漏;是否符合规范要求;是否考虑施工的可能性
施工	施工工艺是否落后;施工技术方案是否合理;采用的新方法、新技术是否成熟;施工安全措施是否得当;是否考虑了现场条件
自然与环境	是否有洪水、地震、台风、滑坡等不可抗拒的自然力发生;对工程地质与水文、气象条件是否清楚;施工对周围环境有何影响
人员	所需人员是否到位;对项目目标及分工是否明确;关键成员变动或离开时有何措施
资金	资金是否到位;万一资金不到位有何措施;有无费用控制措施
管理	项目是否获得明确的授权;能否与项目利益相关者保持良好的沟通;是否具备有效的激励与约束机制
合同	合同类型的选择是否得当;合同条款有无遗漏;项目成员在合同中的责任、义务是否清楚;索赔管理是否有力
物资供应	项目所需物资能否按时供应;出现规格、数量、质量问题时如何解决
组织协调	上级部门、业主、设计、施工、监理等各方如何保持良好的协调

10.2.3.2 头脑风暴法

头脑风暴法是最常用的风险识别方法，它借助于专家的经验，通过会议方式去分析和识别项目的风险。会议的领导者要善于发挥专家和分析人员的创造性思维，让他们畅所欲言，发表自己的看法，对风险源进行识别，然后根据风险类型进行风险分类。头脑风暴法是通过专家创造性的思考，从而产生大量的观点、问题和议题的方法。其特点是多人讨论、集思广益，可以弥补个人判断的不足，常采取专家会议的方式来相互启发、交换意见，使风险识别更加细致、具体，常用于目标比较单纯的议题；如果涉及面较广、包含因素多，可以分解目标，再对单一目标或简单目标使用本方法。

10.2.3.3 德尔菲法

德尔菲法是邀请专家匿名参加项目风险分析，主要通过信函方式来进行。调查员使用问卷方式征询专家对项目风险方面的意见，再将问卷意见整理、归纳，并匿名反馈给专家，以便进行进一步的讨论。这个过程经过几个回合后，可以在主要的项目风险上达成一致意见。德尔菲法采用背对背的方式对专家进行调查，其特点是避免了集体讨论中的从众性倾向，更代表专家的真实意见。要求对调查的各种意见进行汇总统计处理，再反馈给专家并反复征求意见。

应用德尔菲法时应注意以下几点：

(1) 专家人数不宜太少，一般 10～50 人为宜；

(2) 对风险的分析往往受组织者、参加者的主观因素影响，因此有可能发生偏差；

(3) 预测分析的时间不宜过长，时间越长准确性越差。

10.2.4 建设工程施工项目风险

10.2.4.1 费用超支风险

在施工过程中，由于通货膨胀、环境、新的规定等原因，致使工程施工的实际费用超出原来的预算。

10.2.4.2 工期拖延风险

在施工过程中，由于设计错误、施工能力差、自然灾害等原因致使项目不能按期建成。

10.2.4.3 质量风险

在施工过程中，由于原材料、构配件质量不符合要求，技术人员或操作人员水平不高，违反操作规程等原因而产生质量问题。

10.2.4.4 技术风险

在施工项目中采用的技术不成熟，或采用新技术、新设备、新工艺时未掌握要点，致使项目出现质量、工期、成本等问题。

10.2.4.5 资源风险

在项目施工中，因人力、物力、财力不能按计划供应而影响项目顺利进行时所造成的损失。

10.2.4.6 自然灾害和意外事故风险

自然灾害是指由火灾、雷电、龙卷风、洪水、暴风雨、地震、雪灾、地陷等一系列自然灾害所造成的损失可能性。意外事故是指由人们的过失行为或侵权行为给施工项目带来的损失。

10.2.4.7 财务风险

由于业主经济状况不佳而拖欠工程款致使工程无法顺利进行，或由于意外使项目取得外部贷款发生困难，或已接受的贷款因利率过高而无法偿还。

10.3 建设工程项目风险评估

10.3.1 风险评估的定义

风险评估是项目风险管理的第二步。风险评估即评估发生风险事件的可能性和风险事件对项目的影响。风险评估的主要任务是确定风险发生概率的估计和评价、风险后果严重程度的估计和评价、风险影响范围大小的估计和评价,以及对风险发生时间的估计和评价。

10.3.2 风险损失的衡量

风险损失的衡量就是定量确定风险损失值的大小。施工项目风险损失包括以下方面:

10.3.2.1 成本风险

成本风险导致的损失可以直接用货币形式来表现,即法规、价格、汇率和利率等的变化或资金使用不当等风险事件引起的实际投资超出计划投资的数额。

10.3.2.2 进度风险

进度风险导致的损失由以下三部分组成:

(1) 货币的时间价值。进度风险的发生可能会对现金流动造成影响,在利率的作用下引起经济损失。

(2) 为赶上计划进度所需的额外费用。包括加班的人工费、机械使用费和管理费等一切因追赶进度所发生的非计划费用。

(3) 延期投入使用的收入损失。这方面损失的计算相当复杂,不仅仅是延误期间内的收入损失,还可能由于产品投入市场过迟而失去商机,从而大大降低市场份额。

10.3.2.3 质量风险

质量风险导致的损失包括事故引起的直接经济损失、修复和补救等措施发生的费用及第三者责任损失等,可分为以下方面:

(1) 建筑物、构筑物或其他结构倒塌所造成的直接经济损失。

(2) 复位纠偏、加固补强等补救措施和返工的费用。

(3) 重创造成的工期延误的损失。

(4) 永久性缺陷对于建设工程使用造成的损失。

(5) 第三者责任的损失。

10.3.2.4 安全风险

安全风险导致的损失包括:

(1) 受伤人员的医疗费用和补偿费。

(2) 财产损失,包括材料、设备等财产的损毁或被盗。

(3) 因引起工期延误带来的损失。

(4) 为恢复建设工程正常实施所发生的费用。

(5) 第三者责任损失。

在此,第三者责任损失为建设工程实施期间,因意外事故可能导致的第三者的人身伤亡或财产损失所进行的经济赔偿及必须承担的法律责任。

由以上四方面风险的内容可知，成本增加可以直接用货币来衡量；进度的拖延则属于时间范畴，同时也会导致经济损失；而质量事故和安全事故既会产生经济影响又可能导致工期延误和第三者责任，显得更加复杂。而第三者责任除了法律责任之外，一般都是以经济赔偿的形式来实现的。因此，这四方面的风险最终都可以归纳为经济损失。

需要指出，在建设工程实施过程中，某一风险事件的发生往往会同时导致一系列的损失。例如，地基的坍塌引起塔吊的倒塌，并进一步造成人员伤亡和建筑物的损坏，以及施工被迫停止等。这表明，这一地基坍塌事故影响了施工项目所有的目标——成本、进度、质量和安全，从而造成相当大的经济损失。

10.3.3 风险评估的方法

10.3.3.1 风险期望值法

根据风险的概念，用风险事件发生的可能性和它可能导致后果的严重程度的乘积来表示风险的大小。

$$R = pf \tag{10.1}$$

式中 R——风险期望值；

p——风险事件发生的概率；

f——潜在的损失值。

根据公式计算风险期望值，可以用近似的方法来估计风险的大小。首先把风险事件发生的可能性 p 分为“很大”、“中等”和“极小”三个等级；然后把风险可能导致后果的严重程度 f 分为“轻度损失（轻微伤害）”、“中度损失（伤害）”和“重大损失（严重伤害）”三个等级。p 和 f 的乘积就是风险的大小 R，可以近似按级别分为“可忽略风险”、“可容许风险”、“中度风险”、“重大风险”和“不容许风险”共 5 级，如表 10.3 所示。

表 10.3 风险级别（大小）

后果 f / 可能性 p	轻度损失（轻微伤害）	中度损失（伤害）	重大损失（严重伤害）
很大	Ⅲ	Ⅳ	Ⅴ
中等	Ⅱ	Ⅲ	Ⅳ
极小	Ⅰ	Ⅱ	Ⅲ

注：Ⅰ—可忽略风险；Ⅱ—可容许风险；Ⅲ—中度风险；Ⅳ—重大风险；Ⅴ—不容许风险。

10.3.3.2 LEC 方法

将风险的大小用事故发生的可能性（L）、人员暴露于危险环境中的频繁程度（E）和事故后果的严重程度（C）三个自变量的乘积衡量，即：

$$S = LEC \tag{10.2}$$

式中 S——风险大小；

L——事故发生的可能性（表 10.4）；

E——人员暴露于危险环境中的频繁程度（表 10.5）；

C——事故后果的严重程度（表 10.6）。

表 10.4　事故发生的可能性(L)

分数值	事故发生的可能性
10	必然发生的
6	相当可能
3	可能,但不经常
1	可能性极小,完全意外
0.5	很不可能,可以设想
0.2	极不可能
0.1	实际不可能

表 10.5　人员暴露于危险环境中的频繁程度(E)

分数值	人员暴露于危险环境中的频繁程度
10	连续暴露
6	每天工作时间暴露
3	每周一次暴露
2	每月一次暴露
1	每年几次暴露
0.5	非常罕见的暴露

表 10.6　事故后果的严重程度(C)

分数值	事故发生造成的后果
100	大灾难,许多人死亡
40	灾难,多人死亡
15	非常严重,一人死亡
7	严重,重伤
3	较严重,受伤较重
1	引人关注,轻伤

10.4　建设工程项目风险响应与控制

10.4.1　建设工程项目风险响应

在对建设工程项目的风险进行识别、评估之后,风险管理者应编制一个切实可行的风险响应计划,然后在规避、转移、缓解、接受和利用风险等众多应对措施中,选择行之有效的策略,并寻求既符合实际,又会有明显效果的应对风险的具体措施,力图使风险转化为机会或使风险所造成的负面效应降低到最低限度。

项目风险响应计划就是对项目风险事件制定应对策略和响应措施(或方案),以消除、减少、转移或接受风险。项目常用的风险响应策略有:

10.4.1.1　风险回避对策

风险回避主要是中断风险来源,使其不发生或遏制其发展。回避风险有两种基本途径:一是拒绝承担风险,如了解到某工程项目风险较大,则不参与该工程的投标或拒绝业主的投标邀请;二是放弃以前所承担的风险,如了解到某一研究计划有许多新的过去未发现的风险,决定放弃研究以避免风险。

在采取风险回避对策时,应注意以下几点:

(1) 当风险可能导致损失频率和损失幅度极高,且对此风险有足够的认识时,这种策略才有意义。

(2) 当采用其他风险策略的成本和效益的预期值不理想时,可采用回避风险的策略。

(3) 不是所有的风险都可以采取回避策略的,如地震、洪灾、台风等。

(4) 由于回避风险只是在特定范围内及特定的角度上才有效,因此,避免了某种风险,又可能产生另一种新的风险。

10.4.1.2　损失控制对策

损失控制对策是指减少风险发生的机会或降低风险的严重性,设法使风险最小化。通常有两种途径:

(1) 风险预防,指采用各种预防措施以杜绝风险发生的可能。例如,供应商通过扩大供应渠道以避免货物滞销;承包商通过提高质量控制标准以防止因质量不合格而返工或罚款;工程现场管理人员通过加强安全教育和强化安全措施,减少事故的发生,等等。业主要求承包商出具各种保函就是为了防止承包商不履约或履约不力,而承包商要求在合同中赋予其索赔权利也是为了防止业主违约或发生种种不测事件。

(2) 风险抑制,指在风险损失已经不可避免的情况下,通过种种措施遏制风险势头继续恶化或局限扩展范围使其不再蔓延。例如,承包商在业主付款误期超过合同规定期限情况下采取停工或撤出施工队伍并提出索赔要求,甚至提起诉讼;业主在确信承包商无力继续实施其委托的工程时,立即撤换承包商;施工事故发生后采取紧急救护等都是为了达到减少风险的目的。

10.4.1.3　风险自留对策

风险自留是将风险留给自己承担,不予转移。这种手段有时是无意识的,即当初并不曾预测到,不曾有意识地采取种种有效措施,以致最后只好由自己承受;但有时也可以是主动的,即有意识、有计划地将若干风险主动留给自己。这种情况下,风险承受人通常已做好了处理风险的准备。

主动的或有计划的风险自留是否合理明智,取决于风险自留决策的有关环境。风险自留在一些情况下是唯一可能的决策。有时企业不能预防损失,回避又不可能,且没有转移的可能性,企业别无选择,只能自留风险。但是,如果风险自留并非唯一可能的对策时,风险管理人员应认真分析研究,通盘考虑,制定最佳决策。

决定风险自留须符合以下条件之一:

(1) 自留费用低于保险公司所收取的费用;

(2) 项目的期望损失低于保险人的估计；

(3) 项目有较多的风险抵押单位；

(4) 项目的最大潜在损失或最大期望损失较小；

(5) 短期内项目有承受最大潜在损失或最大期望损失的经济能力；

(6) 风险管理的目标可以承受年度损失的重大差异；

(7) 费用和损失支付分布于很长时间段，因而导致很大的机会成本；

(8) 投资机会很好；

(9) 内部服务或非保险人服务优良。

如实际情况与上述条件相反，无疑应放弃自留风险的决策。

10.4.1.4 风险转移对策

转移风险不是降低风险发生的概率和不利后果的大小，而是借助合同或协议，在风险事故一旦发生时将损失的一部分转移到项目以外的第三方身上。

(1) 工程保险转移。工程保险是对建筑工程、安装工程和各种机器设备因自然灾害和意外事故一旦发生时将损失的一部分转移到项目以外的第三方身上。

(2) 非保险转移。非保险转移分为三种方式：

① 工程担保。工程担保实质是将风险转移给了担保公司或银行，在风险转移过程中风险量并没有发生变化，只是风险承担的主体发生了变化。

② 合同条件。合理的合同条件和合理的计价方式可以达到转移风险的目的。不同类型的合同，业主和承包商承担的风险是不同的。签订合同时，双方应注意考虑风险的合理分担，使得任何一方承担不合理范围的风险对于项目的实施都是不利的。

(3) 工程分包。工程分包是工程实施过程中普遍采用的一种方式，承包商往往将专业性很强，或自己没有经验，或不具备优势的部分工程(如桩基工程、钢网架工程、玻璃幕墙工程等)分包出去，从而达到转移风险的目的。对于分包商而言，分包商在该领域很有优势，所以分包商接受风险的同时也取得了获得利益的机会。

10.4.2 建设工程项目风险控制

10.4.2.1 风险控制的定义

在整个项目过程中，应通过风险识别、风险评估和风险响应的反复过程对风险进行控制。在项目管理中应考虑风险的存在性，并鼓励人们预测和识别其他风险，及时报告。应急计划应保持可用状态。应对风险情况进行监控，检查风险管理方案的实施情况，用实践效果评价风险管理决策效果。要确定在条件变化时的风险处理方案，检查是否有被遗漏的风险。对新发现的风险因素应及时提出对策。总之，在风险控制过程中要抓检查、抓调整，还要及时编写风险报告，作为风险控制进展评价的一部分。

10.4.2.2 风险控制措施

不同的组织、不同的工程项目需要根据不同的条件和风险量来选择合适的控制策略和管理方案。表 10.7 所表示的是针对不同风险水平的风险控制措施计划表的范例。在实际应用中，应根据风险评估所得出的风险级别或大小，选择不同的控制措施。

表 10.7　基于不同风险水平的风险控制措施表

风险	措　　施
可忽略风险	不采取措施且不必保留文件记录
可容许风险	不需要另外的控制措施，应考虑投资效果更佳的解决方案或不增加额外成本的改进措施，需要监视来确保控制措施得以维持
中度风险	应努力降低风险，但应仔细测定并限定预防成本，并在规定的时间内实现降低风险的措施。在中度风险与严重伤害后果相关的场合，必须进一步地评价，以更准确地确定伤害的可能性，以确定是否需要改进控制措施
重大风险	直至风险降低后才能开始工作。为降低风险有时必须配给大量的资源。当风险涉及正在进行中的工作时，就应采取应急措施
不容许风险	只有当风险已经降低时，才能开始或继续工作。如果无限的资源投入也不能降低风险，就必须禁止工作

10.5　建设工程项目保险与担保

10.5.1　建设工程项目保险

工程项目的保险，是指通过保险公司以收取保险费的方式建立保险基金，一旦发生自然灾害或意外事故，造成参加保险者的财产损失或人身伤亡时，即用保险金给以补偿的一种制度。它的好处是，参加者付出一定的小量保险费，换得遭受大量损失时得到补偿的保障，从而增强抵御风险的能力。

工程项目应投保哪几种保险，要根据标书中合同条件的规定及该项目所处的外部条件、工程性质以及业主与承包商对风险的评价和分析来决定。其中，合同条件的规定是决定的主要因素，凡是合同条件要求保险的项目一般都是强制性的。下面就此做简要介绍。

10.5.1.1　建筑工程一切险(包括第三者责任险)

建筑工程一切险是对各种建筑工程项目提供全面保障。既对在施工期间工程本身、施工机具或工地设备所遭受的损失予以赔偿，也对因施工而给第三者造成的物资损失或人员伤亡承担赔偿责任。

建筑工程一切险多数由承包商负责投保。如果承包商因故未办理或拒不办理投保，业主可代为投保，费用由承包商负担。如果总承包商未曾就分包工程购买保险，负责该项分包工程的分包商也应办理其承担的分包任务的保险。

建筑工程一切险的保险契约生效后，投保人就成为被保险人，但保险的受益人同样也是被保险人。该被保险人必须是在工程进行期间承担风险责任或具有利害关系，即具有可保利益的人，具体包括业主、总承包商、分包商、监理工程师、与工程有密切关系的单位或个人。如果被保险人不止一家，则各家接受赔偿的权利以不超过其对保险标的可保利益为限。

建筑工程一切险适于房屋工程和公共工程，其承保的内容大致包括：

(1) 工程本身；

(2) 施工用设施和设备；

(3) 施工机具；

（4）场地清理费；

（5）第三者责任；

（6）工地内现有的建筑物；

（7）由被保险人看管或监护的停放于工地的财产。

建筑工程一切险承保的危险与损害涉及面很广，凡保险单中列举的“除外情况”之外的一切事故损失全在保险范围内。

建筑工程一切险的保险金额按照不同的保险标的确定。建筑工程一切险的保险费率通常要根据风险的大小确定；保险的期限可以根据合同条件要求确定。

10.5.1.2 安装工程一切险

安装工程一切险属于技术险种。这种保险的目的在于为各种机器的安装及钢结构工程的实施提供尽可能全面的专门保险。

安装工程一切险主要适用于安装各种工厂用的机器、设备、储油罐、钢结构、起重机、吊车，以及包含机械工程因素的各种建造工程。

安装工程一切险与建筑工程一切险有着重要的区别。

（1）建筑工程一切险的标的从开工以后逐步增加，保险额也逐步提高；而安装工程一切险的保险标的一开始就存放于工地，保险公司一开始就承担着全部货价的风险。在机器安装好之后，试车、考核所带来的危险及在试车过程中发生机器损坏的危险是相当大的，这些危险在建筑工程一切险部分是没有的。

（2）在一般情况下，自然灾害造成建筑工程一切险的保险标的损失的可能性较大；而安装工程一切险的保险标的多数是建筑物内安装及设备（石化、桥梁、钢结构建筑物等除外），受自然灾害（洪水、台风、暴雨等）损失的可能性较小，受人为事故损失的可能性较大，这就要督促被保险人加强现场安全操作管理，严格执行安全操作规程。

（3）安装工程在交接前必须经过试车考核，而在试车期内，任何潜在的因素都可能造成损失，损失率要占安装工期内总损失的一半以上。由于风险集中，试车期的安装工程一切险的保险费率通常占整个工期保费的较大比例，而且对旧机器设备不承担赔付责任。

安装工程一切险的投保人与被保险人同建筑工程一切险一样，安装工程一切险应由承包商投保，业主只是在承包商未投保的情况下代其投保，费用由承包商承担。承包商办理投保手续并交纳了保费后即成为被保险人。安装工程一切险的被保险人除承包商外还包括业主、制造商（供应商）、咨询监理公司、安装工程的信贷机构和待安装构件的买主等。

安装工程一切险的保险金额包括物质损失和第三者责任两大部分。如果投保的安装工程包括土建部分，其保额应为安装完成时的总价值（包括运费、安装费、关税等）；若不包括土建部分，则设备购货合同价和安装合同价加各种费用之和为保额；安装建筑用机器、设备、装置应按安装价值确定保额。第三者责任的赔偿限额按危险程度由保险双方商定。通常对物质标的部分的保额先按安装工程完工时的估定总价值暂定，工程完工时再根据最后建成价格调整。

安装工程一切险在保险单列明的安装期限内自投保工程的动工日或第一批被保险项目被卸到施工地点时起生效，直到安装工程完毕且验收时终止。如果合同中有试车、考核规定，则试车、考核阶段应以保单中规定的期限为限。但如果被保险项目本身是旧产品，则试车开始时，责任即告终止。保险期限的延长需征得保险人的同意，并在保险单上加批和增收保费。

10.5.1.3　雇主责任险

雇主责任险是指雇主为其雇员办理的保险，以保障雇员在受雇期间因工作而遭受意外而致受伤、死亡或患有与业务有关的职业性疾病等情况下获取医疗费、工伤休假期间的工资，并负责支付必要的诉讼费等。

10.5.1.4　人身意外伤害险

人身意外伤害的保险标的与雇主责任的保险标的都是保证人身遭受意外伤害时负赔偿责任。但两者之间有重要区别，雇主责任险由雇主为雇员投保，保费由雇主承担，所指伤害应与工作相关；而人身意外伤害险并不一定由雇主投保，投保人可以是雇主，也可以是雇员或个体生产者或自由职业者。

人身意外伤害保险的保险范围和除外责任基本与雇主责任险相同，但投保手续、费用及赔付标准和做法均不相同。最大的区别是人身意外伤害保险规定在保险有效期间，不论有无发生保险事故，保险期满时，保险本金均将退还给被保险人，而雇主责任险则没有这种规定。

人身意外伤害保险可以附加意外伤害医疗保险条款，保障被保险人在保险责任范围内发生意外伤害的治疗费、药品费、检验费、理疗费、手术费、输血输氧费、住院费等。

10.5.1.5　货物运输险

货物运输险是指承包商为实施工程而需要通过河运、海运、空运和陆运的手段，将工程所需材料运至工地过程中可能发生的危险损失负赔偿责任。通常卖方不承担运输风险责任，但如果买主要求，也可以代买主投保运输险，并将保险费计入其货物报价中。货物运输险分为海(河)上、陆上(火车、汽车)、航空等多种货物运输险，保险条款大致相同。保险费率根据不同的运输方式、货物特性、运距、险别等不同因素而定。

各种运输险一般有平安险和一切险。所谓运输一切险，是指包括平安险和其他外来原因所致的损失保险；而平安险一般指在运输过程中，各种自然灾害造成货物损失或损坏，运输工具遭受各种事故造成的损害或损失，以及失落、丢失等造成的损失。但是，保险公司对于装运前(运输保险责任开始之前)货物已存在的品质不良和数量短缺及货物的自然损耗、特性改变等损失不承担责任。

10.5.2　建设工程项目担保

建设工程项目保证担保制度是一种维护建设市场秩序，保证参与工程各方守信履约，实现公开、公正、公平的风险管理机制。

担保形式多种多样，归纳起来主要有5种：保证人、违约金、定金、留置权和抵押权。就担保人担保来说又有多种类型，其中应用较多的主要有以下几种。

10.5.2.1　投标保证担保

投标保证是保证人保障投标人正当从事投标活动所作出的一种承诺，其有效期通常比投标书的有效期长28 d。投标保证金额应为标价总额的1%～2%，对于小额合同可按3%计算；在报价最低的投标人很可能撤回投标的情况下，投标保证金额可以高达5%。投标人应在规定的时间内，将投标书连同投标保证一并送交招标人。开标之后，业主应将没有中标的投标人的投标保证迅速予以退还。工程签约后，也应退还中标人的投标保证。投标保证包括以下两种做法。

一种做法是由银行提供投标保函，一旦出现下列情况，银行将按照合同规定的投标保证金额对业主进行赔偿:投标人在投标有效期到期之前撤销投标;中标人在规定的时间内未能或拒绝提供应交的履约保证;中标人拒绝在规定的时间内与业主签署合同。

另一种做法是,在投标报价之前,由担保公司出具担保保证书,以保证投标人不会中途撤销投标,中标后将与业主签约承包工程。一旦投标认定,担保公司应支付业主规定比例的投标保证金。投标保证金亦可取为该标与次低标之间的差额,以弥补业主相应的损失,同时次低标成为中标人。

投标保证的意义在于:拟承包商要想参与投标,事先必须取得投保保证。一方面,由于撤回投标必须承担损失,因此通过投标保证,可以促使投标人认真对待投标保价,这样就有效防止了投标人轻率进行投标;另一方面,保证人在为投标人提供投标保证之前,必然严格审查其资信状况,否则将不会为其提供投标保证,这样就排除了不合格的拟承包商参加投标活动。

10.5.2.2　*履约保证担保*

履约保证是保证人保障承包商履行承包合同所作出的一种承诺,其有效期通常应截止到承包商完成了工程施工和缺陷修复之日。收到中标通知书和合同协议书之后,中标人应在规定的时间内签署合同协议书,连同履约保证一并送交业主,然后与业主正式签订承包合同。当承包商正常完成合同后,业主应将履约保证退还给承包商。履约保证也包括下列两种做法。

一种做法是由银行提供履约保函,一旦承包商不能履行合同义务,银行要按照合同规定的履约保证金额对业主进行赔偿。

另一种做法是由担保公司提供担保保证书,担保承包商将正常履行合同义务。如果由于非业主的原因,承包商中途毁约,担保公司将对业主因此蒙受的一切损失进行补偿。担保公司可以向该承包商提供资金及技术援助以使其继续完成合同;担保公司也可以接受该工程,并经业主同意寻找其他的承包商来完成工程建设;担保公司还可以与业主协商重新招标,由新的承包商负责完成合同的剩余部分。业主只按原合同支付工程款,担保公司将承担最后工程造价与原始合同价格之间的差额部分。如果上述解决方案业主均不满意,担保公司可按合同规定的履约保证金额对业主进行赔偿。

此外还有一种方法,在接到中标通知书后,中标人可以按照招标文件的有关规定直接向业主交纳履约保证金。这种做法是承包商自身以现金抵押的形式直接向业主提供信用保障,俗称“抵押金”。由于并未涉及第三方保证人出具信用担保,因此这种做法并不属于保证担保,而应视为一种定金性质的担保。当承包商正常履约后,业主应如期退还这笔现金;若出现承包商中途毁约,业主要没收这笔资金。保证金可以是一笔抵押现金,也可以是一张保兑支票。

银行履约保函一般担保合同价的10%～25%;采用英国土木工程师协会ICE和FIDIC合同条件,履约保证金一般为合同价的10%;世界银行项目对于履约保证金通常定为合同价的25%～35%;美国联邦政府工程则规定履约保证金必须担保合同价的全部金额。

履约保证是工程保证担保中最重要的形式,也是工程保证金额最大的一项担保,其他的保证形式在某种程度上相当于是对履约保证的补充担保。通过履约保证,充分保障了业主依照合同条件完成工程建设的合法权益,同时迫使承包商必须采取严肃认真的态度对待合同的签约和执行。

10.5.2.3　预付款保证担保

业主往往预先支付一定数额的工程款以供承包商周转使用。为了保证承包商将这些款项用于工程项目建设,防止承包商挪作他用、携款潜逃或宣布破产,需要保证人为承包商提供同等数额的预付款保证，或者提交预付款银行保函。随着业主按照进度支付工程价款逐步扣回预付款，预付款保证责任随之逐步降低，直至最终消失。预付款保证金额一般为工程合同价的10％～30％。

10.5.2.4　分包保证担保

当存在总分包关系时，总承包商要为各分包商的工作承担完全责任。总承包商为了保护自己的权益不受损害，往往要求分包商通过保证人为其提供保证担保，保障分包商将充分履行自己的义务。

10.5.2.5　完工保证担保

为了切实保障按照合同完成工程建设，业主还可要求承包商通过保证人提供完工保证。正常“完工”是指承包商要在合同规定的建设工期内完成项目建设，达到预期的质量要求，并控制在合同造价之内。如果由于承包商的原因，出现工期延误，则保证人要承担相应的损失赔偿。

10.5.2.6　其他保证担保形式

除了上述工程保证担保形式之外，要求承包商提供的还有付款保证担保、维修保证担保、差额保证担保、保留金保证担保等工程担保形式。

复习思考题

1. 简答题

(1) 简述项目风险管理的工作流程。

(2) 识别风险的过程包括哪几个环节？

(3) 工程项目风险损失包括哪几个方面？

(4) 工程项目担保方式有哪些？

(5) 风险自留与风险转移有什么区别？

2. 案例分析

(1) 背景资料：某项施工作业活动，有发生事故可能但不经常；作业人员在每天工作时间内处于危险环境中；若事故发生，后果非常严重，会造成一人死亡。

(2) 问题：

① 什么是项目施工成本？其构成内容是什么？

② 重大风险的取值范围。

参考文献

1 全国一级建造师执业资格考试用书编写委员会.建设工程项目管理[M].北京:中国建筑工业出版社,2009.

2 中华人民共和国建设部.建设工程项目管理规范[S].北京:中国建筑工业出版社,2006.

3 丁士昭.建设工程管理概论.北京:中国建筑工业出版社,2010.

4 中国建设监理协会.建设工程质量控制[M].北京:中国建筑工业出版社,2010.

5 中国建设监理协会.建设工程进度控制[M].北京:中国建筑工业出版社,2010.

6 丁士昭.工程项目管理[M].北京:中国建筑工业出版社,2006.

7 丛培经.实用工程项目管理手册[M].北京:中国建筑工业出版社,2005.

8 成虎,陈群.工程项目管理[M].北京:中国建筑工业出版社,2009.

9 王辉.建设工程项目管理[M].北京:北京大学出版社,2010.

10 关罡.建设行业项目经理继续教育教材[M].郑州:黄河水利出版社,2007.

11 王立霞.项目施工组织与管理[M].郑州:郑州大学出版社,2007.

12 杨庆丰.工程项目招投标与合同管理[M].北京:北京大学出版社,2010.

13 翟丽旻,姚玉娟.建筑施工组织与管理[M].北京:北京大学出版社,2009.

14 王旭,马广儒.建设工程项目管理[M].北京:中国水利水电出版社,2009.

15 王辉.建筑施工项目管理[M].北京:机械工业出版社,2009.

16 张桦,朱盛波.建设工程项目管理与案例解析[M].上海:同济大学出版社,2008.